INDEFENSÁVEL

INDEFENSÁVEL

LESLIE LEITÃO PAULA SARAPU PAULO CARVALHO

1ª edição

EDITORA RECORD
RIO DE JANEIRO • SÃO PAULO
2014

CIP-BRASIL. CATALOGAÇÃO NA PUBLICAÇÃO
SINDICATO NACIONAL DOS EDITORES DE LIVROS, RJ

L548i
Leitão, Leslie
  Indefensável / Leslie Leitão, Paula Sarapu, Paulo Carvalho. – 1. ed. – Rio de Janeiro: Record, 2014.

  ISBN 978-85-01-03673-5

  1. Souza, Bruno Fernandes das Dores de, 1984-. 2. Clube de Regatas do Flamengo. 3. Reportagem em forma literária. I. Carvalho, Paulo. II. Sarapu, Paula. III. Título.

14-11382
CDD: 070.44
CDU: 070.44

Copyright © Leslie Leitão, Paula Sarapu e Paulo Carvalho, 2014

Todos os direitos reservados. Proibida a reprodução, armazenamento ou transmissão de partes deste livro através de quaisquer meios, sem prévia autorização por escrito. Proibida a venda desta edição em Portugal e resto da Europa.

Texto revisado segundo o novo Acordo Ortográfico da Língua Portuguesa.

Direitos exclusivos desta edição reservados pela
EDITORA RECORD LTDA.
Rua Argentina 171 – 20921-380 – Rio de Janeiro, RJ – Tel.: 2585-2000

Impresso no Brasil

ISBN 978-85-01-03673-5

Seja um leitor preferencial Record.
Cadastre-se e receba informações sobre nossos lançamentos e nossas promoções.

EDITORA AFILIADA

Atendimento direto ao leitor:
mdireto@record.com.br ou (21) 2585-2002.

SUMÁRIO

1. O sequestro   7
2. O craque   35
3. A vítima   79
4. O cativeiro   101
5. A execução   125
6. A investigação   139
7. A cadeia   161
8. Os coadjuvantes   189
9. O mandante   215
10. O carrasco   239

Epílogo   263

1. O SEQUESTRO

O nome dele ecoava no estádio mais importante do país, naquela tarde chuvosa de 5 de junho de 2010. Um sábado. Coloridas de vermelho e preto, as arquibancadas do Maracanã recebiam o último jogo do Campeonato Brasileiro de 2010 antes da paralisação para a Copa do Mundo da África do Sul, o derradeiro também antes que o estádio fechasse em função das reformas para a Copa do Mundo de 2014. Entre os torcedores, destacavam-se as camisas azuis com número 1 às costas. Uma justa homenagem ao homem que fechava o gol do Flamengo. O goleiro. O capitão. Um ídolo.

Mineiro de Ribeirão das Neves, cidade pobre e violenta da região metropolitana de Belo Horizonte, em Minas Gerais, Bruno Fernandes das Dores de Souza tinha então 26 anos. Como consequência de atuações espetaculares e das incríveis defesas ao longo da campanha que resultaria na conquista do hexacampeonato brasileiro, no ano anterior, recebia o reconhecimento e o carinho da maior torcida do Brasil; mas não era só: seu nome era dos mais cotados para defender as traves da seleção quatro anos mais tarde, na Copa que teria aquele mesmo Maracanã como palco da final.

Como de hábito, a equipe do Flamengo passara a noite anterior concentrada no Hotel Windsor, na Barra da Tijuca, e seguiu para o estádio no ônibus do clube, quase duas horas antes do jogo. Envelopado com as cores rubro-negras e as iniciais do time em letras brancas garrafais, o ônibus do "mais querido" atravessou a cidade arrancando aplausos, como normalmente acontece. Do lado de fora, os torcedores tiravam fotos nos sinais de trânsito ou tentavam ver pelas janelas escuras os jogadores do time então campeão nacional. Naquela altura, sexta rodada do campeonato, o Flamengo ocupava o quarto lugar na tabela, e enfrentaria o Goiás, que tinha sete pontos e estava na 14ª posição.

Bruno costumava ser dos mais animados durante esses trajetos. Gostava de batucar com Léo Moura, Ibson e a dupla de atacantes que compunha o badalado Império do Amor: Adriano e Vágner Love. O ônibus do Flamengo tinha bancos de couro nas cores do clube, bandejas retráteis e monitores de tela plana, que usualmente exibiam imagens de bons lances do grupo ou clipes e DVDs de shows de pagode, para que os jogadores acompanhassem as letras. Bruno também gostava de cantar os pagodes, e costumava chamar seus mais chegados, o zagueiro Álvaro e o goleiro reserva Paulo Victor, para fazer coro. Naquela tarde, porém, estava mais inquieto do que festeiro. Sentara rapidamente e recusara o pandeiro. Até cantaria um refrão ou outro, mas estava concentrado e pensativo.

Não fosse o temperamento explosivo dentro e fora de campo, Bruno possivelmente não estaria no Brasil no período em que começara a executar um plano macabro e monstruoso. Na África do Sul, a seleção brasileira se preparava para estrear num mundial para o qual o goleiro rubro-negro não fora convocado por motivos quase todos alheios ao futebol.

Declarações infelizes são corriqueiras em entrevistas de vestiário. A pressão de câmeras e microfones já fez muita gente boa escorregar e colocar em xeque a própria imagem. Bruno era tão mestre nisso quanto em evitar gols. Em sua trajetória de falas ao menos controversas, contudo, nada se compararia àquela de alguns meses antes, março de 2010. A polêmica do momento tinha como centro, mais uma vez, Adriano, outro da trupe rubro-negra que, volta e meia, estampava as páginas policiais.

Os dois, e mais uma meia dúzia de companheiros de time, haviam subido o Complexo da Penha para participar de uma festa. "Os jogadores do Flamengo nem sabiam, mas, naquela noite, estavam ali comemorando, junto com os bandidos, um assalto bem-sucedido a um carro-forte, em que roubaram R$ 600 mil no Shopping Nova América" — revelaria o sargento Pedro, à época lotado na Delegacia de Roubos e Furtos (DRF) e um dos responsáveis por monitorar o bando. Se não sabiam que se tratava de uma comemoração criminosa, decerto não lhes escapava a informação de que o baile funk na favela era promovido e frequentado por traficantes. Ninguém esperava, entretanto, que a festa acabasse com um barraco daqueles que entram para os anais — e que tal fosse protagonizado não por bandidos, mas por atletas profissionais do Flamengo. Então noiva de Adriano, a modelo Joana Machado, uma jovem loura, linda e bem-criada — e que, anos depois, ficaria milionária ao ganhar o reality-show *A Fazenda*, da TV Record —, foi a grande estrela da noite. Descobrira a pulada de cerca do namorado e subira o morro para tomar satisfações. Resultado: dois carros de jogadores quebrados e uma porção de versões jamais comprovadas, a mais estapafúrdia foi a de que Adriano só conseguira frear-lhe a fúria após amarrá-la a uma árvore.

O fato é que Bruno tampouco gostara da postura de Joana naquela noite. Os dois, por pouco, não trocaram agressões físicas: "O meu carro você não quebra, não, que eu te meto a porrada" — ameaçara, irritado. A turma do deixa-disso logo chegaria, e Bruno então resolveria esfriar a cabeça com um inusitado passeio. Pegou um cavalo emprestado com um morador e partiu, becos e vielas adentro, para espairecer e não tornar a situação ainda mais grave. O caso pararia nas primeiras páginas do noticiário. Adriano, naturalmente, negou tudo. Bruno, no entanto, tentou explicar: "Quem nunca saiu no braço com a mulher?"

A indagação caíra como uma bomba, especialmente porque coincidira com o Dia Internacional da Mulher — 8 de março.

A cobertura jornalística — que os jogadores compreendiam como um massacre midiático — se acirraria. A fúria do goleiro, entretanto, concentrou-se praticamente em um só jornal, o *Extra*, do Rio de Janeiro. O veículo carioca fora o único a dar voz à modelo Eliza Samudio desde o início, cinco meses antes, quando engravidara do goleiro numa noite de sexo grupal. Agora, as manchetes que reprovavam seu comentário lhe soavam como afronta. Bruno reagiria. E de maneira intempestiva, mais uma vez. Pediu ao assessor de imprensa do Flamengo, Leonardo André, que marcasse uma conversa com o repórter responsável pela cobertura do clube. Não adiantou o assunto, nem havia por quê: reclamações de boleiros sobre jornalistas eram naturais, existiam desde que o mundo é mundo, e um bom papo sempre resolvia tudo.

Não desta vez. Leonardo André ligou para o repórter Caio Barbosa, disse que Bruno gostaria de lhe falar, e então marcaram um encontro para o dia seguinte, na Gávea, antes do treino, num acesso reservado a jogadores e comissão técnica. O zagueiro Álvaro, que se tornaria um dos inseparáveis amigos de Bruno, estava presente. "Teu jornal tá querendo me foder?" — assim começou o goleiro, rispidamente, elevando logo o tom de uma conversa que serviria, teoricamente, para aparar as arestas.

A rigor, o interlocutor naquele momento sequer deveria ser Caio, que não era o repórter que assinava as matérias com as reclamações — pelo pagamento de pensão, por exemplo — e acusações de Eliza Samudio. A moça tentava provar na Justiça a paternidade do filho. Eliza desafiava o goleiro e já o denunciara por agressão à Delegacia Especializada de Atendimento à Mulher. Não bastasse o registro policial, colocou a boca no trombone, e o *Extra* noticiou que fora sequestrada por Bruno e uns amigos. No apartamento dele, nessa ocasião, teriam lhe obrigado a ingerir comprimidos supostamente abortivos.

Em tom agressivo, o goleiro avisou ao repórter: "Eu tenho família e vocês também têm. Conheço muita gente ruim." Caio se levantou e perguntou, também subindo a voz: "Tu tá me ameaçando, rapaz?" Ao que Bruno respondeu, dando de ombros: "Entenda da maneira que quiser." De fato, era uma ameaça. Não havia mais como dialogar.

Dois meses antes, em 15 de janeiro de 2010, Bruno resolvera abrir o coração numa longa entrevista ao principal portal de esportes do país, o GloboEsporte.com. Os milhões de internautas diários do site puderam então ler as juras que fizera ao repórter Rodrigo Benchimol, sentado numa cadeira à beira da piscina do hotel em que o Flamengo fazia pré-temporada, em Porto Feliz, no interior paulista. Queria deixar de lado a fama de *badboy*, e até avisou que pensava em frequentar a mesma igreja que o meia Carlos Alberto, do Vasco.

Estava, porém, muito mais próximo daquele Bruno que ameaçara Caio Barbosa do que deste, regenerado, que se apresentou a Benchimol, e se tornava tanto mais prepotente quanto mais se acercava do estrelato.

Como goleiro, uma de suas marcas era a postura sempre soberana e autoconfiante — para muitos, de frieza excessiva. Pois foi justamente dentro de campo, numa de suas habituais demonstrações de soberba, que enterraria de vez as já remotas possibilidades de ir à Copa de 2010. O Flamengo enfrentava o modesto Avaí, em 16 de maio de 2009, no Maracanã, e o técnico Dunga, acompanhado do auxiliar Jorginho, assistia à partida na tribuna do estádio. Estavam ali para ver de perto Adriano e Bruno, os dois únicos rubro-negros com chances de integrar a lista dos 23 que iriam ao mundial, mas eis que o goleiro, o último jogador da linha defensiva, de repente tenta driblar o atacante Evando, perde a bola e quase leva o gol. Aquilo, para Dunga, era indefensável.

"O fato de ter sido capitão do time do Flamengo campeão brasileiro tornou impossível controlá-lo" — conta o empresário Eduardo Uram, que o descobrira, ainda menino, nos campinhos de várzea do interior de Minas, mas com quem a relação profissional se deterioraria incontornavelmente depois da conquista do Brasileirão de 2009. Com efeito, o período pós-hexacampeonato, tempo em que os jogadores mandavam e desmandavam no clube, seria decisivo para que aquele jovem suscetível às fraquezas do mundo extrapolasse os limites do profissionalismo e se lançasse ao progressivo desregramento. Os atletas não só passaram a escalar o time em 2010 como, por exemplo, logo cortariam os treinos da manhã, para que pudessem estender as noitadas de farra livres de compromissos matinais. "Não deixei ele me sobrepujar e cada um foi para o seu lado" — explica Uram, que o chamava até de filho. Os dois romperiam no final de maio, uma semana antes do início do sequestro de Eliza.

A situação, que já era absurda, tornar-se-ia incontrolável com o afastamento do diretor de futebol Marcos Braz, em 23 de abril, um dos poucos dirigentes rubro-negros que os jogadores respeitavam, que cansara de salvá-los noite carioca afora, e que muitas vezes trabalhara — na grande maioria, com sucesso — para abafar escândalos. "Meu papel era não deixar aquilo sair dali e eu ia administrando. Enquanto estava ganhando, estava tudo certo. Futebol é assim" — diria Braz.

Mas então vieram os maus resultados, o técnico Andrade acabou demitido e a presidente Patrícia Amorim — que assumira o clube no início de 2010 sem dar muita atenção ao futebol, cujo departamento administrava com rédeas frouxas — de súbito percebeu que precisava agir rápido se quisesse salvar a temporada. O auxiliar Rogério Lourenço passou ao comando da equipe, que, no entanto, acabaria eliminada da Taça Libertadores — o principal objetivo daquele ano. Sem vitórias, o ano rubro-negro parecia perdido já no mês de maio. A solução, então, seria blindar o clube, dirigentes e jogadores com a escolha do novo diretor técnico, o maior ídolo da história do Flamengo, Arthur Antunes Coimbra, o Zico.

No dia 30 de maio de 2010, um domingo, ele próprio anunciou, em sua conta do Twitter, que era o novo executivo do futebol do Flamengo, decisão tomada depois de três horas de conversa com Patrícia Amorim. A ressalva: só aceitaria o convite se seu salário não fosse pago pelo clube.

A chegada do Galinho trouxe mudanças imediatas. A primeira consistiu na dispensa do preparador de goleiros Roberto Barbosa, um dos principais amigos e protegidos de Bruno no clube.

Eram 9h08 da terça-feira, dia 1º de junho, o primeiro de Zico no novo cargo, quando o New Beetle amarelo, dirigido pelo fiel amigo do arqueiro, Luiz Henrique Ferreira Romão, o Macarrão, parou em frente ao portão lateral da Gávea. Deu duas buzinadas até o porteiro abrir, e entrou. O goleiro saltou do banco do carona, de bermudão e chinelo de dedo, que arrastava no chão. Já estavam todos prontos em campo, mas ele vinha caminhando lentamente. Zico e os outros integrantes da comissão técnica conversavam com os jogadores, numa rodinha. Mas Bruno os ignorou.

Passou pela beira do gramado dedilhando a grade empoeirada e entrou no vestiário. Trocou de roupa, vestiu o uniforme de treino e foi para o campo como se nada tivesse acontecido. Por alguns minutos, observou o Cristo Redentor, antes de treinar com seu novo preparador, o ex-goleiro do clube nos anos 80 e amigo de Zico, Antônio Luís Cantarelli. O treino seria constrangedor. Durante quase uma hora, Bruno não dirigiu qualquer palavra ao preparador. E novamente discutiria com os jornalistas, que registravam seus atrasos. Afinal, correu para o vestiário gritando meia dúzia de palavrões e jogando a mão para trás da cabeça, irritado.

Pouca gente estranhara o fato de que Bruno estava, naquela semana, mais introspectivo e calado que o normal. Seu jeito bipolar — segundo a impressão de diversos funcionários do clube — fazia com que conversasse normalmente pela manhã, brincando com todo mundo, e à tarde passasse sem sequer olhar para as pessoas. Benchimol, o jornalista, já percebera essa oscilação de comportamento, e guarda uma cena inusitada do período em que acompanhou aquele grupo de jogadores. Dia 2. Zico e a comissão técnica decidiram fazer um treino físico nas areias da praia do Recreio dos Bandeirantes. Bruno participou normalmente. Ao final, pegou um dos cones usados como baliza nos exercícios e o cravou na areia fofa, a pouco mais de dez metros do mar. Sentou-se no banquinho improvisado e ficou admirando o horizonte azul daquela tarde: "Parecia estar com o olhar perdido. Ficou uns quinze minutos ali, sozinho, de frente para o mar, pensando."

Às vésperas da Copa do Mundo, aquele jogo contra o Goiás, a 5 de junho, seria o último antes dos vinte dias de férias ensejados pelo mundial da África do Sul — tempo que serviria para os jogadores espairecerem.

Bruno, não. Ele tinha outros planos.

Estaria ali, à beira do mar, pensando neles?

O ônibus do clube estacionou bem perto da entrada do vestiário destinado ao Flamengo, e os atletas desceram já para colocar o uniforme oficial. O goleiro costumava pegar no pé dos colegas, era um menino grande, e implicava sempre que via alguém pelado. "Botava apelido em todo mundo. Encarnava que um tinha o pinto pequeno, que o outro tinha peitinho e bunda de mulher" — lembraria um dos seguranças do clube. As risadas só paravam para a oração. Capitão, cabia-lhe fechar a roda, dar a última palavra — encerrar a corrente. Pedia que Deus os iluminasse para uma boa partida e, com entusiasmo, cobrava raça e empenho dos colegas.

Dizia que o time era grande, que estava bem preparado e tinha força de vontade. Lembrava que a torcida não lhes faltava, que sempre comparecia, sob sol forte ou debaixo de chuva, sempre cantando. Mesmo quando o time ia mal ou havia atraso no pagamento dos salários, batia na tecla de que o Flamengo não podia decepcionar. E exigia bons resultados da equipe — até para que pudessem questionar a direção.

Não seria diferente naquele dia, à boca do túnel que os levaria ao campo. Ou terá algum companheiro mais atento percebido algo diferente — uma nota de preocupação, talvez um tom mais disperso — na voz do capitão? Não se sabe. Fato é que pisou no gramado liderando o grupo com a altivez de sempre, em seguida aplaudindo os membros da torcida organizada Raça Rubro-Negra, num agradecimento à saudação melódica que criaram e com a qual o recebiam jogo após jogo: "Melhor goleiro do Brasil: Bruno!"

Aquele rapaz — de infância humilde e história sofrida — sonhava alto. Em ótima forma, elogiado pelos adversários, para além dos planos de defender a seleção na Copa do Mundo do Brasil, em 2014, pretendia assinar em breve contrato com algum clube europeu de ponta, e já havia certa e crescente especulação a respeito.

Naquele jogo contra o Goiás, contudo, não estava num bom dia.

Àquela altura, em sua mansão de luxo no Rio de Janeiro, no bairro do Recreio dos Bandeirantes, a mulher que se dizia mãe de um filho seu estava machucada, sangrando, mantida em cárcere privado há pouco mais de 24 horas. Eliza Samudio, modelo paranaense que transitava no universo das chuteiras, fora sequestrada, no dia anterior, por Macarrão, amigo de infância do craque rubro-negro, e por um primo do goleiro.

No momento do rapto, Bruno, o mandante, encontrava-se concentrado com o time, mas, do hotel, monitorava atentamente a solução que encontrara para aquele que considerava então o seu maior problema.

Eliza era esperta e o desafiava. Pedia dinheiro, queria o sobrenome do goleiro para o filho. Comprometia sua imagem, falando mal dele na imprensa, e atiçava o olhar desabonador do pai da noiva de Bruno, Ingrid Calheiros de Oliveira, dentista carioca de classe média que chegara a trabalhar na Aeronáutica. Era o começo de uma trama de horror, pautada por interesse, mentiras e morte.

Como capitão, Bruno tinha direito a ficar sozinho no quarto da concentração. Era um ambiente confortável, hotel de luxo, com cama de casal, frigobar, hidromassagem e, sobretudo, liberdade — liberdade para acompanhar, pelo celular, o sequestro passo a passo. São vários os registros telefônicos de conversas com Macarrão. Na noite daquela sexta-feira, 4 de junho de 2010, o goleiro também tentaria falar com o administrador de seu sítio em Esmeraldas, região metropolitana de Belo Horizonte, para onde Eliza seria levada no dia seguinte.

Eliza estava hospedada no Hotel Transamérica, um flat na Barra da Tijuca, desde o dia 11 de maio, como consta no check-in da administração. Macarrão reservara — e pagara antecipadamente — o apartamento 102.2 para um período que se encerraria a 11 de junho, data da audiência de conciliação na Vara de Família, onde corria o processo da pensão e, portanto, o pedido para que Bruno afinal marcasse o exame de DNA.

Vez ou outra, Macarrão aparecia para dar algum dinheiro à moça exigente, que carregava o filho Bruninho, de quatro meses, sempre a tiracolo. Não era a primeira vez que Eliza ficava ali. Nessa temporada, porém, não receberia a visita de Bruno, ao contrário do que acontecera em outras circunstâncias. Ela comentou com um funcionário do flat que abrira uma conta no Bradesco, perto dali, para receber a pensão de R$ 3.500 que então negociava — por meio de sua advogada, Anne Faraco, do Paraná — com o goleiro.

Naquela tarde de sexta-feira, Bruno aproveitou as horas livres para encontrar a dentista Ingrid na praia da Reserva, um trecho pouco movimentado depois da orla do Recreio dos Bandeirantes. Ela estava de folga e desmarcara os clientes no consultório em Jacarepaguá, bairro da Zona Oeste do Rio. Os dois estavam noivos havia um ano e tentavam superar uma crise, uma vez que o relacionamento estremecera em decorrência da primeira denúncia de Eliza, que, oito meses antes, acusou Bruno e Macarrão de a agredirem e a forçarem a tomar comprimidos abortivos.

Ingrid se recuperava de uma cirurgia quando descobriu que o namorado se envolvera com aquela mulher, numa orgia. A traição acabaria perdoada, e o pedido de desculpas viria com o noivado. A relação, porém, nunca voltaria a ser como antes. O pai da dentista, o contador Dário Lopes Oliveira, que, embora reservado, já não via o namoro com bons olhos, passaria a não mais esconder sua contrariedade. Bruno era encrenqueiro, sempre rodeado de mulheres, já tinha duas filhas e ainda defendia o Flamengo, principal rival do tricolor do coração.

Da parte de Ingrid, uma bela jovem de pele clara e longos cabelos negros, o incômodo era Macarrão. No dia 13 de maio, o casal chegara a discutir: a intromissão do fiel escudeiro a irritava. Bruno ainda estava de cabeça quente — o Flamengo perdera para o Universidad de Chile, pela Libertadores, no Maracanã —, mas ouviu que ela não mais iria à sua casa quando Macarrão lá estivesse. Mais tarde, a dentista diria: "Era nítido que os amigos se aproveitavam da fama e do dinheiro dele. Macarrão não gastou 1 real do seu próprio bolso desde que veio para o Rio. Só usava o dinheiro do Bruno." O próprio jogador admitiria, durante seu julgamento, que a onipresença do amigo perturbava a noiva: "Ela já não tinha liberdade lá em casa. O Luiz estava dominando tudo, não sei se por ciúmes ou se ele se sentia o Bruno."

O casal ainda não havia se visto naquela semana porque dona Estela, a avó de Bruno, viera passar uns dias no Rio e ficara hospedada na casa do neto — mas voltara para Minas na quarta-feira, dia 2, aliás, junto com Dayanne, a ex-mulher do goleiro.

Na tarde daquela sexta-feira, Bruno e Ingrid marcaram de se encontrar em um posto de gasolina. Ele chegou primeiro, na sua Range Rover verde, e aguardou pela amada, que se atrasaria uns dez minutos. O coração do goleiro acelerou quando a viu estacionar bem ao lado. Realmente gostava dela, e repetiu isso algumas vezes, enquanto caminhavam longamente — cerca de 9 quilômetros, segundo ele — pelo calçadão da Reserva.

A partir das 20h, Macarrão passaria a telefonar insistentemente, mas Bruno não o atenderia. Embora tampouco fosse com a cara de Ingrid, tentou o celular dela. Foi quando o jogador atendeu. "Preciso do carro para resolver um problema, irmão" — teria falado Macarrão. Bruno diria, anos depois, também em seu julgamento, que o amigo não se explicou, e que não lhe ocorreu perguntar por que não usava o automóvel que lhe dera de presente. Os dois marcaram no mesmo posto de gasolina. O fiel escudeiro chegou de táxi, pegou a chave e o documento do veículo — e partiu.

Ingrid ficara esperando em seu carro e não o cumprimentara. De lá, levou o goleiro ao Hotel Windsor, onde ficaria concentrado até o jogo contra o Goiás, no dia seguinte. Bruno declararia ignorar o que estava em curso, mas, naquele 4 de junho, falaria 73 vezes com o amigo por telefone.

Do posto de gasolina, Macarrão fora ao Hotel Transamérica para buscar Eliza. Diria, mais tarde, que o encontro se dera por acaso, em um restaurante da Barra, mas ligara para o celular dela — a última chamada registrada — provavelmente para avisá-la de que já podia descer. Ele próprio encerrou a conta da hospedagem e pagou todas as despesas em dinheiro. Para tirá-la do hotel, valeu-se da desculpa de que lhe daria R$ 30 mil, para que tudo ficasse resolvido. Alegou, porém, que parte do dinheiro estava em Minas, no sítio, quantia que, segundo ele, seria usada para financiar uma festa do time 100% F.C., de Ribeirão das Neves, que Bruno patrocinava. De acordo com Macarrão, Eliza se recusara a esperar por um depósito na segunda-feira seguinte.

A verdade, no entanto, é que o relógio de Macarrão, àquela altura, não se orientava pelo do expediente bancário, mas em função da contagem regressiva para a audiência judicial em que Bruno provavelmente seria obrigado a fazer o exame de DNA. Tudo precisava ser resolvido logo.

E não havia dinheiro no sítio.

Horas antes, Macarrão estivera em Jacarepaguá, num estúdio de tatuagem indicado por Fernanda Gomes Castro — uma loura de 32 anos, com muitas curvas e cabelo comprido pintado, que se relacionava com o goleiro havia mais ou menos quatro meses. Ali, depois de escolher a tipografia da letra, conhecida como "de mãos dadas", ele se comprometeria com uma inscrição-chave de todo esse enredo — aquela que carregaria às costas: "Bruno e Maka, amor verdadeiro. A amizade nem mesmo a força do tempo irá destruir."

A inspiração viera de um samba, "Amizade", do grupo Fundo de Quintal. Transpostos em tatuagem, aqueles versos eram a representação exata da cumplicidade que havia — ao menos, na cabeça de Macarrão — entre os dois naquele momento. E talvez ainda mais: a marca de um rito de passagem — prova de submissão e de amor incondicional. A letra da canção, afinal, fala de alguém que jamais falhara com o outro, faz referência a que não se pode ter medo na hora de agir, e decreta: "Quero chorar o seu choro/Quero sorrir seu sorriso/Valeu por você existir amigo!"

Macarrão precisava desse tipo de reconhecimento, ainda que autorreconhecimento. Ciumento, impusera-se definitivamente como braço direito de Bruno ao ir morar com ele no Rio — em fevereiro de 2010, a contragosto de sua mulher, Jô, que preferira ficar em Neves — e queria ser valorizado pela amizade de dezoito anos e por tudo a que se prestava em nome daquele a quem tratava como irmão.

Operadora de telemarketing, Jogiane Pábila de Oliveira não queria viver de favor na casa de ninguém. Embora ainda continuasse com Macarrão, a relação esfriaria aos poucos, sobretudo porque o marido ia cada vez menos a Minas, apesar da filha pequena e da nova gravidez da esposa.

A preocupação dele era Bruno, só Bruno, cujo sucesso absorvia como seu também. Progressivamente, uma vez na Cidade Maravilhosa, assumiria o controle de toda a vida financeira do capitão rubro-negro, manejando as senhas dos cartões e comandando — com autonomia — as contas do amigo. A rigor, era o gerente da vida de Bruno e — numa armação urdida pelo jogador — passaria até a receber o salário pago pelo Flamengo, forma de contornar uma determinação judicial que bloqueara a conta do goleiro, em decorrência de um processo de quebra de contrato com a empresa Poker, do Rio Grande do Sul, fornecedora de luvas.

Tal episódio é muito representativo do modo desregrado e irresponsável como Bruno conduzia tanto sua vida pessoal quanto profissional.

O contrato, firmado em 2007, pressupunha exclusividade: o goleiro deveria usar as luvas da marca em treinos, jogos e amistosos. Bruno, porém, logo apareceria em campo com produtos de outro fabricante, e — tanto pior — ainda alegaria que o material da Poker prejudicava seu desempenho. A empresa, claro, recorreria à Justiça, exigindo a rescisão do contrato e a execução imediata da multa de R$ 50 mil, além do pagamento do valor atribuído ao equipamento esportivo cedido ao jogador, avaliado em R$ 15.071,40.

Julgado à revelia, em 17 de março de 2008, o goleiro acabaria condenado a pagar cerca de R$ 96 mil — montante que incluía os gastos com honorários e 10% do valor da causa.

Por meio de advogados, em dezembro daquele ano, Bruno e a empresa chegariam a acordo, no qual ele mais uma vez se comprometia — por um prazo de dois anos — a só usar as luvas Poker. A fornecedora chegou a enviar duzentos pares à Gávea — para as partidas de futebol e atividades de musculação. A fim de segurar o garoto-propaganda, um dos melhores goleiros do país, com reais chances de defender a seleção brasileira, o novo contrato previa um bônus, em dinheiro, que variava entre R$ 6 mil e R$ 18 mil por vitórias em campeonatos.

Bruno, porém, agarraria outra vez com luvas de uma marca concorrente. Não tinha jeito — e ele teria de pagar, agora sem chance de acordo, R$ 180 mil a título de multa.

Em abril de 2010, a Justiça determinou, pela segunda vez, o bloqueio de sua conta bancária e penhorou dois de seus veículos: o New Beetle amarelo, que dera de presente a Macarrão, ainda que ele sequer tivesse carteira de habilitação, e a moto Kawasaki ZX 900.

Foi por essa razão que Bruno pediria ao Flamengo que passasse a depositar seu salário na conta do amigo.

Na tarde em que Macarrão fez a tatuagem, Jorge Luiz Lisboa Sales o acompanhava. Era primo de Bruno, tinha dezessete anos e se instalara na casa do goleiro havia cerca de um mês, fugido de traficantes que o ameaçavam.

O jogador o acolhera para atender a um pedido desesperado de Simone, a mãe de Jorge, ex-mulher de seu tio Victor, que, desde a separação, mudara-se com o filho para o estado do Rio, precisamente para o bairro de Guaxindiba, em São Gonçalo — uma comunidade dominada pelo tráfico de drogas, em que o garoto logo se deixaria tomar pelo vício.

Ela sofria — e já utilizara parte de seu salário, em novembro de 2009 — para pagar uma dívida do rapaz com bandidos. De usuário, Jorge se tornara braço dos traficantes, recebendo pequenas missões. Numa delas, perderia a carga de drogas. "Ele chegou perto de mim desesperado e falou: 'Mãe, eu tô envolvido num negócio aí, que, se eu não pagar, eles vão vir me pegar. Tô devendo R$ 600.' Aí, um rapaz bateu lá na minha porta e eu paguei" — contaria Simone.

Como a mãe trabalhava fora, sem meios de controlá-lo, Jorge, que abandonara a escola na 4ª série, ficava muito tempo na rua. "Ele estava me desobedecendo, andando com pessoas estranhas... A coisa no Rio é complicada. Por isso mandei ele para Belo Horizonte."

O menor já havia causado problemas em Minas antes. Por um tempo, logo depois da separação, morara com o pai na casa de dona Estela, mas faltava às aulas e não respeitava os horários estipulados pela avó. Ela não queria vê-lo perambulando pela vizinhança, tampouco à toa no portão.

Nesta sua volta ao convívio de dona Estela, portanto, bastariam alguns poucos meses para que ela, cansada, mandasse Victor devolvê-lo à mãe.

Jorge, porém, estava jurado de morte. Apesar de Simone ter arcado com o prejuízo dos traficantes, o desaparecimento da carga de droga o condenara. Foi neste contexto que ela, em abril de 2010, pediria ajuda a Bruno. Achava que o goleiro poderia influenciar positivamente o filho. "Nenhum parente meu vai correr risco na mão de bandido" — disse o jogador a Simone. Sim, ele abrigaria o primo.

Macarrão e Jorge cumpriam todo tipo de serviço. O mais novo, "patente" menor, lavava o carro e geria as miudezas da casa, enquanto o mais velho, numa hierarquia superior, controlava a vida financeira e cuidava das despesas do goleiro, responsável também pelo pagamento da pensão de suas duas filhas pequenas. "Era o cara que cuidava de tudo" — assim

Bruno o definiria, para completar: "Eu ficava livre para jogar futebol. O resto era com ele. Macarrão resolvia a minha vida. Ele era como um irmão para mim."

Naquele sábado, 5 de junho de 2010, o Flamengo, comandado pelo técnico Rogério Lourenço, disputava três pontos que o manteriam no G-4. Bruno, porém, deixara o gol vulnerável. "Eu joguei muito mal e nosso time perdeu" — admitiu. — "Estava preocupado e não me concentrei direito." Enquanto jogava, sabia — segundo o Ministério Público — que Eliza estava em sua casa, mantida em cárcere privado. (Bruninho, o filho, ficara aos cuidados de Fernanda). Sabia também que ela estava ferida na cabeça, atingida por um golpe de Jorge. O problema tinha de ser resolvido. Faltavam só seis dias para a audiência.

Concentrado para o jogo e mesmo já no Maracanã, a minutos de entrar em campo, é incontroverso que Bruno sempre esteve a par do que ocorria na mansão. Diria, mais tarde, que tentara falar com Macarrão, mas sem sucesso, pois o celular do amigo estava desligado. Mentira — garante o promotor de Justiça Henry Wagner Vasconcelos. A promotoria reuniria provas — pelo rastreamento das ligações telefônicas — de que os dois se falaram várias vezes somente na noite de sexta-feira. Na manhã de sábado, por volta das 10h, Macarrão foi ao hotel do Flamengo, segundo ele para contar ao goleiro o que estava em curso. Ainda de acordo com o fiel escudeiro, Bruno teria reagido muito mal: "Ficou apavorado. Disse que agora Eliza não ia mais acreditar na gente e me xingou por ter chamado a Fernanda."

Também segundo Macarrão, Eliza teria lhe telefonado na sexta-feira, várias vezes, pedindo R$ 1.500 para os gastos com o bebê. Na versão dele, sem dinheiro para lhe dar imediatamente, teria desligado o aparelho — para evitá-la. Eliza, no entanto, casualmente o encontraria em um restaurante próximo ao flat, onde jantava com Jorge. Embora, de fato, todos os relatos tivessem semelhança, Jorge — que, durante o inquérito, não partilharia do mesmo advogado dos demais acusados — seria categórico ao depor: os dois foram ao hotel buscar Eliza.

"Ela nos viu e começou a gritar. Ela sempre gritava e xingava" — contaria Macarrão. Para acalmá-la, assim relatou à Justiça, teriam ido com ela a um caixa eletrônico, do qual apenas conseguiram sacar R$ 800. Eliza, afirmou, não ficara satisfeita e ameaçara ir à imprensa. Só teria recuado quando ele disse, mentindo, que poderia lhe dar R$ 30 mil, em dinheiro, montante que, segundo Macarrão, estaria guardado no sítio de Esmeraldas, mas que, na verdade, viria ainda a pegar com Victor Fernando de Almeida Carvalho, o Vitinho, dono de uma concessionária de automóveis na Barra, amigo e futuro empresário de Bruno.

Jorge, por sua vez, conta que Macarrão desceu da Range Rover e foi até a recepção do flat. Voltaria dez minutos depois, trazendo uma cadeirinha de bebê, e com Eliza logo atrás, carregando Bruninho no colo e uma bolsa com as coisas do filho. Jorge então pulou para o porta-malas do veículo e se escondeu, como combinara com Macarrão. Na cintura, levava uma pistola calibre 380 — sem munição.

Sentada no banco de trás da picape, ao lado da cadeirinha do bebê, ela logo foi agredida na cabeça. "Perdeu, Eliza" — gritou Jorge, já saindo do porta-malas. A moça se assustou e, ainda segundo ele, tentou tomar-lhe a arma. "Foi quando dei três coronhadas nela" — revelaria o rapaz.

Jorge manteve a mesma versão nos seis depoimentos que prestou, alterando um ou outro detalhe. No último, quando já apreendido em uma casa para menores infratores em Belo Horizonte, contaria à delegada Ana Maria Santos, bastante comovido, detalhes de como fora a execução de Eliza. A assistente judiciária Renata Garcia da Costa presenciou tudo. Ali, o único elemento que divergiria de seus outros relatos estava no golpe, que se tornara uma cotovelada no rosto.

Fato é que o sangue de Eliza espirrou pelo estofado do carro. A Range Rover chegaria a ser multada naquela noite de 4 de junho, precisamente às 21h31, na Avenida Sernambetiba, orla da praia da Barra da Tijuca, por excesso de velocidade. Estavam então a caminho da mansão de Bruno. Jorge, alterado, reclamava insistentemente daquela mulherzinha com quem o primo se metera. Apesar de franzina, Eliza não era do tipo que aceitava desaforo: "Tá pensando que seu primo é algum Rogério Ceni?" — retrucaria, referindo-se ao ídolo do São Paulo, seu time de coração, pelo qual, aliás, disputara o título de musa em 2008. Os dois se engalfinharam. Macarrão tentava apartar a briga, enquanto dirigia com uma mão só. Ao perceber que o nariz dela sangrava, disse — segundo depôs — que preferiu levá-la à casa do goleiro: "Em nenhum momento a sequestrei. Apenas tive medo de que ela fosse à imprensa."

Já na mansão, Macarrão conversou com o goleiro por telefone. "Ele contou que o problema que tinha ido resolver era a Eliza, que ameaçou falar ao jornal que eu não estava arcando com as despesas do menino" — explicaria Bruno, que também alegaria ter questionado o que ela fazia em sua casa: "Vocês estão me trazendo mais problemas! Eu já estou respondendo a um processo." Ao que o amigo teria dito: "Vai jogar bola, depois a gente conversa."

Àquela altura, Macarrão esperava ansioso pela chegada de Fernanda. Haviam se falado por telefone e, por volta das 22h, ele passaria um rádio à guarita do condomínio: "Estou esperando uma pessoa num Gol vermelho. Pode liberar a entrada" — ordenou ao porteiro Wanderson Ribamar Velozo.

O carro chegaria meia hora depois. Como combinado, o funcionário levantou a cancela e o deixou passar. Fernanda estacionou na rua Tito Lívio, também chamada de rua 1, bem em frente ao número 40 — o da mansão de Bruno. Ali também já estava o New Beetle amarelo de Macarrão.

Fernanda conheceu o goleiro graças a um amigo em comum, o promoter Fábio Lima, que o levara à casa dela. Os dois passariam a se encontrar no bar Rock Bola, em Santa Cruz, bairro de classe média baixa, na Zona Oeste da cidade. O lugar, especializado em pagode, ficava próximo do conjunto habitacional onde ela morava com o filho caçula.

O noivado com Ingrid estava estremecido, e Fernanda logo o apresentaria à sua mãe e aos amigos mais íntimos. Nos fins de semana, costumava descansar na casa do jogador, um imóvel amplo, com piscina e área de lazer, que Bruno alugara depois de Macarrão se mudar para o Rio, em fevereiro daquele ano.

Na noite do sequestro, Macarrão, aflito, disse à Fernanda que estava preocupado com a possibilidade de Eliza estragar a carreira de Bruno. "Jorge fez uma besteira" — contou. Nervoso, ao telefone, pediu que ela fosse à mansão, mas sem dar muitas explicações. "Perguntei se estava acontecendo alguma coisa, mas ele só pedia para eu ir até lá." Fernanda deparou-se com um Jorge elétrico, que andava de um lado ao outro da sala com um bebê no colo.

Macarrão — segundo ela — disse que se encontrara com Eliza para negociar "coisas de dinheiro" e que, nesse ínterim, Jorge e a moça brigaram. "Luiz Henrique me pediu para cuidar do bebê, porque ele não sabia como fazer." Eliza sentia muita dor na cabeça. Ainda estava ferida, sangrando. Longe da mãe, o bebê chorava muito. Caberia a Fernanda trocar-lhe a fralda, dar a mamadeira e colocá-lo para dormir. Passou a noite no quarto de Bruno e acomodou Bruninho na cama de casal.

No sábado, dia 5, a loura — que trabalhava como secretária em um escritório de advocacia do Rio — acordou cedo e desceu com a criança. Macarrão, Jorge e Eliza conversavam na sala. "Quando entrei, falei: 'Fez besteira, né, Jorge?' E ele abaixou a cabeça" — lembra.

"Fernanda, essa é a Eliza, a mãe do bebê" — apresentou Macarrão. Eliza estava sentada no sofá e estendeu os braços para pegar Bruninho, agradecendo-a pelo cuidado que tivera com o menino. À polícia, Jorge chegaria a contar que Fernanda escondera o rosto com uma camisa ao descer as escadas com o neném, para que Eliza não a reconhecesse. "É mentira, isso nunca existiu" — ela negaria.

Os três conversavam sobre os filmes pornôs que a modelo protagonizara quando ainda morava em São Paulo. Macarrão estava curioso. "Você não sentia dor?" — perguntou, enquanto Fernanda voltava à cozinha para pegar a mamadeira do bebê. "Eu já tô acostumada" — respondeu Eliza. Ela falava com naturalidade sobre o assunto e parecia não ter vergonha. Macarrão insistia na conversa: "Você não tem vontade de parar?" Eliza fez que sim com a cabeça. Disse que agora era mãe e que tinha de cuidar bem do filho. "Meu ouro está aqui" — completaria, abraçando o menino com carinho e selando-lhe um beijo na bochecha.

Em seguida, Macarrão pediu o carro de Fernanda e disse que sairia para comprar fraldas. Ela não entendeu por que não usava a Range Rover estacionada na garagem, ou o New Beetle, mas não questionou. Ele, claro, não foi buscar fraldas, mas se dirigiu ao hotel onde Bruno estava concentrado. Segundo a polícia, também voltaria ao Hotel Transamérica. Naquele dia 5, um funcionário recebeu uma ligação de Eliza autorizando que Macarrão pegasse a mala vermelha que deixara na recepção do flat.

Na mansão, Fernanda e Eliza chegariam a conversar. "Vê se não é a cara do Bruno!?" — provocou a paranaense, virando o rostinho do menino, deitado nas pernas dela. A modelo contou para Fernanda que Jorge lhe dera um soco porque se referira ao goleiro como "um bom canalha". Ela também reclamou de não conseguir falar com Bruno sem o intermédio de Macarrão, mas Fernanda se fez de desentendida e falou que não tinha o número do celular dele. "Eliza também me disse que tinha ficado com o Bruno por três meses, mas que sabia que ele dizia por aí que tinha sido uma vez só" — lembraria a loura.

Por volta de meio-dia, Fernanda foi para casa buscar as roupas que levaria na viagem a Minas. Voltaria às 17h, quando o goleiro se preparava para entrar em campo. Pelo canal pay-per-view, assistiram à derrota do Flamengo.

Durante a partida, o time rubro-negro erraria 59 passes e o Goiás poria fim a um jejum de catorze jogos — ao longo de 24 anos — sem vencer o Flamengo. E ainda seria de virada. Aos 39 minutos do segundo tempo, Hugo, da equipe esmeraldina, empataria o jogo com a cobrança indefensável de uma falta, colocando a bola no ângulo da meta de Bruno. Três minutos depois, o goleiro ainda espalmaria mal um chute, e em seguida se atrapalharia ao tentar afastar a bola novamente, entregando-a ao atacante Otacílio Neto — autor do segundo gol do Goiás.

Bruno tinha por hábito ser o último a deixar o vestiário depois dos jogos. Gostava de voltar do campo lentamente e de agradecer a Deus em silêncio. Por isso, esperava os colegas tomarem banho primeiro, para poder ficar sossegado. Sem nenhuma superstição, essa era sua única mania.

Naquele começo de noite, porém, não se importou muito com a presença dos demais. O papo com o Senhor fora bem rápido, talvez nem tanto sobre futebol, e ele se apressou em ir para casa. Vitinho assistira ao jogo e o esperava no estacionamento do Maracanã. Iria deixá-lo em casa, mas o goleiro então pediu um carro emprestado, para que pudesse viajar no dia seguinte a Minas Gerais, onde o 100% jogaria uma semifinal. A BMW X5 preta estava na casa do pai de Vitinho — e foram até lá. Bruno quis um veículo blindado e sem GPS, com a desculpa de que faria um *test drive*. Talvez tivesse se esquecido de que possuíra um modelo igualzinho, anos antes.

Só então chegou em casa, por volta das 23h. Fernanda estava à vontade na sala, sentada com as pernas cruzadas em uma cadeira, com o menino no colo, já que Eliza ainda sentia muita dor na cabeça. Ele passou direto e sequer olhou para ela. Foi até a sala de TV, onde estava Jorge. "Cadê o Macarrão?" — perguntou. Em segundos, o amigo apareceu no alto da escada. Estava tomando banho e desceu ainda secando os cabelos. Seguiram até a sala da TV, de onde Bruno mandou Jorge sair, e trancaram a porta. Ficaram ali por dez minutos. Fernanda nada conseguiria ouvir.

Eliza, segundo Macarrão, teria pedido R$ 50 mil, mas a proposta de R$ 30 mil em dinheiro fizera com que aceitasse um desconto. "Arrumei os R$ 30 mil com o Vitinho, para fazer a festa do futebol e ainda dar alguma quantia para Eliza" — contaria. Só que ela — que não era boba — desconfiava de que poderia ser enganada: Macarrão prometera entregar o dinheiro depois do fim de semana, quando voltassem de viagem, mas ela não aceitou.

Bruno parecia mal-humorado. Passara de novo por Fernanda e pelo bebê sem dizer uma palavra. Subiu as escadas saltando degraus e entrou no quarto de Macarrão, onde Eliza passara a noite. "Fiquei muito irritado porque não precisava de nada daquilo e dei uma surra no Jorge. Só parei porque Eliza pediu" — diria o goleiro em seu julgamento.

Aos jurados, contaria que Macarrão tomara a iniciativa de conversar com ela sem que soubesse, e que até cuidou de seus ferimentos. Eliza estava machucada — notou ao vê-la. Ainda segundo Bruno, o sangramento provocado pelo golpe sujara a almofada da cama. Teria também perguntado se ela precisava ver um médico, e afirmou que fora até uma farmácia comprar a pomada cicatrizante Polvedine, para lhe fazer um curativo. "Tivemos uma conversa, Eliza, Macarrão e eu. Falei para ela que depositaria R$ 30 mil na conta dela, na segunda. Mas ela disse que não confiava mais em mim e que já sabia que a gente tinha dinheiro no sítio."

Não havia dinheiro no sítio, mas a viagem — a armadilha — estava engatilhada.

"Vamos, Fê!" — disse Bruno à loura, que então entregou Bruninho de volta à mãe. Fernanda pegou a bolsa e seguiu apressada para a garagem. O goleiro mantinha a cara fechada. Ao passar por Jorge e Macarrão, ainda no corredor e sem parar, falou: "Vocês fizeram a merda, agora é com vocês mesmos."

Macarrão veio logo atrás, carregando duas malas, incluindo a de Bruno, que acabara de arrumar. Guardou as bagagens no porta-malas da BMW, enquanto Fernanda se acomodava — e logo o goleiro arrancou com o carro. Na altura da guarita do condomínio, no entanto, encostou para esperar os demais e reclamou da demora. O fiel escudeiro vinha na Range Rover e trazia Jorge, Eliza e o bebê.

A modelo estava insegura. Certa vez, em um bate-papo na internet com um famoso jogador do Flamengo, comentara que, se fosse com Bruno para Minas Gerais, não teria passagem de volta — um dos elementos usados pela Promotoria de Justiça para afirmar que não viajara por vontade própria, mas sequestrada.

Os carros seguiram em comboio e foram multados por excesso de velocidade nos mesmos radares da BR-040. Na estrada, o grupo pararia em um posto de gasolina para abastecer, próximo a Petrópolis, na serra fluminense, e depois na lanchonete Graal, já em Juiz de Fora. Só Fernanda e Jorge desceram dos carros. A namorada pegou R$ 50 com o goleiro e comprou sanduíches e refrigerantes. Eliza nada quis.

Durante a viagem, Bruno não parecia inquieto. Seu semblante descontraíra. Ele e Fernanda conversaram amenidades e ainda deram carona a um policial até o posto do pedágio. Esse homem, porém, nunca apareceu. Ela quis saber que planos tinha para Eliza e o namorado explicou que daria dinheiro à modelo, para resolver logo a questão. Aquilo lhe pareceu simples, e, de qualquer forma, estava animada demais para pensar em outra coisa que não os dias de descanso em Minas.

Deixara Gabriel, o filho de treze anos, com a mãe. O mais velho, de dezesseis, vivia com a avó paterna. Acreditava que então conheceria o restante da família de Bruno. Cinco dias antes, fora apresentada à dona Estela, uma senhora de 79 anos e saúde frágil. Era a avó materna do namorado, que o criara desde os três dias de vida.

Dona Estela Trigueiro de Souza viajara pela primeira vez de avião, para matar a saudade dos dois netos, Bruno e Jorge. Chegara ao Rio no dia 30 de maio, com uma filha e uma nora. Hospedou-se na mansão do goleiro, mas, por causa de um chuveiro quebrado, que só jorrava água fria, usava o apartamento da ex-mulher de Bruno, Dayanne Rodrigues do Carmo Souza, para tomar banho. Não podia pegar uma gripe — e assim ainda aproveitava para encontrar as netinhas. Dona Estela não concordava com a separação, sobretudo por causa das meninas pequenas, mas evitava falar no assunto. Nunca fora muito de se meter na vida do neto.

As passagens de volta foram marcadas para o dia 2 de junho. De modo a que sua avó e as parentes não viajassem sozinhas, já que não tinham costume nem conheciam muito bem os trâmites de aeroporto, Bruno pedira que Dayanne as acompanhasse. As filhas Maria Eduarda e Bruna Vitória, além de uma babá, também embarcaram. "Você aproveita e revê sua mãe" — disse o goleiro, para em seguida completar: "Passa uns dias lá e volta só para fazer a prova da autoescola."

Apesar de não viverem mais juntos, os dois tinham um relacionamento cordial e Dayanne ainda frequentava bastante o sítio de Esmeraldas. Foi por isso, pelo risco de encontrá-la, que Bruno determinaria a Macarrão que pernoitasse — com Jorge, Eliza e o bebê — em um motel de Contagem, na região metropolitana de Belo Horizonte, de sábado para domingo. Ele telefonara, ainda da concentração, para o administrador da propriedade, Elenilson Vitor, mas não conseguira lhe falar — e não sabia se estava tudo certo para levar Eliza.

Os grupos se separaram. Bruno seguiu para Belo Horizonte e resolveu passar na casa da avó, no bairro humilde de Minaslândia. Como Fernanda estava com ele e já era tarde, desistiu de entrar. "Se Dayanne não estiver no sítio, pode ser que esteja aqui" — pensara. Achou melhor apenas ligar para o primo, Sérgio Rosa Sales, de 23 anos, o Camelo, que morava com a mãe numa casa no mesmo terreno de Dona Estela, e avisar que já estava na área. "Bora dar uma volta?" — perguntou. O rapaz ficou surpreso, porque esperava que Bruno só chegasse na segunda-feira. "Não sei por que adiantou a viagem" — comentaria depois.

Em seguida, já com Sérgio a bordo, Bruno tomou a estrada em direção a Ribeirão das Neves, uma cidade violenta da região metropolitana, onde passara a infância. "Fê, vou te levar para comer o melhor bolinho de carne que eu conheço" — sugeriu. "Você quer conhecer o lugar onde cresci?" Ela nem precisava responder. O goleiro mostrou o campinho de futebol onde começara a jogar, e passou vagarosamente em frente ao barraco onde morara com a avó. O bairro Liberdade guardava muitas histórias daquele menino pobre que, com talento, transformara-se em capitão do Flamengo.

Bruno estava empolgado, falava sem parar, com os olhos brilhando. Não foram poucas as gargalhadas que soltou enquanto dividia lembranças divertidas da infância, associando-as aos locais por que passavam. Citava os apelidos engraçados dos amigos e apontava para as casas deles. Sérgio, sentado no banco de trás, aproximou-se do casal, apoiando os cotovelos nos bancos dianteiros. Afinal, também fazia parte daquele passado.

Ao se deparar com o antigo endereço de Dayanne, Bruno suspirou. Essa, sim, fora sua melhor parceira — talvez tenha pensado. Mas ficou calado e estacionou em frente ao Studio Mil Grau, na rua José Felipe da Silva, no bairro Justinópolis. Ficaram lá, os três, bebendo até as 7h.

Macarrão seguiu direto para o Palace Motel, em Contagem. Pediu o quarto 21, que tinha banheira de hidromassagem. Bruno e Fernanda se hospedariam mais tarde na suíte 25, uma das mais caras. "Chegamos na madrugada. Parei na BR-040, próximo a um posto de gasolina, e avisei ao Bruno que iria dormir lá no 'apartamento'. Ele falou que iria para a casa da avó dele, pois não poderíamos seguir direto para o sítio. Ele não sabia se Dayanne estava lá" — lembraria Macarrão.

À polícia, logo que presos, os dois chegariam a negar que soubessem um da presença do outro ali. Mas não havia como esconder: a conta dos quartos — de R$ 431,90 — fora paga por Bruno, com seu cartão de débito, inclusive o acréscimo de 50% relativo a "mais uma pessoa" na suíte 21. O comprovante seria entregue à polícia pelo gerente. Os funcionários do estabelecimento, aliás, haviam estranhado o entra e sai de gente nos dois quartos. "Na hora que em que eles estavam passando para ir para a suíte 21, vi que se tratava de três pessoas, mas não vi o rosto deles. Eu vi três pares de perna passando porque a garagem é vazada na parte de baixo. Eu lembro ainda que pedi os documentos e eles me passaram três identidades, e eu repassei as identidades para outra menina que fez a conferência" — contaria a recepcionista Rosilene Cardoso Rodrigues, conhecida como Rosa. Eram dois homens e uma mulher, segundo ela, que não percebera o bebê.

Entre 8h e 10h de domingo, dia 6 de junho, Macarrão e Jorge foram várias vezes à suíte 25, onde o goleiro já estava com Fernanda. Sérgio, que dormiria no carro, também subiu e, em uma das ocasiões, foi com Eliza, que levava Bruninho.

O motel era bem familiar. Bruno e Macarrão já tinham levado mulheres para lá muitas outras vezes e sabiam que os quartos eram próximos. Com dois andares, formavam mesmo um grande "apartamento". "Às sete e pouco da manhã, Eliza chegou dizendo que o Bruno estava na porta do motel" — contaria o fiel escudeiro, que, então, bateu na porta da suíte do jogador. "Acordamos com Macarrão lá. Bruno ainda brincou: 'Ô, Macarrão, você está me seguindo?'" — lembraria Fernanda.

Só sairiam do motel por volta das 13h daquele domingo. Uma fralda sem uso fora deixada para trás, sobre o sofá do quarto 25, descuido que chamaria a atenção da camareira Elizabeth, já que a legislação proíbe a presença de menores no estabelecimento. "Quando a minha cliente chegou para trabalhar, as colegas disseram que o pessoal tinha feito bagunça a noite toda. Ela não sabia quem tinha estado lá, mas, quando foi limpar, viu uma fralda de bebê" — diria o advogado Ramon dos Santos.

Antes, porém, por volta das 10h, o hóspede do quarto 25 ligara para a recepção avisando que seria procurado por uma pessoa. Rosa lembra que um homem mulato, meio baixo, com cerca de quarenta anos, chegaria meia hora depois, num Gol prata, e pediria para subir. "Abri o portão e ele estacionou o carro lá dentro. Ficou uns quarenta minutos." Trajava calça jeans e camiseta branca. Para o Ministério Público, este sujeito é o policial civil aposentado José Lauriano de Assis Filho, o Zezé, personagem que permaneceria à sombra durante as investigações. Ele até prestaria depoimento, duas vezes, mas, por falta de provas, não seria indiciado, ao menos num primeiro momento.

Zezé foi o elo entre Bruno e o ex-policial civil Marcos Aparecido dos Santos, o Bola, que apresentara a Macarrão.

Bola e Zezé se formaram na mesma turma da Polícia Civil e planejavam inaugurar um campo de *paintball*. Zezé costumava frequentar a casa de Bruno porque este, esbanjando dinheiro, patrocinava seu grupo de pagode, "Os neguinhos". A banda se apresentaria algumas vezes no sítio em Esmeraldas, e o goleiro até bancara uma viagem dos pagodeiros ao Rio para que fizessem um show em Santa Cruz, em fevereiro de 2010.

Em depoimento, Zezé explicaria que Bola, sabendo dessa relação, cobrava-lhe um retorno sobre a indicação do filho para uma próxima "peneira" — como se chama, informalmente, o processo de seleção de jovens atletas pelos clubes. Marcos, de vinte anos, um rapaz meio gordinho, queria ser jogador de futebol e seu pai acreditava que os contatos de Macarrão e Bruno poderiam lhe abrir alguma porta.

Por este motivo, alegaria Zezé, passara o número do celular de Macarrão a Bola.

Curiosamente, porém, no dia do rapto de Eliza, foi Macarrão quem telefonou para Bola — e não o contrário. A conversa ocorrera às 12h55 da sexta-feira, 4 de junho. "É quando Macarrão avisa que o sequestro se iniciaria naquela data" — contextualiza o promotor Henry Wagner Vasconcelos.

Ao longo daquela manhã no motel, Macarrão e Zezé se falaram 23 vezes. O rastreamento dos celulares e o cruzamento dos dados, obtidos pela polícia através da quebra de sigilo telefônico, mostraram que os dois se aproximavam a cada ligação, até finalmente usarem a mesma antena de telefonia, em Contagem. Provavelmente, diz o Ministério Público, estavam no mesmo lugar.

"Na época tentamos de tudo, mas não conseguimos elementos suficientes para indiciá-lo. Ouvimos o Zezé duas vezes e ele contou que era amigo de Bola e que os dois planejavam inaugurar um *paintball*" — explicaria a delegada Alessandra Wilke, que trabalhou no caso. "Sobre as ligações para Macarrão, ele disse que Bruno financiava seu grupo de pagode."

Para o delegado Edson Moreira, então chefe do Departamento de Investigações, faltara tempo hábil para indiciá-lo. Ele até recorreu à promotoria para tanto. Pegar Zezé, porém, exigiria alguns dias a mais, em função da quebra de sigilos com autorização da Justiça, o que poderia botar tudo a perder. "Bruno era o detentor do motivo para matar Eliza, e Macarrão, como seu procurador, assumiu o motivo também. Bola foi o matador e Zezé, o responsável pela aproximação do trio, para resolver o problema. Eles eram amigos, foram da mesma turma. Para mim, Zezé participou até da ocultação do cadáver" — afirmaria o delegado, eleito vereador.

No dia 10 de junho, data da morte de Eliza, Bola e Zezé se encontraram duas vezes — pouco antes e pouco depois da execução —, o que Zezé omitira da polícia ao prestar seu primeiro depoimento. Três dias mais tarde, chamado outra vez à delegacia, explicou que o amigo o procurara na unidade em que trabalhava, no bairro Floramar, na região norte de Belo Horizonte, para pedir R$ 50 emprestados. A versão, porém, não convencera o delegado Edson Moreira, que determinou buscas pelo corpo de Eliza na Lagoa do Nado e na mata do bairro Planalto, locais próximos àquela delegacia.

Nenhum vestígio seria encontrado, mas ainda havia muito por vir. Zezé sabia-se na berlinda. Envolvido até o pescoço, cedo ou tarde voltariam ao nome dele. À boca miúda, corre que fez um acordo: para não ser indiciado, teria entregado Bola. A polícia, claro, nega.

Antes que o Ministério Público pedisse a abertura de um novo inquérito para investigar sua possível participação no crime, Zezé se aposentou da Polícia Civil — para não correr o risco de perder a aposentadoria.

O time patrocinado por Bruno jogaria às 15h daquele domingo, em Ribeirão das Neves, mas ele ainda precisava decidir o que faria com Eliza. O goleiro então pediu à namorada que seguisse com Macarrão. Alegou que teria de resolver com Sérgio alguns detalhes relativos à partida do 100% Futebol Clube. Do motel, portanto, Macarrão levou Fernanda, Eliza, Bruninho e Jorge para a casa de sua mãe, também em Neves.

Para a polícia, uma desculpa: Bruno, naquele ínterim, foi ao sítio convencer Dayanne a sair de lá com as filhas.

Ela chegara do Rio com a família do goleiro no fim da tarde do dia 2 de junho, quarta-feira. Flávio Caetano, um amigo de Bruno que trabalhava com transporte escolar e servia à Dayanne nas horas vagas, já a esperava no Aeroporto Internacional Tancredo Neves, em Confins. Victor, o tio do jogador, buscara dona Estela.

Dayanne, porém, quis ir ao sítio, depois de passar na casa da mãe, na região da Pampulha. Já que fora convocada para aquela viagem repentina, que ao menos pudesse aproveitar uns dias com as filhas pequenas à beira da piscina. Bruno, no entanto, apareceria na hora do almoço de domingo, por volta das 13h30. Estava agitado. Falou para a ex-mulher que ela precisava ir embora imediatamente. Inventou que corriam risco, porque Eliza tentava "armar" contra ele. "Até chorou" — contaria Dayanne. "Disse que Eliza tinha contratado umas pessoas para matá-lo e que eu ficaria mais segura com as meninas na casa da dona Estela ou na casa da minha mãe."

Dayanne, então, partiu, mas o fez prometer que a buscaria na terça, dia 8, se estivesse tudo bem. Sem saber, abrira as portas do cativeiro.

2. O CRAQUE

Era um campinho de grama rala em Ribeirão das Neves, cidade da região metropolitana de Belo Horizonte, que hoje tem pouco mais de 300 mil habitantes. Bruno, descalço, chegava para jogar bola com a turma do Caíque — uma escolinha de futebol que reunia meninos de bairros vizinhos. Tinha dez anos. Era muito magrinho, com cabeça pequena e orelhas de abano, mas já se destacava pela altura: quase 1,80 m. Ainda estava indeciso sobre jogar na linha ou no gol, porque tinha dificuldade em pegar bolas rasteiras, embora sempre fosse muito elogiado quando ocupava o espaço entre as traves de madeira velha, presas com pregos enferrujados e amarradas nas pontas, para que aguentassem as boladas e permanecessem de pé.

Era ainda difícil supor, portanto, que daquela brincadeira de moleques pudesse surgir, anos mais tarde, o "paredão rubro-negro" — referência para uma geração de futuros atletas. Bruno, então, ainda descobria os fundamentos, os atalhos do esporte. Tropeçava, ralava o joelho e se levantava sem chorar. Não tinha medo de se jogar no chão, mas se lembrava dos conselhos da avó, que o criara: "Menino, cuidado! Não vá arrumar confusão nem se quebrar todo!"

Dona Estela cobrava presença na escola e notas razoavelmente boas. Bruno, porém, tinha mesmo era habilidade para o futebol. Não queria saber de livros e de estudo. Até ajudava em casa, fazia alguns serviços domésticos, lavava as vasilhas de plástico, desde que não precisasse limpar o banheiro — o que desprezava. Com o tio Victor, pai de Jorge, descarregava caminhões em obras e trabalhava como ajudante de pedreiro. Os trocados que arrumasse, dividia-os com a avó. Achava pesados os sacos de areia e cimento, mas preferia a barriga cheia. Os calos nas mãos fortes serviam para alimentar dona Estela, que tinha problemas cardíacos, e também como estímulo para mudar de vida.

Quando não estava na escola, era certo encontrá-lo no campinho, que ficava numa espécie de vale, rodeado de construções de tijolos aparentes, que sequer tinham esgoto. Era uma encosta desmatada da favela em que vivia, perto do cemitério. Só por isso as peladas possuíam hora para acabar: como não havia iluminação, os meninos jogavam até o sol se pôr, com medo de que as almas penadas aproveitassem a escuridão para assombrá-los. Foi ali que fez os primeiros gols e, em seguida, as primeiras defesas, usando já o par de luvas pretas compradas pela tia Aparecida. Foi ali também que fez as primeiras amizades, e onde conheceu Macarrão, um gordinho de cabelo castanho e anelado, como o dos anjos, que queria ser goleiro e adorava futebol. Torciam, contudo, por times rivais: Bruno, para o Cruzeiro; Macarrão, influenciado pelo pai, para o Atlético Mineiro.

Bruno morava com a avó no bairro Santa Matilde. A casa era simples, mas, como coração de mãe, estava sempre cheia, porque outros dois filhos de dona Estela frequentemente apareciam com suas crianças. Aposentada, ela cuidava dos netos no barraco pobre, de muro branco e porta de ferro, que nunca ganhara uma demão de tinta. No segundo andar, construído depois, três janelas mal-acabadas, com grades azuis, ficavam sob as telhas de amianto. Nos fundos do terreno, havia uma construção ainda mais simples, onde moravam um casal de tios e três primos.

Macarrão vivia com os pais perto dali, no bairro Liberdade. Aos domingos, dona Luciene costumava preparar churrasco no quintal de casa — para deleite do filho gordinho. Era na hora do almoço, pois, que Bruno costumava aparecer. Criariam uma forte ligação de amizade, sobretudo porque a mãe de Macarrão, costureira, dona de um trailer de lanches na praça, sempre ajudava o menino franzino, de pernas compridas, com o dinheiro da passagem de ônibus. Aos poucos, as pessoas começavam a notar e a acreditar em seu talento. "Bruno vivia mais na casa do Luiz Henrique do que o contrário" — lembraria Jô, mulher de Macarrão e namorada de infância. "Jogavam videogame, faziam as pipas para soltar na laje de um amigo da vizinhança, mas gostavam mesmo era da bola."

Do Caíque, Bruno passaria a jogar duas vezes por semana na escolinha de futebol Palmeiras, do professor Edson Alves, o "Fera". O ano era 1996. Com chuteiras simples, seguia a pé por quase dois quilômetros — às quartas e aos sábados — até o campinho de terra batida. Integrava então o time mirim, e ainda era jogador de linha.

Aos doze anos, chegou ao Venda Nova Futebol Clube. Faria um teste na lateral direita. Um funcionário do clube, morador de Ribeirão das Neves, vira uma das peladas locais e o convidara. O campo ficava distante de casa, na região norte de Belo Horizonte, e Bruno já não poderia ir a pé. O presidente do Venda Nova, porém, oferecera vale transporte e cesta básica — uma grande ajuda naquela época. Caberia ao amigo Lulu, no entanto, sugerir que tentasse uma vaga como goleiro, posição menos disputada naquela peneira. "Bruno, seu potencial é no gol" — falou-lhe. "No teste, os caras bateram dezoito pênaltis e ele pegou dezesseis. Uma bola foi para fora e a outra entrou" — lembraria o rapaz ao Globo Esporte, em 2008.

De bolsos vazios e muitas vezes furados, Bruno — que não tinha condições de pagar os 90 centavos da passagem de ônibus — contava com os amigos para ganhar um pedaço do lanche. Quando os meninos não podiam ajudar, armavam um plano para desfalcar a criação de dona Estela e vendiam as galinhas na vizinhança: o primo Sérgio distraía a senhorinha, enquanto Lulu e Bruno se escondiam atrás das roupas de cama que secavam no varal, ao relento. Quando ela estava na cozinha, rapidamente guardavam a galinha numa sacola e a ofereciam nas vendinhas ou para outros moradores.

Defenderia a camisa vermelha e branca do Venda Nova por quatro anos. Neste tempo, sem sucesso, faria teste para o Cruzeiro, time do coração. Nos momentos de folga, gostava de bater ponto no "buracão", um descampado perto de casa. Devido aos ombros largos e ao rosto pequeno, era chamado de cabeça de meia — apelido que odiava e que, claro, acabaria pegando.

Aos catorze anos, Macarrão conheceria a namorada, uma menina de pernas muito finas que todo mês comprava comida para o cachorro da família na loja de ração em que ele trabalhava desde os nove, no bairro onde morava. Então balconista, encantou-se com os olhos amendoados e tímidos de Jô, dois anos mais nova.

Namoro iniciado, estavam sentados no banco da praça, em frente a uma sorveteria, quando Bruno e Dayanne passaram a pé, acompanhando um casal de amigos mais velhos que vinha do hospital. "Acho que a moça tinha passado mal... Luiz Henrique parou para conversar com o Bruno e nos apresentou" — lembra Jô. Com a mesma idade, e com histórias de amor e de bola em comum, os quatro começariam a se encontrar com mais frequência. "Estávamos sempre juntos nos almoços de domingo. Só que os meninos se esqueciam da gente por causa do futebol e sobrava tempo para ficar batendo papo com Dayanne" — conta ela, que mora na casa da avó, no município de Pitangui, centro-oeste mineiro, desde que Macarrão foi preso.

Atrasado no colégio, o menino dos cachinhos sentava-se ao lado de Jô na sala da 8ª série da Escola Municipal Franciscadriângela, também no bairro Liberdade. Não dava muita importância ao que a professora escrevia no quadro-negro, e contava os minutos para a hora do recreio, quando se esquecia da vida jogando bola. "Era goleiro o que Luiz queria ser" — lembra a moça, que sairia de casa, aos dezenove anos, para morar com o namorado. Naquela época, Macarrão já deixara a loja de ração, tivera outras ocupações, e então trabalhava como empacotador no Ceasa, enquanto Jô fazia telemarketing. Juntaram as escovas de dente em uma casa pequena, de dois cômodos, numa rua próxima à da família dela.

Sem que a namorada soubesse, Macarrão dava parte de seu salário-mínimo a Bruno. Viriam daí, nos tempos de cofrinho cheio, o apreço do goleiro pelos amigos de infância e a vontade de lhes retribuir, sem se importar com os gastos. "A gente vendia o vale-transporte para poder comer alguma coisa e voltava andando. O Lulu e o Macarrão começaram a trabalhar e os dois me davam o dinheiro da passagem. Tive muitos amigos que foram para o caminho do crime. Eu tinha tudo para virar um viciado ou alguma outra coisa. Mas eles mesmos falavam: 'Você não, você tem futuro'" — recordaria Bruno, anos mais tarde.

O pai de Macarrão era caminhoneiro e passava semanas fora, transportando frutas, verduras e legumes pelas estradas esburacadas do Sudeste. "Eu vivo nesse mundão de meu Deus, mas sempre ensinei meus filhos a batalhar desde cedo. Luiz queria ser goleiro, participou de peneiras para vários times, mas não teve sorte nesse lado e teve que agarrar a oportunidade" — diz Cássio. Dias depois de completar quinze anos, ao acompanhar o pai ao trabalho, Macarrão se depararia com uma vaga de descarregador de caminhão no depósito. "Meu filho era esperto. Estudava à noite e era muito inteligente. Em pouco tempo, virou até conferencista" — declara Cássio, orgulhoso.

A família chegou a Ribeirão das Neves quando a cidade ainda tinha poucas ruas asfaltadas. Um conhecido na prefeitura conseguira incluir o nome do pai de Macarrão entre os interessados em uma das casas do conjunto habitacional ali construído para abrigar policiais militares. Lá vivem até hoje. Cássio criaria o filho com a camisa do Galo, mas sem tempo de levar o menino para ver o time jogar no Mineirão — sonho que o amigo famoso realizaria anos mais tarde.

"Ah! A gente foi muitas vezes ao estádio, principalmente quando Bruno estava jogando no Atlético, porque ele conseguia os ingressos" — lembra Jô. Macarrão não cabia em si de tanta alegria. Saía uniformizado de casa, com a camisa do goleiro, horas antes da partida, tudo para escolher um bom lugar de onde pudesse ver Bruno agarrar. Às vezes, ficava na tribuna de honra. E vibrava — aplaudia, pulava, gritava — a cada defesa do amigo. Franzia o rosto nos momentos mais difíceis, e levava as mãos à cabeça, com sofrimento, sempre que a bola insistia em invadir a rede do Galo. Macarrão era mesmo o fã número 1 de Bruno.

Dayanne conheceu Macarrão pouco antes de ele iniciar o namoro com Jô. Bruno a buscara na escola e passara na loja de ração para falar com o amigo. Até então, diria ela, não lembra muito de ter ouvido o namorado falar sobre o colega. Talvez não tivessem tempo... Os dois estavam mais ocupados com assuntos de tirar o fôlego. Perdiam juntos a inocência, e, da amizade despretensiosa, surgiria um grande amor.

Começaram a namorar em 1999: Dayanne tinha apenas doze anos e Bruno, catorze. Moravam ambos na rua Santa Luzia, a alguns metros de distância um do outro. Não fazia tanto tempo e ela ainda brincava de bonecas, na porta de casa, sentada com as amiguinhas na calçada, e nem reparava no moleque de pernas longas que jogava pelada no campinho com Diego, seu irmão mais velho. "Eu sempre via o Bruno, mas a gente era muito novo e não tinha esse interesse" — comenta.

Com o correr dos anos, e porque, afinal, faziam o mesmo caminho até a Escola Estadual José Pedro Pereira, algumas ruas abaixo, passariam a conversar mais. Dayanne o achava muito feio, mas engraçado. Gostava do jeito como ele contava as histórias do futebol, dos alunos mais velhos, das notas baixas que tirava. E reparava que Bruno mantinha sempre o cabelo grande, talvez para esconder as orelhas marcantes. Como era alto, certa vez alcançou uma laranja só de esticar o braço, e a entregou para Dayanne, como lanche. Nos dias seguintes, começaria a buscá-la na porta de casa, para acompanhá-la ao colégio.

Numa tarde quente, resolveu esperá-la depois das aulas, para que voltassem juntos também. O primeiro beijo viria sem compromisso. Passaram a ficar juntos todas as tardes, aproveitando a reta final do ano letivo, época em que eram liberados mais cedo, após as provas. Assim foi que um amigo do pai dela os flagraria num abraço apertado e saliente, encostados em um Fusca, as mãos grandes de Bruno descendo pelas costelas de Dayanne em direção ao quadril volumoso, que levantava a beira da saia rodada.

"Meu pai não era carrasco, mas gostava das coisas certinhas. E o Bruno, então, decidiu ir lá em casa me pedir em namoro" — conta. A essa altura, dona Estela já acobertava o casal apaixonado, que gostava de assistir aos filmes da TV esparramados no sofá rasgado. Maria Pedro Rodrigues do Carmo, a sorridente dona Cota, mãe de Dayanne, sempre foi confidente da filha e soube do primeiro beijo muito antes do marido carpinteiro, que trabalhava fora e só voltava para casa a cada três meses.

Era 24 de dezembro de 1999. Bruno tomou um banho demorado, pediu emprestado ao tio o perfume do frasco verde e foi até a casa da namorada, cumprimentar-lhe a família e sondar o terreno, pois já planejava fazer o pedido na noite de réveillon. Vestia calça jeans preta e blusa escura. Chegaria junto com Edvaldo, um rapaz de 22 anos que namorava a irmã mais velha de Dayanne e que já frequentava a casa havia pelo menos um ano. Achou por bem ficar perto dele. Até daria alguns pitacos quando o assunto era futebol, mas preferiria — espertamente — não polemizar com o "sogro" sobre a atuação de um ou de outro no último jogo.

Na semana seguinte, ainda se encontraram às escondidas na casa de dona Estela. Bruno, porém, voltaria menos envergonhado para a festa de ano-novo. Bateu palmas do lado de fora do portão e gritou pelo senhor José Silvério do Carmo, hoje falecido. Com medo, Dayanne correu para o quarto que dividia com as irmãs e se escondeu atrás da porta, o que a impediria de ouvir o pedido oficial. Dizem que Bruno gaguejou no começo, mas logo manifestou suas intenções. Queria fazer carreira no futebol, já ganhava uma pequena ajuda de custo e, quando fosse famoso, poderia pagar a faculdade da namorada, que sonhava em ser professora.

"Meu pai me chamou, perguntou se eu gostava dele e se queria aceitar o pedido de namoro. Bruno era feio, mas eu o amava e disse que sim!" — lembra. Pedido aceito, ele já ficaria para a festa. De tão feliz, mostrava os dentes até para o cachorro. Parecia mais à vontade, embora ainda constrangido de pegar na mão da namorada. O casal apenas trocava olhares e conversava timidamente. "No comecinho foi estranho, a gente ficou com vergonha" — diz a ex-mulher.

Seu José começaria o novo milênio conversando com a filha sobre o namoro. Disse que Dayanne ainda era muito nova e fez um alerta, experiente que era: "Tem que ter cuidado com os homens. Não vá acreditando em tudo." Chegaria a questionar Edvaldo sobre se Bruno de fato era um bom rapaz, alguém de confiança. Acabaria convencido, mas não sem coçar a cabeça grisalha com o dedo mindinho e limitar os horários dos encontros: só nos fins de semana, e no máximo até às 21h30.

"Toda vez que a gente saía, minhas irmãs tinham que ir junto, para vigiar a gente. Mas elas não pegavam no meu pé, como meu pai queria. Sentavam em um barzinho, ficavam na cervejinha delas e deixavam a gente dar uma volta pelo bairro." Dayanne marcava, na folha do calendário de uma fornecedora de bujão de gás, colado atrás da porta da cozinha, todos os dias em que encontrava o amado.

A 22 de abril de 2000, dia do primeiro aniversário dela desde que começaram a namorar, estranhou a falta de Bruno na escola e subiu a rua apressada, depois da aula. Fazia treze anos e imaginara que ele a estivesse esperando em casa. Mas nada. Inquieta, Dayanne usaria o antigo telefone de disco para tentar encontrá-lo. Sem sucesso, porém. "Estranhei... Era meu aniversário e ele ainda não tinha falado comigo." Já brava, trocou de roupa e foi até a porta de dona Estela. Falou alto com as amigas para chamar atenção... E nada. Pediu, então, que a avó o chamasse.

"Bruno estava se escondendo de mim, envergonhado porque não tinha um centavo para o meu presente. Como é que ele me daria feliz aniversário sem presente?" — recorda-se. "Foi aí que ele tirou do bolso de trás da bermuda um bombom Serenata de Amor. Bruno já me encheu de presentes caríssimos, mas aquele foi o melhor de todos. Tenho a embalagem até hoje." Dayanne não se esquece da dificuldade financeira que rondava aquelas famílias. "A gente era pobrinho, mas, quando dava, gostávamos de ir à sorveteria ou à pizzaria." Quando o dinheiro apertava, os dois ficavam em casa, assistindo aos filmes da televisão. "Não precisava gastar nada, né!?"

Para burlar as regras estabelecidas por José, resolveram aliar o namoro aos estudos. Era uma boa desculpa, sugestão de dona Estela, que não queria ver o neto perder o ano. Dayanne sempre ensinara às bonecas, mas também ajudava as amigas e crianças mais novas do bairro. De recuperação em matemática, a chance do Bruno era a namorada — ou corria o risco até de ser cortado do time (e assim perder a cesta básica oferecida pelo Venda Nova), já que a frequência e a aprovação escolares eram condicionantes naquela época.

"Se não fosse eu, ele teria sido reprovado na oitava série. Como já treinava, não dava conta de fazer todos os trabalhos. Eu o ajudava em alguns e fazia outros para ele. Minha maior dificuldade era imitar a letra do Bruno, que até era bonita, mas muito miudinha" — relata Dayanne, que ainda guarda alguns cadernos cheios de coração, de florzinhas, nomes dos dois, bolas e campos de futebol desenhados nas orelhas das páginas amareladas.

O ano seguinte, 2001, seria marcado pela distância. Bruno disputava o campeonato estadual infantojuvenil pelo Venda Nova. Já fora emprestado ao Democrata de Sete Lagoas, mas acabaria devolvido, dizem que por indisciplina. "Tinha talento, era visível! Mas sempre foi muito esquentadinho" — lembra o primeiro treinador, Edson "Fera".

Viria, então, a partida contra o Tombense Futebol Clube, na cidade de Tombos, Zona da Mata. Chovia muito naquela tarde de sábado. A arquibancada estava bastante vazia e o gramado, completamente encharcado. Bruno, porém, agarraria dois pênaltis. Um empresário acompanhara tudo e quis saber quem era o menino comprido entre as traves. "Jogamos em Tombos, quando o treinador deles era o Enderson Moreira, que depois passou pelo Goiás. O Bruno fechou o gol e impressionou o Eduardo Uram, que estava na beira do campo" — conta Nivaldo Sá, presidente do Venda Nova.

Proprietário do Tombense, Uram não desgrudava os olhos de Bruno. "No primeiro minuto, o Cícero [meia com passagens por Fluminense, São Paulo e Santos] bateu um pênalti e ele pegou com a mão direita." O goleiro, ainda infantojuvenil, sequer podia imaginar, mas a atuação naquela tarde despretensiosa seria a chave dos portões para uma carreira de sucesso e fama.

Para convencê-lo a trocar de time, contudo, recorreu-se até ao presidente do Santa Cruz Futebol Clube, de Belo Horizonte, Cláudio Henrique Soares, o Claudinho, que também acompanhara a partida. Ao fim do jogo, chamaria o menino de pernas longas e mãos enormes e ofereceria R$ 300 para que compusesse o elenco do Tombense. "O Venda Nova perdeu de 5 a 1 e o Bruno pegou tudo. Senão, teriam perdido de vinte!" — brinca Claudinho. "Fiz a proposta em um sábado, mas ele disse que estava pensando até em parar de jogar e voltar a trabalhar com o tio, porque a situação estava difícil na casa dele."

Uram lembra-se de que Bruno voltou a Belo Horizonte no ônibus do Venda Nova, e que Lane Gaviolle, presidente do time de Tombos, foi encontrá-lo em casa.

A missão de convencimento era inglória e Lane penaria. Quando seu Ômega preto parou à porta de dona Estela, o menino — que volta e meia se metia em confusão — ficou assustado. Bruno soltava pipa numa laje e teve certeza de que o sujeito estava ali por vingança. Na véspera, brigara com um garoto do bairro e fora ameaçado. "Ele ficou dois dias fora de casa, até que a dona Estela explicou que era um representante do Tombense" — diz Uram. O garoto relutaria. Não sabia se queria mesmo investir naquilo após a decepção com a dispensa do Cruzeiro.

Depois de muita conversa e de uma pequena oferta financeira, finalmente se mudou para o alojamento do Tombense. A negociação, porém, quase não envolvera dinheiro, e o empresário ficaria, durante seis meses, ajudando o Venda Nova por meio de material esportivo: bolas, meias, coletes, calções etc.

Claudinho afirma que a estreia do goleiro no Tombense foi contra o próprio Santa Cruz, num jogo que acabaria em briga. "O Bruno falhou no primeiro gol e o atacante, que já tinha até jogado com ele, foi lá gozar. Só sei que ele bateu em todo mundo, até em quem tentava separar. Só parou de brigar quando a minha filha gritou do meio de campo: 'Bruno, vou contar para o papai!' Eu estava em Nova York, mas ela conta que ele começou a chorar e pediu perdão porque acabou perdendo as estribeiras."

A família de Macarrão, entretanto, conta história bem diferente sobre a chegada de Bruno ao Tombense. Jô lembra que Luiz Henrique — como sempre o chamou — fora convidado a participar de um teste em Tombos. Bruno, inseparável, acompanhou-o, para dar força. Por três dias, enquanto ocorria a "peneira", os amigos teriam ficado no alojamento do clube.

"Luiz Henrique se machucou numa defesa. Deslocou o ombro ao se jogar no chão, e não teve jeito de colocar no lugar só com um empurrão. Acabaram chamando o Bruno para completar o time e ele se saiu bem" — declara Jô. Ao chegar em casa, ainda enfaixado, Macarrão teve de voltar ao hospital, levado pela mãe, porque sentia muita dor. "Ele não ficou frustrado. Pelo contrário, ficou contente porque o Bruno conseguiu" — conta dona Luciene, que completa: "Foi uma pena ele ter se machucado. Tenho certeza de que Tombos seria a chance dele."

Presidente do clube desde 1999, Lane Gaviolle garante que essa versão é pura fantasia, embora tenha sido usada pela defesa de Macarrão inclusive durante seu julgamento. "Fui eu quem levou o Bruno. Ele se destacou na categoria de base e fiz uma parceria para trazer ele e mais dois jogadores" — explica, para garantir em seguida: "Macarrão nunca fez teste aqui."

O goleiro jogaria no Tombense por todo aquele ano de 2001, período em que só voltava a Ribeirão das Neves de dois em dois meses. Segundo Lane, Bruno estava focado. Tinha uma personalidade forte, o que considera fundamental a um jogador que queira seguir carreira. Era empenhado, cumpria os horários de treinamento — e nunca discutiu ou brigou com ninguém: "Fico com muita pena de tudo o que aconteceu, porque ele tinha um enorme potencial e poderia chegar aonde quisesse."

Naquela época, Bruno não tinha dinheiro para pagar as ligações interurbanas a Dayanne, que, como a maioria das mulheres, sempre gostou muito de falar ao telefone. Os créditos do cartão telefônico que o goleiro carregava na carteira, junto com uma foto 3 × 4 da namorada, pouco duravam. E ele preferia gastar toda a ajuda de custo que recebia no interior com a avó. "Às vezes, ele vinha só para passar um dia. Era horrível, a gente morria de saudades" — suspira a ex-mulher.

Quando soube que o Tombense jogaria em sua cidade natal, por ocasião do campeonato das categorias de base, Bruno — ansioso por rever a família e os amigos — avisou Dayanne com antecedência. Fazia quarenta dias que não se encontravam. Ela então se arrumou toda, fez escova no cabelo, pintou as unhas em casa mesmo e caprichou no batom — tudo para assistir à partida no estádio de Ribeirão das Neves. "Fui até lá, mas só consegui vê-lo dentro do ônibus."

A saudade duraria até o fim do ano, quando Dayanne, num sábado de dezembro de 2001, concluiu o primeiro grau — o ensino fundamental de antigamente. Bruno já lhe explicara que não teria como comparecer à formatura. Assim, apesar do ginásio lotado e do clima festivo, nem o vestido novo alegrava a menina. Até que o viu chegar, com roupa social e sapato recém-engraxado, pedindo licença às pessoas que se aglomeravam de pé na entrada da quadra. Apaixonado e carinhoso, Bruno usara uma pequena parte da ajuda de custo para aquela surpresa.

"Ele falou pelo telefone que não tinha como vir, mas combinou tudo com a minha mãe" — conta, para completar: "Apareceu lá na escola com um buquê de flores. Foi a coisa mais linda e inesquecível da minha vida."

Dayanne não tinha do que reclamar. Bruno era responsável e atencioso com a própria família. E ela era a única. Sentia-se uma princesa. "Era uma sensação muito boa. Não tinha safadeza e nenhuma outra na vida dele. Nós passamos muitas dificuldades e caminhamos juntos por um longo tempo. Mas ele dava valor a isso. **Ainda era o meu Bruno Fernandes.**"

Bruno, promissor goleiro, caminhava para se profissionalizar, mas não sem esconder algumas fraquezas, ainda que incipientes.

Aos dezesseis anos, num jogo contra o Bahia em Juiz de Fora, falharia três vezes e o Tombense acabaria batido por 3 a 2. Um dilúvio inundara a cidade mineira e obrigara quem assistia à partida no entorno do campo a acompanhá-la de dentro dos carros, estacionados à beira do gramado. No pequeno vestiário, ao fim da peleja, Eduardo Uram e Bruno tiveram uma conversa decisiva.

Ainda sujo, de cabeça baixa e com as mãos entrelaçadas no pescoço — a mesma posição que envergaria, duas décadas depois, durante praticamente todo seu julgamento —, Bruno só ouvia. "Olhei pra ele e falei: 'Levanta a cabeça, rapaz. Olha o lugar em que você está. Que merda é essa para comparar com o futuro que você tem?'" — lembra Uram. O garoto então se levantou, tomou um banho e se arrumou.

Chamar a atenção do Atlético-MG seria questão de tempo. Meses, na verdade. Ou, mais especificamente, após brilhar no campeonato brasileiro juvenil de 2002, no qual levou seu time à semifinal.

O Galo tampouco pagaria para tê-lo em sua categoria de base. Ficou acertado apenas que, em caso de uma venda futura, o clube receberia 70% e o Tombense, 30%. Contrato fechado, Bruno finalmente voltava a Belo Horizonte. Ganharia R$ 800 nos juniores do Atlético. Assim, poderia noivar com a namorada de infância — o que aconteceu no dia 7 de dezembro de 2002, quando ela tinha quinze anos.

Em campo, logo passou a alimentar uma rixa — que ainda perduraria — com Diego Alves, arqueiro com quem disputava espaço na base do Atlético-MG. Nunca gostou do rival e não escondia essa antipatia. "O Diego morria de medo dele. Na verdade, muitos tinham medo dele, por causa do temperamento agressivo" — diz Uram, rindo.

Com os hormônios em ebulição, Bruno e Dayanne já não conseguiam mais controlar a ansiedade e o desejo típicos dos adolescentes. Os beijos **eram mais demorados.** Os corpos já se pressionavam... Envergonhada, ela preferiu não comentar com a mãe que sentia "uma coisa diferente". Quando o encontrava, experimentava um arrepio na espinha, um frio na barriga, vontade de sorrir. "Eu até achei que ele ia chutar o balde, porque eu era muito chata e não queria pensar em sexo" — conta. Segundo a ex-mulher, porém, Bruno sempre foi muito respeitoso e entendeu que ela precisava ter certeza do momento certo.

A primeira transa aconteceria dias **depois do noivado.** Não foi premeditada. A menina ainda tinha muitas dúvidas, ficava constrangida com o próprio corpo, e não se sentia à vontade para conversar a respeito com dona Cota, uma mulher batalhadora, que veio da roça e criou os filhos praticamente sozinha. "Ela sempre foi meu espelho. Teve pulso e serenidade para nos criar com dignidade, mesmo com toda a dificuldade que passamos" — recorda-se.

Bruno, que já abandonara os estudos, estava de folga naquele dia. Dayanne voltou da escola e passou na casa dele, para dar um oi. Como era início de mês, dona Estela saíra para fazer compras, de modo que a casa estava finalmente vazia — sem tios nem primos. Bruno abriu a porta. Estava de short preto, curto, e fazia abdominal sobre o tapete felpudo barato. A camiseta regata, jogada sobre o braço do sofá. Dayanne pegou uma almofada, sentou-se e a colocou no colo. Ele ligou a televisão e, discretamente, puxou a cortina, tapando a fresta que o vento provocava. "Começamos a conversar e rolou um clima. Já estávamos a ponto de bala."

Dayanne foi embora cheia de sorrisos e com muito calor. Em casa, encontraria dona Cota já na cozinha, cuidando do jantar. Encostada na pia, mexia uma colher de pau dentro da panela, com o pé direito apoiado no joelho da outra perna. "Puxa, você demorou. Estava no Bruno?" — perguntou. "Ô, mãe, preciso te contar uma coisa." Dayanne nunca lhe escondia nada. "Sabe o que é... Acabou acontecendo hoje... Aquilo que os casais de namorados fazem." Dona Cota então devolveu a panela de macarrão com salsicha para o fogão, jogou a colher de pau no fundo da pia e abriu a torneira, para desgrudar o molho. "Eu ainda era muito nova e minha mãe não sabia muito bem o que dizer. Só mandou embrulhar o 'negócio' dele das próximas vezes."

A segunda relação só aconteceria seis meses depois. Bruno insistia. Abusava dos carinhos mais sensuais e dizia coisas bonitas para impressionar. "Mas eu não queria mais fazer aquilo" — conta Dayanne, aos risos: "Sei lá, achei tudo muito estranho."

Até o casamento, dois anos depois, Bruno compraria os móveis aos poucos, tudo à vista. Primeiro, um guarda-roupas que vinha com cama de casal embutida. Depois, a cozinha montada, numa loja de departamento do shopping. A casa vazia de um tio, que se casaria na mesma época, nos fundos do terreno de dona Estela, serviu de depósito.

No dia 15 de maio de 2004, em uma igreja católica em Ribeirão das Neves, Bruno recebia Dayanne no altar. O vestido branco, estilo bolo de noiva, tinha uma saia armada, um decote em V, que deixava os ombros à mostra, e uma manguinha, que descia quase até os cotovelos. A menina ainda usava luvas presas ao dedo médio.

Sentia-se uma princesa. Pedira à mãe que fizesse, com bobs, cachos nas pontas do cabelo preto, e que levantasse as laterais com gel, logo acima das orelhas, prendendo-as juntas na parte de trás. Uma coroa enfeitava o alto da cabeça, descombinada do colar triangular, que afinava em direção ao decote e era feito de bolinhas brancas, que imitavam pérolas. Dayanne também usava brincos longos e brilhantes. A maquiagem, carregada com sombra azul e batom vermelho, fazia com que parecesse mais velha.

Era uma noiva alegre, apesar da pouca harmonia visual, e dançou algumas músicas lentas com o marido, que, por sua vez, passaria a festa quase inteira sem gravata e com a camisa desabotoada até o início do peito. Nunca gostaria de se engalanar.

O salão, ao lado da paróquia, estava enfeitado com bolas brancas, rosas e vermelhas. A mesa do bolo, com uma decoração carinhosamente simples, estava coberta com uma toalha vermelha, sob outra branca, de renda. Entre os convidados, Macarrão.

A vida realmente não começaria fácil. Com cinco meses de casada, Dayanne perdeu um filho, enquanto já descobria algumas gaiatices do marido. A geladeira andava vazia e a jovem de dezessete anos precisava levantar qualquer dinheiro que fosse. As aulas do segundo grau terminavam ao meio-dia, mas ela ficava na biblioteca da escola para fazer a lição de outros alunos. Cobrava R$ 10 por cada atividade, e passava a tarde naquele ambiente, com muita poeira e livros amarelados nas estantes. Cercada de enciclopédias Barsa, as de capa vermelha, tinha de fazer com que cada trabalho escolar fosse único, para não levantar suspeitas da professora nem prejudicar os colegas. "Já trabalhava olhando crianças, como babá, mas conciliava o tempo fazendo trabalhos para os outros. Mudava a letra e escrevia tudo diferente. Às vezes fazia dez trabalhos por dia, que ajudavam na compra da semana" — lembra-se Dayanne.

Bruno, imaturo, deixava-se influenciar pelos companheiros que chegavam de carro à Cidade do Galo, o centro de treinamento do clube, em Vespasiano. Havia todo tipo de veículo em torno do gramado, até porque os profissionais também treinavam naquele campo. Enquanto ainda circulava de ônibus, descia em um ponto logo perto da entrada, e era obrigado a cruzar as vagas de paralelepípedo. A caminho do vestiário, namorava cada um dos modelos mais caros, potentes e modernos. Ao fim do treino, na volta para casa, sonhava com o dia em que não mais precisaria andar de ônibus cheio, embora, na prática, não raro lhe faltassem recursos até para pagar a passagem — no que era frequentemente socorrido por Dayanne, que lhe dava o dinheiro destinado a seu próprio lanche.

Ele era o quarto goleiro do time de juniores àquela época, e estava cansado da batalha diária. Pensou até em desistir. "Chegou em casa, colocou o uniforme no tanque para lavar e falou que não aguentava mais" — recorda-se Dayanne, que então lhe disse: "Você chegou até aqui. Dê tempo ao tempo." O marido odiava essa frase, mas, de certa forma, acabaria acomodado à ideia de esperar, de tentar um pouco mais, pois sabia que ela seguraria a onda. "Uma coisa que não posso dizer é que Bruno não batalhou... Ele se esforçou muito." Por isso, Dayanne sempre dava um jeito. Quando a situação ficava feia demais, gritava socorro à mãe, que ajudava o quanto podia, apesar de cobrar o amadurecimento do genro, que só pensava em comprar um carro.

A contragosto da esposa, então grávida novamente, Bruno gastaria as economias de um ano para adquirir o mimo. O automóvel, embora usado, era o modelo boleiro do momento: um Escort vermelho, com estofado preto.

O problema, agora, já não era mais o meio de transporte, mas a falta de dinheiro para abastecê-lo. Cobrado pela mulher, irritada com tamanha irresponsabilidade, ele conseguiu — com um rapaz que cuidava dos uniformes do clube — duas camisas de treino do Atlético, para tentar vender aos amigos. Na hora H, contudo, faltou-lhe coragem. Chegara a ir ao boteco do bairro, bebera cerveja para se soltar, mas a vergonha ganharia de goleada. Como não tinha trocado para pagar a conta, deixou as camisas de presente.

"Bruno! Eu não acredito que você fez isso" — reclamou Dayanne, possessa de raiva. Ela estava de camisola e esperava o marido ainda acordada, apesar do adiantado da hora. Já tinha esquentado o jantar duas vezes, supondo que ele pudesse chegar cansado do treino. De fato, entraria abatido em casa, para logo abrir o jogo sobre o que acontecera. "Todo mundo achava que ele estava de boa. Era jogador do Atlético... Recebia salário e estava de carro... Ele jamais ia dizer que estava sem dinheiro. Era orgulhoso demais para isso."

No dia seguinte, o despertador estridente tocou às 6h. Dayanne se levantou, fez um carinho rápido na barriga, que crescia rapidamente, tomou banho e preparou o café, antes de colocar o uniforme da escola. Voltou ao quarto para chamar Bruno, que, apesar do barulho, não acordara. Ainda mal-humorado de sono, ele se espreguiçou e se sentou à beira do colchão. Pôs então as mãos no rosto e apoiou os cotovelos sobre a perna. "Eu não tenho como ir, preta. Não tenho como colocar gasolina" — falou para a esposa. Dayanne mandou que fosse de ônibus. "Comprou seu carro, agora se vira!"

Com a voz engasgada, porém, Bruno tentou explicar que, àquela altura, já não dava mais para chegar ao clube de transporte público, o que seria muita humilhação. Preferia faltar. O coração dela amoleceu... Foi ao cofrinho, que ficava escondido sob seus vestidos, no fundo do armário, e mais uma vez tirou de suas economias. "Você não vai perder um dia de treino por causa disso" — disse, entregando-lhe a Bíblia, com o dinheiro bem dobrado dentro.

Aquela situação se repetiria como o replay das tantas defesas inacreditáveis ainda por vir. Dayanne pensava na rotina da casa, nos gastos do dia a dia e na alimentação caprichada de que o marido precisava, enquanto Bruno só falava em equipar o carro. Numa tarde ensolarada, ele chegou em casa aos gritos, muito animado: "Preta, preta! Vem aqui ver!" Dayanne olhou pela fresta da cortina de lençol pendurada com alguns preguinhos. Bruno estava dentro do Escort vermelho, buzinando, debruçado para fora da janela. A casa dos fundos tinha dois andares e ficava de frente para a rua. Ela desceu correndo as escadas e chegou esbaforida.

"Consegui R$ 80 vendendo uma bola e um par de luvas" — disse o marido. "Que benção!" — respondeu a esposa, já pensando na lista de compras, antes de o goleiro completar, cheio de alegria: "Olha só o câmbio novo que eu comprei para o carro... Combina. É vermelho também!"

Dayanne murchou. Suas feições se entristeceram. "Vem aqui que eu quero te mostrar uma coisa também, Bruno..." Percebeu que ela se emburrara. Irritado, bateu a porta do carro com força e atravessou a sala em passos largos, até a cozinha, seguindo a mulher, que andava de cabeça baixa e murmurava — "Não é hora disso..." —, enquanto ele se ressentia da falta de entusiasmo da esposa, "que só reclamava". Em silêncio, Dayanne abriu a porta da geladeira: só havia uma garrafa d'água. E pela metade.

O aperto, porém, não serviria de lição. Nunca. Bruno sempre se preocupou muito com a imagem. Tinha verdadeira adoração por carros e um cuidado excessivo com o cabelo, meio grande e cacheado. Como não gostava de ser contrariado, não dava ouvidos à mulher e optava sempre por alimentar os próprios caprichos, de modo que, logo em seguida, em Belo Horizonte, iria ao banco de crédito BMG e pediria — segundo Dayanne, em 2004 — um empréstimo de R$ 10.090, para comprar um Chevette mais novo do que o Escort vermelho, que não saía da oficina e impunha muitas despesas. O contracheque do Galo já lhe permitia essa extravagância — que, no entanto, não poderia compartilhar com Dayanne, que jamais o entenderia.

O empréstimo, claro, não foi honrado. Em 2005, por causa do calote, a financeira acionaria a Justiça, e a 32ª Vara Cível da capital determinaria a busca e a apreensão do automóvel. Um oficial de Justiça amanheceu na porta da casa de dona Estela, que ficou preocupada: pensara ser a polícia, por causa do colete preto e de um distintivo que era incapaz de distinguir. Bruno não estava em casa e o carro acabou recuperado no CT do Atlético. A pé de novo, ele nem chegaria a recorrer. Em 23 de junho de 2006, um ano depois de iniciada a ação, o BMG desistiu da causa e o processo foi extinto.

Como atleta profissional, porém, 2005 lhe ofereceria boas chances. Seu primeiro jogo como titular num Campeonato Brasileiro foi contra o Internacional, no Rio Grande do Sul, em 12 de junho — também a primeira vez em que viajou de avião. Contava apenas vinte anos.

O destino lhe deu uma ajudinha: o experiente Danrlei estava suspenso e o reserva imediato, seu desafeto Diego Alves, fora convocado para a seleção brasileira sub-20. Ele era a única opção.

Ainda sem televisão a cabo em casa, Dayanne procurou um bar em que pudesse assistir à partida. Foi com o irmão e alguns amigos do bairro. Como as mesas do lado de fora estavam cheias e havia muito barulho, preferiu sentar no fundinho. Bruno aproveitaria a oportunidade e faria ótimas defesas, com as quais salvaria o time de uma derrota. A partida terminou empatada em 1 a 1. "Torcemos muito. E ele voltou para casa extremamente feliz! Dava gosto de ver..." — lembra.

O goleiro passara a ganhar R$ 3 mil por mês. O Atlético, porém, fracassaria naquele ano, afinal rebaixado, levando-o junto.

Em 2006, na segunda divisão, Bruno pelo menos ganhou visibilidade. Suas boas atuações logo despertariam a atenção dos olheiros. Um emissário do AZ Alkmaar veio ao Brasil para acompanhar de perto o arqueiro, pelo qual o clube se dispunha a oferecer EUR 1,8 milhão. Quando estava tudo praticamente acertado, uma falha que resultaria no gol de empate do Paulista, em Jundiaí, quase melou a investida. Ainda assim, no entanto, o holandês, convencido, preparou o cheque — que afinal seria recusado pelo Atlético-MG, insatisfeito com o valor.

Àquela altura, Bruno já melhorara de vida e, lógico, comprara outro carro. A carreira prosperava. O relacionamento com a esposa, contudo, estava muito desgastado e não combinava com a vida — a nova vida — que ele queria levar. Bruna Vitória, sua primeira filha, afilhada de Macarrão, já havia nascido, naquele mesmo 2006, mas Bruno passara a frequentar festas e a chegar de madrugada em casa. Arrumara uma mulher na rua, e depois outra e mais outra. Nunca mais pararia. O sucesso transformara o menino franzino, humilde e carinhoso em um homem bonito (aos olhos das concorrentes), endinheirado e arrogante.

Mais tarde, já ídolo no Flamengo, deslumbrado com as possibilidades do Rio, aquele pendor farrista se refinaria — e ele tomaria gosto por eventos particulares: reuniões masculinas em clubes privês, festinhas com prostitutas e muita bebida na casa de amigos famosos, além de noitadas exclusivas em barcos alugados na Marina da Glória, que deixavam o ancoradouro rumo à discrição das águas da Guanabara, onde as lentes curiosas e flashes dos paparazzi não pudessem alcançar.

"Quando Eliza apareceu grávida, já não estávamos mais juntos, mas eu nem me surpreendi. Era só mais uma que vinha com o mesmo papo. Quando ele era pobre, ninguém queria saber" — relataria Dayanne anos mais tarde.

Magoada com o desrespeito — com as seguidas afrontas — do marido, pediria a separação inúmeras vezes, apesar da filha pequena. Já não havia mais cuidado e a vida seguia entre tapas e beijos.

Bruno ainda se envolveria rapidamente com uma vizinha, amiga de escola da mulher. Depois, com Ana Paula, uma moça que morava no bairro Planalto, na região da Pampulha, em Belo Horizonte, com quem manteve uma relação extraconjugal mais longa. Pouco antes de um jogo no Mineirão, por exemplo, deixou a mulher, a filhinha e Macarrão em casa e saiu para buscar a amante. "Se contar, ninguém acredita: ele me largou em casa e a levou para o estádio. Ali, já era Bruno Souza e não mais o meu Bruno Fernandes" — recorda-se Dayanne.

Para ela, Macarrão, que acobertava tudo, queria ser como Bruno, de quem sentia ciúme e com quem tinha uma relação possessiva desde a adolescência: "Ele gostava de sobressair, de se destacar entre os outros amigos do Bruno. Queria chamar a atenção dele o tempo todo. Tinha ciúmes até de mim... Estava sempre com a gente, mas ficava com cara amarrada quando trocávamos carinho."

Surgiu, então, a oportunidade de o goleiro seguir para São Paulo, ainda em 2006, numa parceria do *Media Sports Investment* (MSI) com o Corinthians. Os problemas de relacionamento, as bebedeiras em festas e as orgias haviam cansado os dirigentes do Atlético, que, desta vez, não pensariam duas vezes ante a chance de se desfazer do jogador. A venda foi assinada em 7 de agosto de 2006. Bruno se mudou para a cidade de Jarinu, no interior paulista, onde o time treinava. Macarrão, que já trabalhava gerenciando o sítio de Esmeraldas, acompanhou-o.

Já na segunda semana de Corinthians, porém, o goleiro precisou faltar a um treino para acompanhar o enterro da avó de Dayanne — e o fez sem comunicar o clube. Descortinava-se ali sua personalidade turbulenta, que logo esbarrou na do técnico Emerson Leão, que não perdoaria seu vacilo. Assim, exatos dezoito dias depois de contratado, foi dispensado. Não vestira a camisa do Coringão oficialmente sequer uma vez.

Fora de campo, a situação não era melhor. Seu casamento naufragava. Pedira a Macarrão, por exemplo, que providenciasse a ida da mulher para São Paulo. Mas, no lugar de Dayanne, que ficou em Minas com a recém-nascida, a passagem seria emitida em nome de Ana Paula.

"Ele simplesmente fingiu que não era mais casado. Não mandou mais dinheiro e tive que vender tudo. Fiquei só com o colchão e o berço do bebê. Acabei despejada, morando de favor na casa de uma tia. Tive até depressão" — lembra-se Dayanne.

O casamento, porém, mantinha-se. Em ruínas, mas mantinha-se.

De potencialmente positivo, em São Paulo, apenas o fato de que conheceria a mãe biológica, Sandra Cássia Souza de Oliveira, por intermédio de um programa de televisão. Havia uma lacuna no passado do rapaz criado pela avó. Era um vazio, uma história mal contada, motivo de tristeza. Sandra engravidara aos dezessete anos. O menino nasceria a 28 de dezembro de 1984. Apaixonada pelo marido malandro, Maurílio, pai de Bruno e filho de dona Estela, foi embora com ele para o Piauí e abandonou o bebê, com apenas três dias de vida, ainda na maternidade.

Ele precisava ao menos saber como era o rosto dela, para além das poucas fotos antigas.

Bruno conhecera seu passado por dona Estela, que teve de ir até a maternidade para recebê-lo e que nunca mais deixou de ampará-lo. Apesar dos 82 anos e da saúde debilitada, ainda conseguiria, anos mais tarde, visitá-lo no presídio muitas vezes, enquanto aguardava o julgamento. Enfrentava o constrangimento de ser revistada e da caminhada longa até o pavilhão quatro, para o qual levava um pudim de leite condensado, todo furado pelos agentes penitenciários, mas que, mesmo assim, era o doce predileto do neto.

Quando o desaparecimento de Eliza Samudio veio à tona, em 2010, Bruno só se preocupava com a avó. Primeiro, ligaria para dizer que tudo não passava de um mal-entendido. Depois, com a barra pesando e a polícia em seu encalço, pegaria um avião só para tranquilizar a avó e lhe garantir que nada de ruim aconteceria.

Em um casebre no litoral baiano, a avó materna contesta a versão de que Bruno teria sido abandonado pela mãe. Professora de Ciências Sociais aposentada, Lucely Alves de Souza, bem mais nova do que dona Estela, diz que foi a outra avó quem não deixou os pais levarem o menino, quando partiram em busca de uma vida melhor.

Lucely admite que sempre fora contra o namoro de Sandra e Maurílio Fernandes das Dores de Souza, um homem com passado escuso e ficha criminal extensa, envolvido com drogas e furto. Quando se conheceram, muito jovens ainda, moravam com os respectivos pais em uma favela do bairro Santa Efigênia, região leste da capital mineira. Avessa aos estudos, aos quinze anos a adolescente já pulava o muro de casa para se encontrar às escondidas com o namorado. Ao engravidar, dois anos depois, ouviria da mãe: "Se você quer ficar com ele, é melhor morar lá."

A avó materna de Bruno vive na pacata Alcobaça. Trabalhou na prefeitura local como auxiliar-administrativa e também deu aulas na escolinha do município, até se aposentar. Como Sandra era dependente química e precisava ser internada frequentemente, Lucely sempre cuidou de seus outros dois filhos, frutos de um segundo casamento: Pedro, o caçula, e Luís Alberto.

"Eu não admitia aquela relação. Maurílio não era flor que se cheirasse e eu não queria aquilo para Sandra. Mas, quando o filho cresce, já não ouve mais a mãe e faz o que quer. Só dá valor às companhias" — conta.

Maurílio era caminhoneiro e foi trabalhar no Piauí, segundo Lucely, pelo menos dois anos depois de Bruno nascer. Sandra, desestruturada emocionalmente, decidiu acompanhá-lo. Levaria o pequeno Rodrigo, de oito meses, que ainda mamava. "Eu a vi dar o peito por dois ou três anos, antes de ir embora. Ela não abandonou o Bruno. Ele ficou na casa da avó porque Sandra já estava levando o pequeno e Estela achou melhor assim" — garante.

Sandra e Maurílio viveriam juntos em Teresina até 1988. Quando decidiram se separar, ela foi morar com a mãe, no sul da Bahia, e então conheceu Luiz Henrique Franco Timóteo, um grileiro de terras também envolvido com tráfico de drogas. Na década de 90, ele foi aos jornais admitir que participara da disseminação proposital de uma praga que devastaria as plantações de cacau da região, a chamada "vassoura de bruxa". Investigado pela Polícia Federal, disse que militava no PDT, no final dos anos 80, e que se juntara a cinco funcionários de um órgão do Ministério da Agricultura para sabotar as plantações e acabar com o poder político dos barões do cacau. O processo acabaria arquivado.

Os dois se casaram e seguiram para Rondônia. Na cidade de Cacoal, em março de 1996, Sandra atirou cinco vezes contra Marinês Alves Dias, uma mulher que teria conhecido na noite anterior, numa festa regada à cocaína. A moça não morreu, mas Sandra foi denunciada pelo Ministério Público, que pediu sua prisão. A mãe biológica de Bruno fugiria da cidade e acabaria procurada pela Justiça, segundo a qual deveria ir a júri popular por tentativa de homicídio. O processo, no entanto, seria arquivado erroneamente, em 2008. De acordo com o Tribunal de Justiça de Rondônia, o crime prescrevera em dez anos — e não em vinte, como determina o Código Penal — porque Sandra tinha menos de 21 anos na ocasião dos disparos. Pela data de nascimento registrada em sua identidade, porém, contava 29 anos quando do ataque.

Lucely, por sua vez, apagou essa passagem da memória. "Ah, disso eu não sei... Quando ela estava em Rondônia, não tínhamos contato. Só soube que os meninos estavam passando fome e pedi que ela os trouxesse para viver comigo."

Sem as crianças por perto, a vida do casal seguiu a trilha do dinheiro fácil e do crime. Quase dez anos depois, em 2005, seriam acusados de fraudar a escritura de um terreno em Santa Cruz de Cabrália, também na Bahia. "Sandra nunca teve sorte com homem. Esse aí [Timóteo] não vale nada. Ficava tempos sem procurar os filhos e nunca ajudou nem ligou nos aniversários. Não tinha residência fixa, nem trabalhava. Vivia na vidinha torta dele" — relata Lucely.

Em 2006, convidado por um programa de auditório para conhecer a mãe biológica, Bruno aceitou. Na infância, muitas vezes dissera a Dayanne que não entendia a atitude de Sandra. Carregava essa tristeza no fundo dos olhos perdidos, e até pareceu emocionado diante das câmeras, embora viesse a abraçar a mãe com evidente distanciamento. Nada substituiria seu amor por dona Estela, tampouco apagaria a mágoa decorrente do abandono.

Em maio de 2007, quando já treinava no Flamengo, um repórter desavisado se aproximaria dele, às vésperas do dia das mães, e perguntaria por Sandra, que, conforme apurara, morava na Bahia. Bruno fecharia a cara e, no caminho até o vestiário, soltaria uma série de palavrões. De publicável, sobrou apenas: "Minha mãe é a minha avó."

Bruno até pagou R$ 2 mil para um tratamento médico de Sandra, a pedido da avó Lucely, mas os dois não mais se veriam depois daquele encontro no programa popul
aresco.

Com a desculpa de que queria aproximar mãe e filho, Timóteo viajaria para o Rio dois anos depois. Tentou entrar no Ninho do Urubu, mas os seguranças parrudos o impediram de se aproximar do atleta. Deixou recado. Ninguém sabe, porém, se o goleiro o recebeu. De qualquer forma, nunca retornou. Insistente, Timóteo ligaria para o apartamento em que Bruno e Dayanne moravam, no Recreio dos Bandeirantes, pertinho da praia, na Zona Oeste do Rio. Até encontraria o enteado em casa, o que era raro, mas não seria atendido: "Ô, Dayanne, aqui é o padrasto do Bruno... Tô ligando porque a Sandra está precisando de ajuda. Ela teve outra recaída com a bebida... Posso falar com ele?" A esposa tapou o bocal do telefone para dizer ao marido quem era. Em seguida, encerrou a conversa: "Bruno disse que não te conhece e que é para você não procurá-lo mais."

Lucely ainda se lembra do dia em que o genro voltou para Alcobaça, muito irritado com o que passara no Rio: "Bruno não quis conversa e o Timóteo chegou aqui dizendo que ele era arrogante e que ia ver só. Fiquei até preocupada quando falaram que ele matou a Eliza, porque aquele diabo afirmou que a batata do meu neto estava assando... Podia ser alguma armação dele, né!?"

Timóteo ainda voltaria à cena, no final de 2012. Estava preso há um ano, por tráfico de drogas, em uma penitenciária de Governador Valadares — fora flagrado pela Polícia Rodoviária Federal quando transportava uma carga de cocaína num ônibus de turismo —, de onde então mandou uma carta aos advogados do goleiro, na qual afirmava que Eliza Samudio estaria viva. Segundo ele, havia conhecido a modelo no Rio, no centro de treinamento do Flamengo, numa ocasião em que ambos buscavam a atenção de Bruno, e ela o teria procurado mais tarde, em julho de 2010, para que a ajudasse a conseguir documentos falsos.

Contou que Eliza deixara o país pela fronteira com a Bolívia, de onde embarcaria rumo ao leste europeu, para ganhar a vida. Assinava a missiva como padrasto de Bruno e assegurava que o conhecera ainda na infância.

"Isso nunca aconteceu. Ele esqueceu que Sandra, desde que saiu de Belo Horizonte, só viu o menino no programa de TV?" — questiona Lucely.

Atualmente, Sandra vive na Suécia, onde, acredita a mãe, trabalha como servente numa fábrica. Raramente liga para casa, mas, quando o faz, manifesta sempre o desejo de buscar os filhos.

Maurílio, por sua vez, viveria pelas estradas. Depois da separação, pediu a uma família de Teresina que adotasse Rodrigo, que só reencontraria na virada do milênio: "Seu irmão virou jogador de futebol, está no Atlético Mineiro" — contou. Foi morto a tiros, pela polícia, em 2002, em São Paulo, deixando para trás dois pedidos de prisão e cinco condenações, entre setembro de 1986 e abril de 2000.

O espelho daquela família desestruturada, quebrado em cacos, também teria reflexo sobre Rodrigo Fernandes das Dores de Souza, nascido a 4 de abril de 1986. Como Bruno, tampouco ele teve contato sólido com os pais, vazio que resultara numa história de vida sem raízes, mas que não o livraria de carregar nas veias sua origem, envolvendo-se ainda jovem com o crime, preso em 2008, por exemplo, por ter roubado um celular em Teresina.

Dois anos depois, tentando se agarrar ao estrelato do irmão que sequer conhecera, daria muitas entrevistas sobre o desaparecimento de Eliza, o que imediatamente despertou a atenção de agentes da Comissão Investigadora do Crime Organizado (Cico) do Piauí. Rodrigo então trabalhava como gari em Campo Maior, mas estava ali fugido da Justiça do Maranhão, acusado de estuprar uma professora na cidade de Peritoró, onde morara por seis meses. No dia em que foi preso, 17 de julho de 2010, apenas oito dias depois da prisão de Bruno, vestia a camisa amarela, a de goleiro, do Flamengo.

Aos jornalistas locais, repetiria a mesma frase dita pelo irmão quando interpelado pelos repórteres, à beira do campo de treino, sobre o paradeiro de Eliza: "Ainda vou rir de tudo isso."

Preocupada em manter o marido mais tempo em casa, mas valendo-se da desculpa de aproximá-lo da família, Dayanne — numa última investida para salvar o casamento — convidaria Lucely, a avó materna do goleiro, a passar alguns dias no Rio. Era julho de 2009, período de férias escolares, de modo que os irmãos de Bruno por parte de mãe, Pedro e Luís Alberto, então com oito e dez anos respectivamente, também poderiam vir.

O jogador tinha folga somente uma vez por semana e treinava quase sempre à tarde. Costumava voltar exausto. Nesses dias, porém, talvez almejando recuperar o tempo perdido, chegava cheio de disposição. Queria aproveitar a presença dos moleques. Brincavam de luta e se atacavam com almofadas. Eram instantes de descontração, simplicidade e muitas risadas. E havia também o videogame. Ficar jogando horas defronte à TV era um dos maiores entretenimentos de Bruno, e ele então apresentava aquele prazer aos meninos. As fotos guardadas pela avó mostram os garotos sentados em cada uma das pernas do goleiro — lembrança do único contato que o jogador teve com os irmãos maternos.

Pedro e Luís Alberto, contudo, teriam concorrência acirrada. Afinal, Macarrão — que ainda morava em Minas — estava na área naqueles dias. "Ele chegou a tirar o controle da mão de um dos meus netos e empurrá-lo para o lado no sofá, para poder jogar só com o Bruno" — recordaria Lucely, referindo-se ao braço direito do atleta.

Carinhoso com a avó, Bruno tentava se aproximar. "Ele deitava no meu colo e, enquanto eu mexia nos cachinhos dele, perguntava sobre o passado, sobre a mãe e o avô... Queria muito entender por que não ficou com a mãe quando era pequeno..." — conta Lucely, em seguida lamentando que o convívio nas férias tenha acabado em picuinha: "Macarrão fazia queixa dos meninos, dizia para o Bruno que eles eram bagunceiros e que batiam nas filhas dele."

De volta ao litoral da Bahia, a família materna do jogador manteve contato apenas por algum tempo. Os telefonemas se tornariam menos frequentes, de parte a parte, até que cessaram. A distância se restabelecera. "A última vez que nos falamos foi depois do Campeonato Brasileiro de 2009, no auge dele. Desejei feliz ano-novo e pedi uma ajuda para internar a Sandra outra vez. Ele disse que ia ver" — relata a avó.

Semanas depois, ela ainda receberia, pelo correio, quatro caixas de papelão com pares de tênis importados e roupas esportivas para os garotos. Lucely, entretanto, sequer conseguiu agradecer. "Não sei se o Macarrão passava os recados, mas ele atendia ao telefone e o Bruno nunca podia falar com a gente."

Demitido pelo Corinthians, Bruno voltou de São Paulo a Ribeirão das Neves desempregado e com fama de brigão e irresponsável. Mas ficaria apenas quatro dias parado, logo desembarcando no Rio de Janeiro, precisamente na Gávea, oferecido pelo MSI ao Flamengo. **Era agosto de 2006.**

Instalou-se, então, num apart hotel na Barra da Tijuca, e de novo levou Ana Paula, de quem logo enjoou. Macarrão, no entanto, não o acompanharia desta vez — ao menos não por ora. Ficara baseado em Neves, cuidando do sítio de Esmeraldas e dos negócios do goleiro em Minas.

Com saudade da filha Bruna Vitória, **Bruno** passou a telefonar com frequência para a esposa. Estava há quatro meses no Rio e, embora explorasse — com ânimo — a vida festeira da cidade, queria fazer as pazes e se reaproximar da mulher. Dayanne, no entanto, irritava-se ao saber que Ana Paula ainda permanecia com ele. "É ela que não quer ir embora, minha preta. Já mandei embora, já falei que dou dinheiro para ela voltar, mas ela não vai" — dizia Bruno.

Afinal dispensada, Ana Paula dissera estar grávida, e Dayanne até se ofereceria para acompanhá-la ao obstetra — ajuda jamais aceita. Segundo a ex-mulher de Bruno, porque não havia bebê algum.

Diretoria e torcida do Flamengo não confiavam no então goleiro Diego, apesar de ter ajudado o clube a conquistar o título da Copa do Brasil daquele ano, sobre o Vasco. A sombra do novo arqueiro incomodava o titular, que acabou se machucando e cedendo espaço de vez. Bruno estreou com a camisa rubro-negra a 2 de setembro, de novo contra o Internacional, agora no Maracanã.

O Flamengo perderia por 2 a 1, mas, apesar da derrota, tinha início ali um intenso caso de amor — e ódio — entre o goleiro e a maior torcida do país.

No começo de 2007, Dayanne afinal cederia — mais uma vez — e perdoaria o marido. Ela aceitara se mudar para o Rio com Bruninha — e trazia Célia, prima do goleiro e irmã de Sérgio, que a ajudaria nos primeiros dias na nova cidade. O segurança de Eduardo Uram, Marcelo Soares Silva, o Marcelão, foi com Bruno buscá-las no aeroporto. Era um homem negro, forte e alto, acostumado a transitar no meio do futebol, pois já servira a outros jogadores do Flamengo, e que — companheiro e leal — logo ficaria muito amigo do goleiro.

Macarrão ainda estava a mais de três anos de se instalar no Rio, para onde então vinha somente a cada dois, três meses. Com o tempo, portanto, Marcelão passaria a organizar as finanças de Bruno. Pagava as contas, separava o dinheiro para as despesas da casa e defendia a todo custo Dayanne — de quem ganharia a confiança e a amizade — e a importância da família. Tornara-se, rapidamente, peça fundamental na vida carioca do casal de Ribeirão das Neves. Viajou para Minas algumas vezes, conheceu dona Estela, passou réveillon no sítio de Esmeraldas e foi escolhido padrinho da caçula Maria Eduarda. Era uma espécie de grilo falante, um conselheiro, quase a consciência do goleiro.

Na ausência de uma família que servisse como referência, Bruno acolhia os amigos. Assim, Marcelão entrou para o time, premiado com um grosso cordão de ouro, todo trançado, cujo pingente, redondo e espesso, do tamanho de uma moeda de R$ 1, carregava em relevo a letra M talhada em ouro branco. Macarrão tinha joia igual, assim como o primo Sérgio — a deste, obviamente, com sua própria letra. Para fechar o quarteto, Bruno tampouco andava sem a dele, que comprara com o prêmio do estadual de 2007.

Título que, registre-se, passara — decisivamente — por suas mãos, ao defender, na final contra o favorito Botafogo, dois pênaltis, de Lúcio Flávio e Juninho. Conquista que abria caminho ao que seria mais um tricampeonato carioca do Flamengo — o quinto da história do clube, e que teria Bruno como um dos protagonistas.

No futuro não muito distante, quando, em 2009, afinal se separasse de Bruno, Dayanne teria um só um amigo no Rio: Marcelão, que apelidara, sem motivo, de Shell — um dos principais responsáveis por fazer durar ainda um pouco mais o seu casamento.

O goleiro há tempos desprezava a vida de casado e fugia das perguntas aborrecidas e inquisidoras de Dayanne. Não queria dar-lhe mais qualquer satisfação, mesmo quando ficou novamente grávida, no início de 2008. O jogador, embora aprontasse, incomodava-se com as cobranças da mulher desconfiada — que, de sua parte, logo mergulharia na tristeza: "Eu estava longe de casa, sozinha, sofria calada. Às vezes, Bruno se concentrava no sábado, jogava no domingo e só aparecia na segunda. Perdoei tantas vezes, mas, depois de certo tempo, não aguentei mais."

A despeito de também encobrir as escapulidas do goleiro, Marcelão a ouvia. Como dirigia bastante para ela, viraria seu confidente, testemunha de seu progressivo estado depressivo.

Por causa dos remédios fortes que passara a tomar, Dayanne decidiu não mais amamentar Maria Eduarda, ainda pequena, nascida em outubro de 2008. Completamente infeliz, deitada na cama vazia, chorava madrugadas adentro. Magra e abatida, perdera a vaidade. Definhava diante do espelho e ignorava seu reflexo. "Vou me arrumar para quê?" — pensava. Não ajeitava o cabelo e passava o dia com as roupas mais velhas, as de ficar em casa.

A caçula tinha só três meses quando Dayanne viajou para Minas, em dezembro, para as festas de fim de ano. Bruno também foi. Fez uma festa de réveillon no sítio e recebeu a família e os amigos de infância, além de Marcelão. Teve, porém, de voltar ao Rio logo nos primeiros dias de 2009, para se reapresentar ao Flamengo e dar início à pré-temporada. Em vez de ir para o apartamento do casal, contudo, hospedou-se no Varandas da Barra Hotel Residência, um flat à beira-mar, na Barra, alugado em nome do amigo segurança.

"Ele saiu de casa sem falar nada. Só descobri quando voltei, em março" — contaria Dayanne. "Perguntei se tinha alguém, mas ele negou. Só falou que precisava de um tempo para pensar e que não queria mais ver meu sofrimento." Era mentira. Bruno já conhecia a dentista Ingrid, em quem passara a investir. Vira a moça de classe média pela primeira vez em fins de 2008, num dia de concentração, no Hotel Windsor, onde ela participava de um workshop. O goleiro voltava do restaurante quando a notou. Olharam-se. Seguiu-se uma conversa rápida e envolvente. Trocaram telefones...

Dayanne demoraria a saber da outra. Embora Bruno tivesse deixado o apartamento do Recreio, viajaria três finais de semana seguidos para o sítio, onde ela estava, entre fevereiro e março, e se comportaria como marido, tentando se aproximar da esposa e agindo como se de fato aproveitasse o tempo sozinho no Rio para refletir sobre a relação e botar a cabeça em ordem. Na verdade, dormia todas as noites com Ingrid. "Ele dizia que precisava pensar, que não queria que eu sofresse. Falava que não me merecia, que eu era a mulher que qualquer homem queria ter" — lembra Dayanne.

Em 22 de abril de 2009, dia do aniversário de Dayanne, a família saiu para comer pizza. Viviam separados, Bruno e ela, mas a verdade é que o goleiro ia e vinha. Ainda era a sua mulher. Naquela noite, porém, Dayanne veria, no telefone do marido, uma mensagem de Ingrid, em que perguntava a que horas ele estaria liberado. "O que é isso? Você está morando com alguém?" — questionaria a esposa. Bruno negaria, alegando que a dentista corria atrás dele e que até já trocara de número — para que não o procurasse mais. Dayanne, porém, não acreditou. Baixou a cabeça e disfarçou as lágrimas, preocupada em que as crianças, entretidas com desenhos na mesa, não percebessem. "Bruno, a partir de hoje eu desisto de você" — disse. Ele, então, chorou — ela se recorda. Implorou para que ficasse. Mas, como num passe de mágica, Dayanne desencantara. Bruno era outro, um sujeito deslumbrado, mentiroso — e ela, de súbito percebera, não cabia mais na vida dele, por mais triste que fosse admitir e apesar do amor que ainda pudesse ter.

"Que belo presente de aniversário!" — disse-lhe, com ironia, antes de se levantar e sair em silêncio, com uma menina no colo e a outra agarrada pela mão.

Ainda que tentassem sustentar a relação com o que restara dos pilares apodrecidos, empurrá-la um tantinho mais à frente com o que sobrara de afeto, ou com a memória do que um dia fora afeto — Dayanne, por exemplo, num movimento derradeiro e de pura ilusão, tentaria resgatar Bruno ao trazer-lhe a família materna da Bahia —, era uma questão de tempo; pouco tempo.

Cinco meses mais tarde, em setembro de 2009, o jornal *Extra* estamparia uma foto de Bruno com seu novo *affair*. O goleiro fora flagrado com Ingrid em um restaurante e resolvera anunciar o namoro. Ele vestia calça preta e uma camisa social branca, aberta no peito e com a manga dobrada na altura do bíceps. Seu cordão de ouro, com a letra B, impunha-se. Ela, muito maquiada, usava um vestido preto com decote em V, o que valorizava ainda mais os seios fartos. O fotógrafo pediria um beijo — para registrar o momento. De mãos dadas com a bela dentista, Bruno fechou os olhos e fez biquinho, alcançando respeitosamente o alto da cabeça da namorada.

"Ah... Essa que é a Ingrid..." — pensaria Dayanne ao ler a notícia na internet. Estava em casa e ligou para a mãe. Ficou algum tempo sentada na cama, com o olhar perdido na parede branca e o telefone esquecido no colo. "Eu não tinha mais nada para fazer... Sofri como qualquer pessoa sofre, né?"

Era o fim. O verdadeiro fim.

Afinal, decidira sair de casa, com as filhas, para um apartamento menor. Aquele, no Recreio, embora já sem Bruno há meses, era ainda um vínculo com o tempo em que estiveram juntos no Rio e com o próprio casamento — que não mais existia.

O goleiro encarregou Marcelão de encontrar um imóvel para a ex-mulher e as crianças. Por causa da separação, enfim consumada, resolveu pedir de volta o New Beetle amarelo, que dera de presente à Dayanne e que deixaria na garagem, uma vez que preferia a BMW X5, até que Marcelão passasse a usá-lo para cuidar das coisas do jogador.

Bruno aparecia muito pouco na nova casa da ex-esposa, de modo que quase não via as meninas. Envolvido e tomado pelo novo amor, estava caseiro e, ao menos no começo da relação, trocara os pagodes por jantares e sessões de cinema. Empolgado, um dia pegou a chave do New Beetle e a colocou numa caixinha quadrada, com um laço de fitas, presenteando a dentista — que, de início, chegara a pensar que se tratasse da esperada aliança de compromisso...

Não fosse Marcelão, que o alertava sobre as obrigações com Dayanne e as crianças, o jogador sequer se lembraria da família. Tinha então só duas coisas na cabeça: Ingrid, a paixão, e o Flamengo, ao qual realmente se dedicava, especialmente naquele final de 2009, diante da real chance de conquistar o hexacampeonato brasileiro. As filhas Maria Eduarda e Bruna Vitória — esta, a mais apegada ao pai — sentiam muito a sua ausência. A ex-mulher, por sua vez, apegara-se à fé e passara a frequentar a Igreja Batista da Barra da Tijuca. E, para melhorar a autoestima, fizera uma lipoaspiração.

A boa influência de Marcelão sobre Bruno — influência que certamente freava-lhe alguns ímpetos — estava, porém, com os dias contados. Macarrão, mesmo antes de se mudar para o Rio, mas sobretudo ao se estabelecer na cidade, sempre trabalhou para miná-lo junto ao amigo de infância. Dizia-lhe, por exemplo, que o segurança o roubava, que desviava parte do dinheiro destinado à pensão das filhas e ao pagamento das contas do mês, e o envenenaria ao especular que havia um caso amoroso por trás da grande amizade entre sua ex e Marcelão.

O segurança nega as acusações e repele a imputação de que tivesse um relacionamento com Dayanne. Reconhece, no entanto, que Macarrão foi bem-sucedido em seu propósito de afastá-lo: "Bruno entrou na conversa do cara e já não dava mais para manter a amizade. Como sou padrinho da Maria Eduarda, um dia ele e o Adriano me chamaram para almoçar no Comida Mineira, na Barra, e eu fui. Já não estava tão próximo dele, mas não queria fazer desfeita. Alguém comentou com o Eduardo e ele não gostou" — lembra Marcelão, referindo-se a seu patrão, Eduardo Uram, àquela altura já ex-empresário do goleiro. "No escritório, Eduardo me pediu que não encontrasse o Bruno durante meu horário de trabalho, já que ele tinha rompido o contrato, o que aconteceu por influência do Macarrão também. Fora do expediente, eu é que sabia, mas já não tinha mais clima" — completa.

Seria ainda acusado — especificamente — de não honrar o pagamento das prestações dos carros, embolsando os valores, uma vez que o jogador jamais checava as contas. O segurança então seria constrangido por Bruno a mostrar todos os boletos: "Apresentei tudo pago e o Macarrão ficou de cara. Eu tirava o dinheiro como pedido, pagava as contas certinhas e entregava na mão dele os extratos e comprovantes. Dizia quanto tinha e quanto tinha ficado. Entreguei os carnês pagos em dia. Como é que eu não ia pagar os carros do cara?"

Segundo Marcelão, era — isto, sim — o amigo do peito do goleiro quem o depenava: "Já não nos falávamos mais e a gerente da agência de Ipanema me chamou um dia para mostrar uns saques que achou estranhos. Eu disse que estava fora e que não tinha mais como me meter, mas ela me deu o comprovante de um saque de R$ 12.300, que o Macarrão usou para pagar a festa da filha dele. Tenho o documento aqui em casa bem guardado e até hoje o Bruno não sabe disso."

Dayanne nunca acreditaria naquelas intrigas e sairia em defesa do compadre, de quem realmente gostava, o único amigo que tinha no Rio, seu confidente até hoje.

Uma vez estabelecido no Rio, em fevereiro de 2010, não seria somente contra o segurança que Macarrão investiria. Seus planos iam além, miravam mais acima, e logo alcançariam Eduardo Uram, chefe de Marcelão e então o todo-poderoso empresário de Bruno.

O capitão rubro-negro acalentava o desejo de jogar fora do país, na Europa, no que era muito estimulado por Macarrão. Uram, contudo, ainda não o considerava um atleta maduro para tanto — o que Bruno demonstraria, por exemplo, ao anunciar, insuflado pelo braço direito, que recebera uma proposta do Milan, da Itália. Era pura invenção; mera especulação barata, como garante Uram, mas que serviria de gancho para que o goleiro, dizendo-se contrariado em seus interesses profissionais, rompesse o contrato com o empresário — aquele que o acompanhava desde a adolescência. Assinaria, então, uma procuração em nome de Victor Fernandes Vidal, o Vitinho, dono da concessionária de veículos que o atendia, onde adquirira, em 2006, seu primeiro possante importado, uma Pajero Full HPE.

Vitinho circulava bem no meio do futebol e tinha boa relação com o agente Carlos Leite. Seria, aliás, o responsável pela indicação do novo advogado de Bruno, José Maria Campêlo, dono de um escritório em Niterói. Aquele novo arranjo, aquela nova equipe formada em função do goleiro, tinha por maior objetivo impulsioná-lo à sua carreira internacional.

Em fevereiro de 2010, Macarrão aceitou o convite do amigo e se estabeleceu no Rio, dedicando-se, agora *in loco*, a eliminar os últimos vestígios de concorrência na gestão da vida de Bruno. Pouco antes, na virada do ano, fora surpreendido por um presente do goleiro. Estava no sítio, em Esmeraldas, quando o jogador chegou, sem avisar, conduzindo o New Beetle amarelo, que tomara de Ingrid após uma briga e que então lhe dava, a despeito de que sequer tivesse carteira de motorista.

Bruno lhe era grato desde a infância, mas o presenteava ali sobretudo pela lealdade, pela forma incansável como, tantos anos depois, ainda defendia seus interesses — notadamente aquele de jogar no exterior.

Macarrão tomara conta.

A pedido do goleiro, alugou uma mansão num condomínio de luxo no Recreio, onde teria um quarto enorme só para si. Incomodava-se, entretanto, com a presença de Sérgio, que vivia com Bruno e os acompanhou na mudança para o casarão. Acabaria tirando-o da jogada, aos poucos, a começar por uma intriga segundo a qual o rapaz estaria bebendo demais. Dissimulado, mostrava-se preocupado: "O Camelo tá trocando o dinheiro pela bebida."

Sérgio era novo demais para beber todos os dias, o que poderia — assim Macarrão alertava Bruno — lhe trazer encrencas, já que era o responsável pelo jovem no Rio. Melhor seria devolvê-lo a Minas. Sugeriu também que ele andava com a mão leve demais, dando a entender que pagava os excessos com dinheiro destinado às despesas miúdas da casa, de que era encarregado. Bruno daria uma dura em Sérgio, que, magoado, voltaria para Belo Horizonte.

O braço direito de Bruno só não contava com o poder de Ingrid. O goleiro estava apaixonado, e o episódio do New Beetle fora já superado, ao contrário do que supunha Macarrão. A dentista permanecia. E marcava duro, muito presente — aboletada, ele diria — na mansão. Aquilo, aliás, o incomodava. Queria afastá-la. Dizia a Bruno que ela era grudenta, que desejava casar e lhe tomar a liberdade. Apostava alto: "Você já vai querer chegar na Europa com uma mulher a tiracolo?" — questionava.

Bruno, entretanto, gostava dela — e se sabia na mira receosa do pai da moça, de modo que fazia tudo para agradá-la. Ingrid tinha a chave da mansão e costumava chegar sem avisar. Reclamava, sem dó, de Macarrão, de sua bagunça, de suas porcarias, de suas bebedeiras, de seus gastos excessivos. Não era boba e não se furtava a dizer ao namorado que achava o ciúme de seu amigo exagerado e estranho.

"Ele fazia questão de agradar o Bruno e precisava dele solteiro na noite. Quem era Macarrão sem a fama e o dinheiro do Bruno?" — questiona. "O que ele queria era ser o Bruno" — conclui.

O enredo da sequência de conquistas estaduais do Flamengo — que começara em 2007 para culminar num histórico tricampeonato — destacaria também, para além do talento de um grande goleiro, capaz de se tornar ainda maior em momentos decisivos, componentes imponderáveis da personalidade de Bruno.

Às vésperas da final — novamente contra o Botafogo, marcada para 5 de maio de 2009 — que resultaria no título, a comissão técnica rubro-negra foi surpreendida pela notícia de que ele decidira entrar em campo com uma camisa amarela falsificada, customizada por um torcedor, o que atendia ao desejo do arqueiro de jogar com um uniforme personalizado. A camisa trazia a figura do Demônio da Tazmania, personagem da Warner Bros, e Bruno não via problemas em usá-la. Muito pelo contrário, gostava da ideia de envergá-la numa decisão, ocasião em que todos os holofotes estariam voltados para ele.

A possibilidade de o jogador entrar em campo — para uma partida oficial — com uma camisa falsa enfeixava vários riscos, entre os quais, para além de evidentemente desagradar os patrocinadores do clube, o fato de que o Flamengo não tinha licença para usar a imagem do personagem. Foi esse o principal argumento a que recorreu o supervisor Isaías Tinoco para tentar demovê-lo. Ainda assim, na noite que antecedeu a final, Bruno dormira convicto de que entraria em campo com Taz no peito.

A solução viria antes do almoço de domingo, em um hotel na Barra da Tijuca, a poucas horas da decisão: jogar com a camisa branca — de treino — o deixaria diferenciado e estilizado. Bruno topou. E o clube escapou de um processo — mais que certo — da empresa americana.

Em campo, o goleiro resolveria novamente, mais uma vez defendendo dois pênaltis e garantindo o troféu do tricampeonato. A essa altura, Bruno sentia-se acima do bem e do mal: "Puta que pariu, é o melhor goleiro do Brasil!" — e o grito entoado pela torcida o fazia não ter dúvidas a respeito da própria grandeza.

Para muitos, essa autoconfiança — somada ao comportamento extra-campo e a vacilos como aquele contra o Avaí, com Dunga e Jorginho na tribuna do Maracanã — tirara-o da Copa de 2010. Com efeito, havia momentos em que Bruno, com extrema frieza, parecia desligado da realidade, situado entre a arrogância e a displicência, vivendo num mundo particular, capaz de ignorar até mesmo a postura que se espera de um jogador quando derrotado diante da própria torcida, seja a do Flamengo ou a do Íbis.

Um exemplo disso se deu em 20 de agosto de 2009, numa partida contra o Cruzeiro, no Rio, pelo Campeonato Brasileiro — torneio que o rubro-negro viria a vencer, mas no qual, então, encontrava-se ainda muito irregular. O time perdia — afinal, seria batido por 2 a 1 —, mas o goleiro se comportava como se vencesse, levando longos segundos para repor a bola em jogo, o que irritou os torcedores. Sua justificativa para aquela conduta não encontraria par na história do futebol: "Estávamos jogando mal. Então, demorei, para não levarmos de mais."

Aquela atitude improvável, para muitos irresponsável, não resultou apenas em vaias e xingamentos pesados durante a partida; provocou também um duro comentário do então presidente Delair Dumbrosck — crítica que Bruno receberia muito mal. Com beicinho de menino mimado, telefonou para o empresário e avisou: "Nunca mais jogo aqui." Era mais um problema a se contornar.

Ao deixar o Maracanã, o goleiro seguiu direto para a concentração do time, o Hotel Windsor, na Barra, e em seguida para o restaurante

Fratelli, bem ao lado, onde, numa mesa dos fundos, sentou-se com Eduardo Uram, Isaías Tinoco e Marcos Braz, então vice-presidente de futebol do Flamengo. Estava irredutível. Falou até em se transferir para o Fluminense. Fez, porém, um pacto com seu agente, segundo o qual, ao fim do ano, seria negociado com algum clube. "Criamos um código a partir disso. A cada final de jogo ele virava para mim e dizia: faltam nove; faltam oito; faltam sete. Ele estava decidido a sair" — lembra o empresário.

A caixinha de surpresas do futebol, entretanto, reservara a maior de todas para a torcida do Flamengo naquele conturbado 2009 — e, em especial, para Bruno. Uma sequência incrível de vitórias faria o time subir posições rapidamente e transformaria o sonho distante, o de ser campeão brasileiro, numa possibilidade real.

Naquele instante, a cinco rodadas do término da competição, o incentivo de um bicho — no jargão do esporte, o prêmio pago em dinheiro por triunfos — seria motivação adicional ao esforço derradeiro pelo título. O presidente Dumbrosck dera o aval: cada jogador receberia algo em torno de R$ 70 mil caso o clube conquistasse o hexacampeonato nacional.

Era uma tarde comum de treino no Ninho do Urubu, no Recreio dos Bandeirantes, quando o assessor de imprensa do futebol, Leonardo André, procurou o capitão. Queria saber de que maneira aquela premiação — destinada, de início, apenas aos atletas — poderia ser dividida entre todos os que, no dia a dia, dedicavam-se ao time do Flamengo. Bruno estava em um daqueles seus dias serenos. Com voz mansa, até certo ponto preguiçosa, faria o discurso da justiça: "Fica tranquilo. Vamos dividir de maneira igual para todo mundo que viaja. Quem não viaja receberá um pouco menos."

A cada ponto somado rumo ao título, crescia no clube a expectativa pela bolada financeira. Duas semanas mais tarde, antes da partida contra o Goiás no Maracanã, a três rodadas do fim do campeonato, outro integrante da comissão técnica consultaria o goleiro sobre a repartição mais abrangente do prêmio. A resposta não foi tão animadora, mas ele garantiu que o valor repassado aos demais, se não fosse exatamente igual ao dos jogadores, alcançaria ao menos a metade.

Bruno, o capitão do time, fora encarregado por Marcos Braz de tratar da divisão do bolo — episódio a respeito do qual há muitas versões.

A principal delas dá conta de que, num churrasco de fim de ano, na semana seguinte à vitória — sobre o Grêmio, por 2 a 1 — que garantira a conquista do Brasileirão, o goleiro e o zagueiro Álvaro, somente os dois, elaboraram uma lista com o percentual do bicho que caberia a cada um. Uma decisão como aquela, de caráter autoritário, ademais regada à cerveja, não poderia dar certo.

Álvaro, por exemplo, que chegara ao clube na metade da competição, levaria o prêmio integral, o mesmo ocorrendo com o treinador de goleiros Roberto Barbosa, o Robertinho, e com os preparadores físicos Alexandre Sans e Marcelo Sales. A parte destinada ao técnico Andrade já estava combinada: R$ 100 mil — e ele não comporia o rateio. Entre um pedaço de picanha e outro, enquanto deliberava sobre a premiação alheia, a dupla então cometeria o grande erro daquela trama, ao decidir que o departamento médico receberia cerca de R$ 20 mil, valor a ser dividido entre seus quatro integrantes.

Apesar de ser um dos mais renomados ortopedistas do país, muito bem remunerado pela excelência de seu trabalho, José Luís Runco, em nome do departamento que chefiava, não deixaria aquela injustiça passar despercebida. Pegou o telefone e ligou imediatamente para Braz, de quem cobrou explicações. Tendo delegado a Bruno a missão de cuidar do prêmio, o dirigente, àquela altura, pouco poderia fazer. Sabia, no entanto, que a discórdia, se não minimamente controlada, poderia lhe causar transtornos mais adiante, talvez até rachando o grupo. Marcou, portanto, uma reunião no departamento de futebol. A portas trancadas, encontraram-se Bruno e Álvaro, os únicos jogadores presentes, Runco, os preparadores físicos, o psicólogo Paulo Ribeiro e o supervisor Isaías Tinoco. A discussão, em tom áspero, carregava-se de indignação contra a decisão de Bruno em beneficiar seus aliados, em especial o treinador de goleiros.

Naquele dia, as contas seriam refeitas e Robertinho afinal perderia parte do que lhe fora inicialmente designado.

Com os novos cálculos, sorte teve a faxineira do departamento de futebol, que não perderia os R$ 2 mil que decerto lhe fizeram grande diferença no orçamento daquele Natal.

Até aquele momento obscuro, registre-se, Bruno sempre fora dos mais empenhados em resolver os problemas dos jogadores. Em assuntos relativos ao grupo, ajudou muito mais do que atrapalhou. Sua atuação fora de campo seria tão importante para a conquista do Brasileirão de 2009 quanto seu desempenho decisivo sob as traves. Não à toa, costumava ser chamado até para resolver questões particulares dos colegas. Discutia os salários atrasados, tentava administrar o temperamento difícil de Adriano e tantas outras pendengas do dia a dia do elenco.

Em julho, cinco meses antes de erguer o troféu de campeão brasileiro na festa da CBF, o goleiro dera uma grande demonstração de liderança. O time ia mal das pernas em campo, as finanças estavam no vermelho, algo recorrente no clube, e fazia quase dois meses que não pingava um real na conta dos atletas. Bruno então convocou Adriano — outro de grande influência naquele vestiário — para lhe explicar que mandaria a direção pagar os menores salários com o primeiro dinheiro que entrasse no caixa. Ainda que contrariado, o atacante acabaria convencido.

"Vê se consegue pagar a meninada que ganha até R$ 10, 12 mil. Faz isso que o resto do time eu seguro" — foi com este discurso que o capitão avisou a Marcos Braz do acordo firmado entre as principais lideranças do grupo. Gestos como esse fizeram com que os funcionários mais humildes do Flamengo tivessem verdadeira adoração pelo goleiro. "Ele gastava com os outros tudo o que ganhava" — conta um amigo.

De presente a um segurança do clube, por exemplo, deu um relógio de R$ 5 mil. Para outro funcionário, que enfrentava três horas no ônibus lotado até o centro de treinamento, comprou a tão sonhada moto. "Todo jogador tem uma cota de uniforme para distribuir. Ele ultrapassava essa cota todo mês porque, volta e meia, alguém contava uma história triste e o Bruno cedia. Tinha muito torcedor organizado vivendo às custas dele e do material que ele dava. Depois, era só vender esses presentes fora do clube" — relata um dos roupeiros do departamento de futebol.

A generosidade financeira de Bruno — excessiva — era um dos elementos formadores daquele caráter perdulário. As dificuldades que enfrentara quando criança — em vez de erigirem um homem controlado, talvez até pão-duro — assombravam-no e impeliam-no ao consumo. É provável que gastasse com os amigos — com Macarrão, por exemplo, isto parecia evidente — para manifestar gratidão pela ajuda que lhe prestaram durante a infância difícil. Pagava tudo: passagens aéreas, farras em boates, roupas caras. Tudo. Eram dezenas sob sua aba, homens e mulheres — o que contemplava inclusive meros conhecidos.

O empresário N., revendedor de roupas de marca na região serrana do Rio e grande fornecedor de peças de grife aos armários do goleiro, afirma ter conversado com o jogador a respeito daqueles gastos: "Eu perguntava: Bruno, você precisa disso tudo? Mas ele dizia que gostava e que eu não precisava me preocupar. Ele não tinha muito cuidado em fazer um pé-de-meia, tanto que vivia de aluguel. Não tinha noção de que um dia a carreira chegaria ao fim. Tinha um salário milionário e nenhuma estrutura. Essa é a lógica dos jogadores de futebol."

Bruno presenteava Macarrão e os primos. Deixava que cada um escolhesse o que quisesse, sem limites. Inclusive as mulheres, Ingrid e Dayanne, com as meninas. Para Marcelão, pagou roupas aos montes, o que dava certo trabalho a N., que precisava buscar nas fábricas opções no tamanho GG. Com hora marcada, o empresário lhes mostrava cada peça cara da nova coleção — de camiseta a boné, sem se esquecer de óculos escuros, relógios e cordões de ouro. Bruno gostava de blusas mais justas, num tamanho menor, para que ficassem bem coladas, marcando os braços e o peitoral. N. acabaria virando amigo do goleiro, a quem dava dicas de moda, de combinação entre as roupas, desde camisaria às mais esportivas.

O empresário se lembraria de uma passagem específica: "Certa vez, eles iam a uma festa de casamento num barco, de algum parente ou conhecido do Eduardo Uram. Bruno me pediu que vestisse o Macarrão... Não trabalho com esse tipo de roupa, mas fiz contatos com algumas grifes. Separei terno, gravata, camisa social, cinto e sapatos. Macarrão adorou, mas pediu algumas outras peças e gastou R$ 8 mil. Bruno pagou tudo."

A última venda que N. fez ao goleiro acabaria prejudicada por um atraso do Flamengo no pagamento dos jogadores: "Somente uma vez ele demorou a acertar comigo, porque o time não pagou as luvas. As compras foram acumulando, mas ele pagou tudo direitinho... Não tenho do que reclamar." Macarrão preencheria o cheque destinado a cobrir a dívida acumulada: R$ 107 mil de uma só vez — como ele próprio contaria à juíza Marixa durante seu julgamento.

Eduardo Uram, enquanto foi seu empresário, não se cansava de dar conselhos financeiros a Bruno. O goleiro deveria dar mais importância ao dinheiro, em vez de deixar tantas notas em festas e em coisas pueris. "Saímos para jantar, uma vez, no Barra Grill, e o Lane, presidente do Tombense, também o chamou na chincha. Disse que ele gastava R$ 100 mil à toa e que, com esse dinheiro, poderia comprar uma casinha simples em Minas, construindo um patrimônio, colocando para render" — lembra-se Marcelão. "Eles estavam preocupados com o futuro e as companhias de Bruno. Lane falou que ele devia se preocupar com as filhas e sugeriu até que fizesse uma poupança juntando R$ 20 mil por mês para comprar uma casa."

Justiça seja feita, tão logo melhorou de vida, Bruno tratou de tirar dona Estela do "Morrão", a favela no bairro Liberdade. Não queria mais ver a avó querida ali. Então, comprou-lhe uma boa casa no bairro Minaslândia, em Belo Horizonte, e construiu também, no enorme terreno, um teto para a mãe de Sérgio, com as filhas, e para o tio Victor. Ajudaria ainda dona Cota, mãe de Dayanne, que levaria para uma casa no bairro Braúnas, na região da Pampulha.

No Rio, ele até faria algumas aplicações de seguro de vida. Os saques e retiradas de sua conta, porém, eram frequentemente muito volumosos e jogavam contra qualquer ideia de poupança.

Como nem só de sua generosidade — ou de seu caráter perdulário — dependia a mediação dos conflitos internos no Flamengo, nada seria mais emblemático do poder de Bruno junto aos companheiros do que a disputa de dois jogadores por uma mesma mulher.

O moicano Leonardo Moura era ídolo da torcida, um dos melhores laterais direitos do país, e já conquistara muitos títulos com a camisa do clube. Seu penteado se tornara marca registrada, copiado por crianças e fãs Brasil afora, de modo que o atleta estava mais que acostumado à vida de pessoa pública. O namoro com a cantora de funk Perlla, porém, estabeleceria um novo patamar para sua fama, que de súbito passara a extrapolar os feitos e as conquistas das quatro linhas, impondo-lhe um novo nível de exposição da privacidade. Quando, no segundo semestre de 2009, a relação acabou, restara apenas a tatuagem no pescoço da funkeira: a palavra "vida" com o desenho de uma bola como pingo da letra "i". Pouca gente sabia do fim do namoro. Mas a fofoca logo se espalhou entre os boleiros: Perlla estaria saindo com o zagueiro Álvaro.

Marcos Braz ficou em desespero. Naquele momento, uma intriga dessa monta tornaria o ambiente insustentável. O dirigente chamou Bruno e determinou: "Resolve essa porra, caralho." Com mais um incêndio a apagar, o goleiro convidou os dois jogadores, cuja relação estava estremecida, ao restaurante do Hotel Windsor. O objetivo era colocar uma pedra sobre aquela história. Cara a cara com Álvaro, Leo Moura deu de ombros. "Estou noutra" — disse. Era verdade, o que não diminuía a importância daquele esclarecimento, destinado a dissipar qualquer ruído.

O bombeiro Bruno ganhava, mais uma vez, créditos com a direção do clube. Não era só um capitão. Era o líder.

Então, menos de quatro meses depois de jurar que deixaria o clube ao fim daquela temporada, Bruno se tornava campeão brasileiro de futebol — título que o Flamengo não conquistava desde 1992.

Não era só o capitão. E não era só o líder. Era o ídolo — jogador fundamental àquele triunfo, goleiro que, em outubro, quando o time, em plena arrancada, alcançaria a terceira posição no campeonato, pegara, num Maracanã lotado por 80 mil rubro-negros, dois pênaltis cobrados por Paulo Henrique Ganso, do Santos, garantindo uma vitória (por 1 a 0, gol de Adriano) de repetição impossível, num dia em que seus companheiros erraram quase tudo.

No dia 6 de dezembro, o da partida derradeira contra o Grêmio, Bruno vestiu o *collant* preto, colocou a camisa por cima, calçou as luvas e provocou o vice-presidente: "Tá com medo?" Marcos Braz se assustou. Não esperava aquele comentário, que o goleiro logo completaria: "Não fica, não. A gente vai te consagrar hoje. Fica tranquilo que vamos ser campeões." Era questão de esperar os noventa minutos.

"Ele era frio demais nos momentos decisivos. Então estava ali, todo mundo tenso, e ele tranquilo, ciente de que iria ganhar. A verdade é que o Bruno, mesmo com algemas nas duas mãos, é o melhor goleiro do Brasil" — opina Braz.

Promessa cumprida, Bruno acordaria excepcionalmente tarde na segunda-feira, 7 de dezembro de 2009 — dia seguinte ao da grande conquista. Separou, então, um terno e pediu a Marcelão que o ajudasse a escolher uma gravata. Não gostava daquele estilo de roupa e tinha dúvida sobre qual cor usar. Pegou os sapatos, já engraxados, e, enquanto calçava as meias, pensou em como sua vida mudara. Aquele título impunha um novo patamar à sua carreira, e decerto lhe traria desafios ainda maiores. Que futuro poderia ter?

Capitão do Flamengo, arrumava-se para receber a taça de campeão — de hexacampeão nacional — das mãos de Ricardo Teixeira, então presidente da Confederação Brasileira de Futebol, a CBF, numa solenidade organizada no Vivo Rio, uma casa de shows da Zona Sul carioca.

Ele era o cara. Tinha de estar à altura.

Erguido o troféu, cidade em êxtase, era hora de comemorar, de modo que a diretoria do Flamengo preparou uma badalada festa numa churrascaria de Ipanema. A bebida era liberada. Havia dezenas de barris de chope gelado, engradados de cerveja e muitas garrafas de uísque, além dos canapés e do rodízio de carnes do restaurante. O lugar estava cheio de dirigentes, cartolas, celebridades, torcedores e músicos. Do lado de fora, a postos, os penetras de sempre, uma multidão em busca das pulseiras vip — todos aguardando a chegada dos jogadores.

Nenhum campeão, porém, apareceu. Só Marcelo Lomba, terceiro goleiro.

Naquela noite, um evento concorrente esvaziaria a celebração oficial e reuniria boa parte do elenco vencedor: a balada organizada por Adriano no clube Marapendi, na Barra, animada pelo sambista Dudu Nobre, pelo grupo de pagode Bom Gosto e pelo funkeiro Naldo. Até Ronaldo Fenômeno compareceria.

Aquele era um mundo fascinante. Bruno, contudo, continuava meio bicho do mato para certas coisas. Ao fim da solenidade da CBF, fora direto para casa, levando consigo a taça de campeão brasileiro recém-recebida. Queria tirar o terno, que o incomodava. Vestiu, então, uma bermuda, calçou os chinelos de dedo e foi festejar o título no Quiosque Pesqueiro, à beira da praia, no Posto 10 do Recreio. Chamara só alguns amigos, Vitinho, Marcelão e o ex-volante Paulinho, com quem jogara no Flamengo. O chope seria por sua conta.

O troféu do hexa permaneceria esquecido, por três dias, na mala de seu carro.

3. A VÍTIMA

Eliza Samudio sempre teve uma forte relação com o esporte. Ainda garota, vestia a camisa dos times e gostava de assistir às peladas do bairro onde morava. Adolescente, sonhara em ser jogadora de futebol de salão. Praticou o esporte durante dez anos, mas a necessidade de acordar cedo para os treinos constantes e a quantidade de exercícios físicos exigidos levariam aquela menina magrela e simpática, paranaense de Foz do Iguaçu, a desistir.

Mais tarde, já em São Paulo, onde trabalharia como modelo, manequim e promotora de eventos, passou a frequentar os bastidores dos principais clubes paulistas, de modo que logo se aproximaria dos atletas. Gostava daquele universo dos boleiros, que julgava glamoroso, e se sentia atraída pelo mundo dos jogadores — um mundo de pouca fidelidade, em que ninguém é de ninguém, e em que não raro bons resultados são festejados em orgias regadas a samba e cerveja. Superficialmente, porém, havia dinheiro, muito dinheiro, carros importados e lindas mulheres — e Eliza nunca escondeu: desejava essa vida.

Considerava-se bonita e buscava realçar aquilo que imaginava ter de melhor: os lábios, por exemplo, nos quais aplicava um gloss cor de pele, que os deixava mais carnudos. Confiava em seus atributos físicos, daí porque abusasse das roupas mais justas. Costumava jogar o cabelo de um lado para o outro, e tinha o hábito de encarar os homens com seus olhos puxadinhos, bem marcados pelo delineador e pelo rímel.

Era a típica "maria-chuteira", embora não se reconhecesse como tal. "Se a mulher vai atrás, eu até concordo. Mas e se o cara vem atrás e fica ligando? Até quando está em concentração?" — conceituava. Aos mais chegados, porém, logo se entregava, tratando de exibir — com orgulho — um retrato em que aparecia ao lado do craque português Cristiano Ronaldo. "Essa foto eu tirei com ele durante a Champions League, em um jogo do Real Madri contra o Manchester" — contava, para completar: "Dei só uns beijos no Cristiano. Nada mais."

Não lhe bastava somente rodear os gramados paulistas, tampouco conhecer apenas jogadores que atuavam na cidade, ainda que eventualmente fossem estrelas internacionais como Adriano, que então brilhava no São Paulo — time de que Eliza, aliás, seria musa. Como tal, sempre com desembaraço, perambulava pela sede do clube, em pouco tempo passando a ser convidada para as festinhas mais íntimas. Não tardaria, pois, para que, graças à internet, expandisse sua rede de contatos a atletas de equipes de outros estados, sobretudo do Rio, cidade para a qual começara a viajar com frequência crescente.

Foi numa dessas festas boleiras que conheceu Bruno, precisamente no dia 21 de maio de 2009, num churrasco na casa de Paulo Victor, goleiro reserva do Flamengo, na Barra da Tijuca.

Eliza chegara acompanhada da amiga Fabiana e de outras duas meninas. Discreta, apesar da minissaia, ficou no canto, bebendo caipirinha, mas atenta a toda a movimentação. Conversava com Fabiana, ambas cheias de risinhos. Sabiam que se dariam bem ali.

Pouco depois, ao voltar do banheiro, a amiga aproximou-se de Eliza, falando-lhe bem perto do ouvido, por causa do som do funk, às alturas: "Aquele cara sem camisa quer ficar com você." Era Bruno, sentado mais adiante, com uma latinha de cerveja na mão. "Ele é muito bonito de corpo... Tô passando mal!" — comentou, às gargalhadas, com Fabiana, uma bela moça de cabelos dourados.

Sem muita enrolação, logo estavam juntos — contaria Eliza, mais tarde, em 17 de agosto de 2009, à repórter Maura Ponce de Leon, do jornal carioca *Extra*. Ela combinara de ir a um show de pagode, do grupo Pique Novo, mas resolveu esticar a noitada com o goleiro, de modo que ficaria na casa de Paulo Victor até amanhecer. Segundo Bruno, porém, a transa não teria durado mais do que quinze minutos, conforme declarou à TV Record, em agosto de 2013, numa entrevista concedida na penitenciária. E completou: "Teve de tudo, todo mundo misturado e ela estava no meio disso aí."

Aquela noite só passaria a ter contornos dramáticos quase três meses depois, no começo de agosto, quando Eliza confirmou a gravidez. Bruno dizia que a modelo também transara com outros jogadores, mas ela afirmava ter dormido somente com ele. No vestiário, a zoação dos companheiros de time deixava-o com ódio: "Todo mundo comeu, mas só você não usou camisinha" — falavam.

Eliza voltara a São Paulo, e os dois passaram a se telefonar. No fim de agosto, em nova ligação, ela manifestou o desejo de encontrá-lo, e perguntou se havia algum jogo do Flamengo marcado para a capital paulista. Sem uma resposta precisa, foi então direto ao ponto: "Tô esperando um filho seu." Um silêncio constrangedor tomaria a conversa por alguns instantes. "Bruno, ô Bruno, cê tá aí? Tá me ouvindo?" Ainda perplexo, pouco antes de desligar, o goleiro se comprometeria a encontrá-la na primeira oportunidade.

Assim, com o Flamengo de passagem por São Paulo, jantaram num restaurante do aeroporto de Guarulhos, ocasião em que ela confirmou: esperava, mesmo, um filho dele. Bruno, contudo, tinha pressa, estava desconfortável, e não deu a Eliza uma resposta que a satisfizesse. O jeito foi sugerir que a modelo viajasse ao Rio para nova conversa, dessa vez com mais calma.

Marcelão seria o primeiro a saber da novidade. Bruno o chamou para jantar, depois de um treino, e abriu o jogo. "Cara, tu tem que fazer papel de homem. Se o filho é teu, tem que assumir" — orientaria o amigo e segurança. O goleiro, porém, que saía de um casamento conturbado e que já mergulhara na relação com Ingrid, só pensava em como dar aquela notícia à nova namorada — e em como reagiria o pai da dentista.

No Rio, Bruno mandou Eliza se hospedar no hotel Transamérica, na Barra — aquele mesmo de onde sairia, dali a menos um ano, para nunca mais voltar. Pagou-lhe as contas e pediu ao segurança que a acompanhasse à clínica onde faria o exame de ultrassom. Ele não podia acreditar. Como dera aquela vacilada? Aborrecido, não tardaria a revelar sua real disposição: "Já digo logo, Eliza, que não quero essa criança."

Foi a senha para que ela contasse tudo à imprensa.

A rigor, tratava-se apenas de mais um caso de traição e filho fora do casamento no mundo do futebol. Bruno, entretanto, não queria mais estragos em sua relação com a família da namorada dentista, que decerto não aceitaria aquilo. As entrevistas da modelo já haviam causado imensa repercussão negativa, de modo que ele tentava contornar a situação e ganhar algum tempo, prometendo a Eliza, por exemplo, que faria o teste de DNA. Ela não esperava que o goleiro a assumisse, mas exigia que bancasse o bebê. Chegara até a acreditar que Bruno estivesse mais carinhoso, pois perguntava sobre os enjoos e o crescimento da barriga.

Durante a gravidez, segundo Eliza, vez ou outra ainda teriam se encontrado e passado a noite juntos — o que ele sempre negou veementemente, jurando que nada mais houvera depois daquela "rapidinha" na casa de Paulo Victor. Confrontado e contrariado seguidamente com essa versão, porém, Bruno, irritado, afinal trairia seu propósito de ganhar tempo e acabaria por desqualificar Eliza em público, ao afirmar que não tinha garantias de que o filho fosse mesmo seu.

Foi quando ela recorreu à Justiça para provar a paternidade do menino.

Já sabia o sexo e escolhera um nome que seria como um golpe no goleiro, motivo de deboche no vestiário do Flamengo: Bruno Samudio.

Uma amiga lhe indicara a advogada, também paranaense, Anne Ferreira e Silva Faraco, a quem Eliza explicou a situação e informou que, além da pensão para a criança, queria também o sobrenome do pai. Aquilo era importante para ela, uma garota de família desestruturada, abandonada pela mãe ainda pequena, criada pelo pai até descobrir, aos catorze anos, que ele era acusado de violentar sua meia-irmã caçula, fruto de uma segunda união — descoberta que a faria largar os estudos e sair de casa, decidida a ganhar a vida.

Eliza, portanto, via ali uma oportunidade. O bebê seria seu pé-de-meia, porta de entrada num mundo que considerava deslumbrante e do qual sempre sonhara desfrutar. A menina de vida simples — assim se projetava — poderia conquistar uma fortuna. E não acreditava nas ameaças de Bruno, que a tratava como mais uma mulher descartável que passara por sua cama, tampouco se intimidava com seu tom agressivo. Pelo contrário: enfrentava-o. Batia de frente como nenhuma outra até então.

Ela já avisara que cobraria seus direitos na Justiça — e, quando afinal o fez, a relação com Bruno, ainda que mínima, tornou-se insustentável. Contando com o suporte de um escritório no Rio, a advogada, em agosto de 2009, entrou com a ação — de alimentos e de investigação de paternidade — e deu partida no processo. Anne Faraco, no entanto, jamais conheceria Eliza pessoalmente, embora se falassem diariamente por telefone, e-mail e por meio de um programa de bate-papo na internet.

Como o bebê ainda nem nascera, Anne pedia a revisão de alimentos gravídicos e 10% dos rendimentos do goleiro — o que alcançaria algo em torno de R$ 25 mil por mês, tendo por base só o salário. Exigia ainda que Bruno custeasse todas as despesas com o parto e o enxoval de Bruninho.

Ao ser intimado, ele ficou furioso: "Que porra é essa, Eliza? Tu vai levar isso à frente mesmo? Tá maluca, vadia?" Revoltado, xingava-a; gritava ao telefone, fazia ameaças. A advogada então sugeriu que a modelo se afastasse. Disse que cuidaria de tudo com um representante do Flamengo, e que era melhor — e mais seguro — se ela evitasse contatos com o goleiro.

Bruno, claro, não concordava com o que fora proposto por Anne Faraco e, ao lembrar que Eliza continuava hospedada no Transamérica, às custas dele, dirigiu-se imediatamente ao hotel, no qual entrou enlouquecido, ainda que sem chamar a atenção de qualquer funcionário. Queria mostrar quem mandava. Tinha um quê do menino criado na favela e um pouco mais do cara deslumbrado e metido que se tornara a estrela do clube mais popular do país.

Já aos berros, chegou à porta do quarto, que esmurrou: "Abre, Eliza!" Ela abriu, instantaneamente dominada, agarrada pelos cabelos, como uma presa abatida pelo ataque de uma onça feroz. Bruno desejava submetê-la; queria vê-la em condição de inferioridade. Dizia-lhe para acatar suas ordens. Chamou-a de vagabunda, de piranha, de safada.

Puxou-a pelo braço, sacudiu-a e empurrou-a pelos ombros, até que caísse de costas na cama. Eliza chorava. Estava assustada — o que o fazia agigantar-se. Com o dedo na cara dela, falou afinal: "Eu te mato se você não tirar essa criança!"

Era setembro de 2009. A guerra — de verdade — começava ali.

A mesada, depositada (quase) mensalmente por Marcelão a mando de Bruno, seria suspensa. Da mesma forma, não mais arcaria com as despesas do hotel. Eliza teve de pedir abrigo a uma colega, Milena Baroni, que morava em Jacarepaguá, também na Zona Oeste da cidade. As duas se conheciam de eventos profissionais. Não eram tão próximas, mas Milena morava sozinha e não se incomodava em ajudar Eliza até que voltasse para São Paulo.

Conforme orientação da advogada, ela então dava um gelo em Bruno. Ou tentava... O problema é que, como também tinha sangue quente, cutucara o goleiro com vara muito curta. Na imprensa, queimava-o sem cerimônia, e ainda havia arrumado — para ele — problemas com Dayanne e Ingrid.

Como primeira consequência, portanto, de súbito viu-se sem dinheiro para as roupinhas e fraldas do filho, cujo nascimento se aproximava. Os exames de pré-natal, por exemplo, tiveram de ser feitos em um posto de saúde em Jacarepaguá, e ela — que só contava com o atendimento público — chegaria a passar mal, com queda de pressão, tamanha a preocupação com o futuro da criança.

Eliza passaria a desabafar com a advogada, partilhando também as tristezas da infância. Contou ter ouvido do pai, ainda menina, que a mãe tentara sair de casa pela primeira vez quando a carregava na barriga, logo no começo da gestação. A lavradora Sônia de Fátima Marcelo da Silva Moura já não aguentava mais o alcoolismo de Luís Carlos Samudio e as constantes brigas. No desespero de tentar manter o casamento, ele por pouco não se matara, de modo que ela decidiu "empurrar" a relação pelo menos até que a menina nascesse.

A vida de Sônia e Luís Carlos sempre foi muito confusa. Ela começou o namoro ainda menor de idade, e, sem a autorização dos pais, fugiu para o Paraguai, de onde só retornaria ao completar dezoito anos. De volta a Foz do Iguaçu, engravidou. Ele, porém, não aceitava a gravidez e exigia um aborto. Inconformada, mas sem terminar o casamento, Sônia, depois de algumas tentativas, enfim se afastaria do marido, durante a reta final da gestação, decidida a reaparecer apenas depois de dar à luz. Assim foi, Eliza nasceu, mas as brigas continuaram. A menina tinha só três anos quando a mãe afinal saiu de casa, deixando-a com o pai e a avó materna, que também morava na cidade.

Mais de vinte anos depois, ao longo do julgamento de Macarrão pela morte da modelo, viria à tona um caso extraconjugal, revelado pelo jogo sujo de defesa do ex-policial Marcos Aparecido dos Santos, o Bola, acusado de ser o assassino: Luís Carlos, apesar de lhe dar o nome na certidão de nascimento, não era o pai biológico de Eliza, fruto de uma traição de Sônia.

Eliza passou a infância quase toda distante da mãe, com quem falava por telefone e, algumas vezes, encontrava-se às escondidas. Revoltado com a separação, Luís Carlos proibira a ex-mulher de ver a filha — e o contato entre elas se tornaria ainda mais difícil e raro quando Sônia decidiu se mudar para Campo Grande, em Mato Grosso. Eliza tinha nove anos.

Ao descobrir, aos catorze, que o pai era acusado de violentar sua meia-irmã, foi então Eliza quem saiu de casa — para morar com a mãe. Seu temperamento difícil e o controle exercido por Sônia, entretanto, encurtariam a temporada. Apenas um ano.

Eliza preparou uma pequena mala e, decidida, seguiu para São Paulo. Era 2000. Queria, como se diz, viver a vida. Logo conquistaria amigos e, aos poucos, construiria uma nova rotina, com liberdade e, sobretudo, ninguém para dar satisfações. Aos dezoito anos, fez uma tatuagem: escolheu o desenho de um anjo para enfeitar a virilha. Também colocaria *piercing*, algo com que a mãe sempre encrencara, embora, registre-se, nunca tivesse se importado com qualquer reprovação de Sônia, cuja imposição de limites possuía como única consequência distanciá-la ainda mais da filha. Quanto ao pai, àquela altura Eliza achava que estivesse morto. Ouviu que ele levara tiros em Foz do Iguaçu, de alguém que queria acertar contas.

Em São Paulo, as portas de um outro mundo de exposição e muito preconceito não tardariam a se lhe abrir — um mundo ainda mais obscuro, porém, que aquele do futebol, em que já transitava com desembaraço. Eliza fez suas escolhas, entre as quais a de atuar em três filmes pornôs. Era bonita, jovem, queria ganhar dinheiro fácil — por que não? Nada a prendia. Nem costumes, nem raízes.

Ao conhecer Bruno, contudo, tentara esconder aquele passado. Era — bem melhor, numa comparação por baixo — apenas uma "maria-chuteira", mas a verdade acabaria devassada pela imprensa assim que a gravidez se tornasse pública.

A barriga crescia na mesma rapidez com que o dinheiro escasseava. Não fossem as amigas, teria passado necessidade. Morando de favor no Rio, já não recebia mais convites para trabalhar em eventos e, com a gravidez avançada, não tinha como fazer outro filme. Vendera suas coisas, algumas calças e bolsas de marca, mas já não havia muito mais do que se desfazer.

Precisava, portanto, tirar algum proveito daquela condição; levantar algum dinheiro junto ao pai do filho que esperava.

Com a briga em curso na Justiça, Bruno não queria a menor conversa, e Macarrão se convertera em intermediário para quaisquer negociações financeiras, que dificultava o quanto pudesse. Era agressivo sempre. Parecia tomar as dores do amigo de infância. Defendia e representava seu "irmão" com unhas e dentes. Tinha ciúme, raiva, nojo, e se mobilizava para que Eliza não importunasse o goleiro. Ela, por sua vez, frequentemente perdia a paciência. Achava aquilo tudo uma "grande viadagem" e dizia que Bruno deveria arcar com as consequências de seus atos. "Não foi bom na hora em que dormiu comigo?" — gritava ao telefone.

Irritada com a demora de uma decisão judicial, o que beneficiava Bruno, e com as dificuldades em obter qualquer ajuda financeira da parte dele, Eliza ameaçava ir aos jornais novamente. Sabia que o jogador se importava com a imagem, que tinha noiva e ex-mulher, e que, assim, sob risco, talvez resolvesse adiantar-lhe algum dinheiro.

Submetido àquela pressão, Bruno passara a perder o foco fácil e seguidamente, desconcentrando-se nos treinos e em jogos importantes. Não aguentava mais o assédio daquela menina, embora tampouco pretendesse ceder. Como admitir que só ele, naquela suruba, não usara camisinha?

Aproximava-se o fatídico 13 de outubro de 2009, dia em que uma ligação selaria o destino de Eliza. Já passara de uma hora da manhã, mas ela ainda estava acordada, papeando com uma amiga de São Paulo pela internet. Sentada no sofá verde da casa de Milena, atendeu ao rádio distraidamente. "Oi, bebê!" Era Bruno. "Fala..." — respondeu secamente.

Eliza ficara surpresa com a ligação e, em seguida, com o jeito carinhoso como ele conversava. Disse, por exemplo, que estava com saudades e que precisava vê-la. Tudo premeditado.

Três dias antes, pedira-lhe o endereço, sob o argumento de que mandaria uns papéis do plano de saúde para que assinasse. Nessas ocasiões, Eliza se lembrava das orientações da advogada, segundo as quais deveria se manter afastada: "Conversar com você é difícil, Bruno. Você é uma pessoa louca. Não sei do que você é capaz" — falou, recordando-se também do episódio em que fora agredida pelo goleiro no hotel. Ele era frio e conseguia medir as atitudes, sempre em busca de minimizar suspeitas.

A poucas horas daquele telefonema calculado para Eliza, ainda noite do Dia das Crianças, 12 de outubro, Bruno voltava com a família — convencera a ex-mulher a acompanhá-lo, com as filhas — de uma ação solidária em Itaguaí, na Baixada Fluminense. Havia prestigiado uma partida de futebol de meninos carentes e distribuíra medalhas e troféus aos participantes. Marcelão, seguindo determinação do goleiro, entupira a mala do carro com brindes a serem dados à molecada — R$ 3 mil em bolas e uniformes.

Avançava então pela rodovia Rio-Santos quando seu celular começou a tocar insistentemente. A melodia do funk indicava: era Macarrão. Sem muitas explicações, parou em frente a um restaurante mineiro da Avenida Brasil e decretou, dirigindo-se a Marcelão: "Irmão, leva a Dayanne para casa que eu preciso resolver um problema". Mal todos haviam saltado e Bruno acelerou, dando um cavalo de pau e tomando a via expressa outra vez. "Ficamos sem entender o que tinha acontecido. Dayanne ficou até com raiva, porque achou que ele ia atrás da Ingrid. Estava tudo bem até então, mas nesse dia ele fez a primeira besteira" — lembra o amigo e segurança.

Marcelão pediu um táxi pelo telefone e esperaram por cerca de uma hora até que um carro fosse buscá-los. Dayanne estava possessa, segura de que o ex-marido a largara no meio da estrada, com as meninas pequenas, para se encontrar com "a outra" — no caso, a dentista. Não sabia que ele fora buscar Macarrão, que acabara de desembarcar no Rio, vindo de Minas Gerais.

E então aquele telefonema...

Em Jacarepaguá, Eliza relutava em atender aos apelos de um homem — ele queria vê-la imediatamente — que tanto a humilhara. Mas o sentimento de revolta e a vontade de fazer justiça contra aquele que era — tinha certeza — o pai do filho que carregava finalmente a fariam aceitar o convite para uma conversa. Já era madrugada.

Bruno chegou num automóvel, um Porsche, que ela não conhecia e encostou perto de um poste de luz fraca. Com um vestidinho rosa, cabelo preso por um rabo de cavalo, Eliza saiu pelo portão estreito da vila onde a amiga morava e, ao se acercar da janela do carona, notou um homem deitado no banco traseiro — um sujeito jamais identificado pela polícia. Estranhou. "É meu irmão, fica tranquila" — teria dito o goleiro. Ela entrou e ele seguiu adiante, mas por apenas alguns metros, pois logo pararia novamente, pouco antes de alcançar a avenida principal, desta vez para que Macarrão e Russo — de quem também só se soube o apelido — embarcassem, cada um de um lado, pelas portas de trás.

Seriam os outros protagonistas da sessão de tortura psicológica e física que Eliza declarou ter sofrido.

Por entre os bancos, logo a puxaram para trás. Macarrão foi para o lugar do carona, de modo que se encontraria como sempre quis: ao lado de Bruno.

De imediato, Eliza levou dois bofetões na cara. O goleiro não tinha pena. No segundo golpe, bateu com as costas da mão. Naquele clima bárbaro, rodariam por duas horas, durante as quais a modelo sentiu que ele não sabia o que fazer. "Se me matar, vai ser pior, Bruno! As pessoas vão atrás de você" — ela teria ameaçado. "Se eu te matar e te jogar em qualquer lugar, não vão descobrir que fui eu" — teria respondido o jogador.

Decidiram afinal seguir para o flat onde o goleiro morava, na Barra. No caminho, Macarrão seria o mais folgado, o que mais a ameaçava. Gostava de ver Eliza acuada e, por isso, falava muito palavrão e a xingava, enquanto Bruno lhe dizia: "Nós vamos resolver isso hoje, irmão."

Ela não conhecia Russo e percebeu que entrara armado no carro. Segundo Eliza, o "homem de cabelo claro", como o definiria depois à polícia, imediatamente entregou a pistola a Bruno. O goleiro gritava muito e teria encostado o cano do revólver na cabeça dela. "Disse para mim que tinha bebido e usado drogas" — relataria à Delegacia Especial de Atendimento à Mulher (Deam) de Jacarepaguá, para completar: "Da primeira vez que me ameaçou, eu achei que não fosse dar em nada. Mas agora resolvi denunciar", acusando-o de agressão e de forçá-la a um aborto.

Aos investigadores, contaria também que teve de ficar no carro por alguns minutos, já na garagem do flat, para que Bruno subisse e buscasse dezenas de comprimidos de cor azul, que trouxe com as mãos juntas, como uma cumbuca. Era Citotec, um medicamento abortivo. Ele então exigiu que os engolisse um a um, sem água. "Não adianta que Citotec não aborta com cinco meses!" — ela teria gritado, em desespero. Em seguida, os quatro — o goleiro, Macarrão, Russo e o homem negro — subiram pelo acesso de serviço. O jogador se certificou de que não havia ninguém nos corredores, e só então Macarrão a retirou do elevador, puxando-a pelo braço.

Já no apartamento, Russo preparou uma bebida amarga — que Eliza foi forçada a tomar até o último gole. Parecia um chá, embora estivesse fria. A modelo, porém, não conseguira identificar os ingredientes. Já estava sonolenta, sob o efeito da mistura ingerida, mas ainda ouviria: "Sou pior do que você pensa, sua vagabunda! Esperei a poeira baixar para vir atrás de você. Sou frio e calculista. Você não vai ter esse filho, porque eu não quero!" — bradou Bruno, que escandia bem as sílabas para reforçar sua determinação.

Eliza caiu no sono, ali mesmo, no sofá. Lembra-se de ter ficado progressivamente zonza, com a voz um pouco embolada e o raciocínio lento. Só acordaria às 14h daquele dia 13, uma terça-feira. Bruno já havia saído para o treino. Antes, contudo, orientara seus subordinados para que a largassem em um ponto de táxi tão logo despertasse. E não sem lhe deixar uma ordem: que fizesse um exame de sangue até sexta, para confirmar o aborto.

Naquela manhã, Marcelão — que dormira no apartamento de Dayanne, preocupado em não deixá-la sozinha com as filhas — levantou-se às 9h e logo foi para casa. Como não conseguia falar com Bruno por telefone, decidiu ir ao flat. Estava preocupado. Era meio-dia quando chegou. "Desculpe, Marcelão, mas você não vai poder subir" — disse-lhe o faxineiro, que completaria: "Bruno deu uma ordem para não deixar você subir." O segurança questionou: "Mas por quê? Se esse apartamento está alugado em meu nome? Ele nunca foi disso!" Tentando limpar a barrar e desviar a atenção, o servente comentou: "Eu não sei... Mas o Porsche está com pneu furado na garagem." Marcelão ignorou a informação: "Ele está sozinho?" — perguntou. "Não. Está com o Macarrão e uns caras."

Tudo muito estranho — pensou, inquieto. Mas não pôde mesmo subir. A caminho do escritório, ligaria para Eduardo Uram, seu patrão. "Tá sabendo do Bruno?" — questionou. O empresário, que não tinha notícias do goleiro, então ouviu: "Pô, tô achando esquisito. Ele me impediu de entrar no flat..."

Não passariam duas horas até que o caso viesse à tona. Um escândalo. Eliza procurou a imprensa e avisou que estava na porta da delegacia. "Vim acusar o Bruno. Ele me bateu" — antecipou a um repórter, que correria para encontrá-la. De fato, com um péssimo aspecto, ainda trajando o vestido rosa, aparentava ter enfrentado uma noite infernal. Disse que dormira muito, mas que sentia enjoo e muita dor no corpo, consequência dos sacolejos e sopapos que levara.

Da parte de Bruno, assim ele acreditava, aquele seria apenas mais um dia de treino. Realmente imaginava que Eliza, uma vez deixada no ponto de táxi, seguiria para a casa da amiga — e ponto final. Não podia supor que, extremo oposto, ela fosse, sem escalas, à delegacia. (No caminho, antes de acionar a imprensa, contaria a Milena, por telefone, o que ocorrera e lhe pediria ajuda.)

O vestidinho, de botão e saia rodada, realçava a barriga de cinco meses e lhe destacava os seios já cheios de leite. Seu semblante, no entanto, era o de uma menina assustada. Quem a conhecesse, diante daquela figura, se espantaria. Ao contrário do visual com que habitualmente se apresentava, ali se via alguém desleixado, de cabelo desgrenhado. Tinha olheiras profundas, mas sequer recorrera à maquiagem — trunfo de qualquer mulher minimamente vaidosa. Do que se podia depreender apenas da fisionomia, era certo: Eliza tivera uma madrugada de terror.

Enquanto depunha, teve a certeza de que não poderia mais permanecer no Rio de Janeiro. Bruno jamais a perdoaria — e ela já tivera boa amostra do que o jogador era capaz quando irado. Ao fim do depoimento, que levaria duas horas, telefonou para a advogada, que lhe ofereceria uma passagem para São Paulo. Falou também com uma amiga paulista, parceira de tantas empreitadas. Afinal, convencera-se de que a coisa tinha sido séria e que corria risco.

O depoimento formal de Eliza à polícia antecedera o que seria — segundo estimava — seu maior movimento de prevenção e defesa contra Bruno: "Medo agora eu não tenho porque qualquer coisa que acontecer foi ele. Se eu cair, tropeçar, alguém quebrar um fio de cabelo meu, vai ser ele" — registrou em um vídeo, gravado pelo *Extra*, certa de que assim, atacando, garantia-se, protegia-se. As imagens foram divulgadas no site do jornal e cedidas a diversos programas de TV.

Estava errada.

Naquela gravação, para sua desgraça, profetizava. Documentava uma projeção do que Bruno, contrariado, poderia fazer.

Na porta da delegacia, Eliza estava entregue à própria sorte. Sem destino, sem ajuda, sem dinheiro, seguiu, do jeito como se encontrava, para o aeroporto, suja, com aquele mesmo vestido maltrapilho. Passara na casa de Milena só para pegar um casaco e juntar algumas roupas na mochila. Ainda estava grávida e se preocupava com os comprimidos que ingerira. Antes, havia contado à polícia, em depoimento, que fora obrigada a tomar abortivos e que bebera um líquido amargo, que não sabia precisar o que era. Tinha mesmo de se abrigar onde não pudessem achá-la. Era uma fugitiva.

Como quem corre de um animal feroz, chegava a São Paulo sem qualquer planejamento e com o único propósito de salvar, mais que a si, ao filho. Para a amiga que a buscara em Guarulhos, desabafou: não sabia o que esperar do pai de Bruninho, e não acreditava em nenhuma boa intenção da parte dele.

Pelo mesmo motivo que gravara o vídeo no Rio, daria novas entrevistas, agora em São Paulo — mesmo que contrariando a orientação de Anne Faraco. Enquanto estivesse na mídia, avaliava, talvez nada lhe acontecesse. Não era só, porém: como não tinha mais dinheiro, passaria a cobrar para contar sua história com Bruno aos jornalistas de fofocas.

Quem acreditaria naquela periguete dos filmes pornôs? Quem, numa "maria-chuteira"?

A versão do goleiro e de Macarrão para o que teria ocorrido naquela noite estava bem combinada, caso convocados a depor na delegacia. Apesar, porém, do discurso afinado, Bruno descumpriria duas intimações. Nos ofícios enviados por advogados do Flamengo à delegacia, os compromissos profissionais com o clube serviam de desculpa perfeita. Ora treinando, ora concentrado ou em viagem.

Do terceiro chamado, contudo, não teria como escapar. Contou, então, uma versão completamente contrária àquela de Eliza. E o fez num depoimento cercado de mistérios. A própria investigação, registre-se, seria conduzida dessa forma, um pouco, sim, porque se tratava de uma estrela do Flamengo, mas também porque consistia em um caso de aplicação da Lei Maria da Penha, para a qual a Justiça decreta sigilo sobre os autos. Fato é que haveria até uma troca de delegadas responsáveis no meio do caminho, e tanto a assessoria de imprensa da Polícia Civil quanto os investigadores envolvidos na apuração do caso evitariam dar quaisquer esclarecimentos sobre o andamento do inquérito. Até as fontes se calariam.

Segundo Bruno, ele voltava para casa — acompanhado de Macarrão — quando seu celular começou a tocar. Era Eliza — assim teria comentado com o amigo — importunando mais uma vez. Declarou que, habitualmente, rejeitava as ligações, mas, uma vez que ela insistisse tanto, acabaria atendendo, em seguida aceitando — aconselhado pelo "braço direito" — encontrá-la para resolver as pendências.

De acordo ainda com sua versão, a modelo teria armado um escândalo no meio da rua, tão logo ele estacionou o carro, atitude que o obrigara a levá-la para casa. Bruno tentava acalmá-la, assim prosseguia seu relato, de modo que, já na sala do flat, conversariam longamente, até que ela afinal adormecesse, no quarto. A única passagem da acusação de Eliza que seria verdadeira, segundo o goleiro, era a de que orientara os amigos para que a deixassem num ponto de táxi quando acordasse. Todo o resto — assegurava — era mentira.

A juíza Ana Paula de Freitas, que acolhera o processo no 3º Juizado da Violência Doméstica e Familiar Contra a Mulher, em Jacarepaguá, não estabeleceria a medida protetiva para Eliza, como normalmente acontece às vítimas agredidas por companheiros. De acordo com a magistrada, não havia ali um relacionamento estável. A modelo era uma jovem que procurava tirar vantagem — entendimento que seria considerado preconceituoso, mais tarde, pela Secretaria de Políticas para as Mulheres da Presidência da República.

Oito meses depois, em 1º de julho de 2010, com Eliza já desaparecida, o Departamento Geral de Polícia Técnico-Científica, da Polícia Civil, divulgaria a informação de que as análises de urina coletada à época do inquérito confirmavam que Eliza de fato ingerira substâncias abortivas, com a ressalva de que poderiam decorrer da mistura simultânea de álcool e fumo — razão pela qual o órgão encaminhou o material ao laboratório da Universidade Federal do Rio de Janeiro (UFRJ), para uma contraprova.

A amostra, então, apontaria positivo à presença de piperidina, substância que pode ser encontrada em alguns medicamentos e plantas com efeitos abortivos, o que reforçava o depoimento de Eliza segundo o qual bebera um chá cujo gosto desconhecia.

Pela demora em liberar o resultado das análises, um procedimento foi instaurado na Corregedoria.

A condenação de Bruno por esse episódio — quatro anos e seis meses, por cárcere privado — só viria em dezembro de 2010. Ele recebeu a sentença preso em Ribeirão das Neves, onde aguardava o julgamento pela morte da modelo.

Quando a criança nasceu, em 10 de fevereiro de 2010, na maternidade pública Leonor de Barros, em São Paulo, Eliza voltou aos holofotes. O menino "era a cara do pai", segundo ela, e tinha 3,658 kg e 50 cm.

Ainda em São Paulo, tentara novo acordo com Bruno. Seu leite havia secado e o bebê carecia de uma alimentação especial — e cara. Não queria, ao menos por ora, outro escândalo na mídia, mas havia estabelecido um prazo. Se o goleiro insistisse em não ajudá-la, e tampouco tratasse de resolver logo a questão da paternidade, procuraria um repórter em quem confiava e lhe contaria tudo o que estava em curso.

Há tempos preocupada, começava a se impacientar de verdade, pois não sabia como encaminhar sua vida e a do bebê sem o auxílio de Bruno. Ela fazia as contas: pagaria R$ 800 de aluguel, por um apartamento de classe média baixa, e gastaria, no mínimo, R$ 4 mil por mês com as despesas do menino. Ademais, teimava em não querer trabalhar — para, como dizia, não abandonar o filho "na mão de qualquer pessoa".

Chegou a pensar em voltar ao Rio de Janeiro, onde, no subúrbio, decerto encontraria um aluguel mais barato. Talvez pudesse procurar

Milena de novo, a amiga de Jacarepaguá, mas brincava: era monitorada por GPS e, ainda que se mudasse às escondidas, Bruno a descobriria, cedo ou tarde.

O plano de Eliza consistia em juntar dinheiro e dar entrada na compra de um apartamento. Queria realizar o sonho de ter uma casa, e sabia que, com uma pensão gorda, poderia conseguir. "Sou muito econômica. Menos com meu filho. Com ele, gasto com prazer. Até hoje, desde que nasceu, não comprei nada para mim. Estou precisando ir ao salão, fazer as unhas, mas prefiro e preciso economizar" — comentaria à época.

O processo de reconhecimento de paternidade estava em andamento. Ainda naquele mês, fevereiro de 2010, por exemplo, a Justiça pedira mais provas, principalmente testemunhais, para juntar aos autos. Bruno, porém, insistia em não querer acordo. Em determinado momento, afirmou à advogada Anne Faraco que só o faria após o exame de DNA. Queria assegurar-se de que era mesmo o pai de Bruninho.

Paralelamente, mobilizava-se por difamar e desqualificar a modelo, de forma que fizera chegar à Justiça dados sobre o passado de Eliza como atriz de filmes pornográficos. A ideia era pintá-la como interesseira; alguém que engravidara com o propósito deliberado de ascender financeiramente. Ela, por sua vez, reagia alegando que nada daquilo serviria de desculpa para que um pai não assumisse o filho — e acrescentava: "Errado foi ele, que não se cuidou. Eu mandei usar camisinha e ele não quis."

O tempo passara. Corria 2010. Eliza se orgulhava de ter voltado ao corpo de antes da gravidez. A genética a favorecia. Era jovem, magra, media 1,73 m, e sempre se exercitara — tudo de que precisa uma mulher que deseja tentar a sorte nas passarelas da moda ou pelas lentes dos fotógrafos.

A gestação lhe trouxera apenas uns poucos quilos — dos quais se livrou imediatamente após o nascimento de Bruninho. Assim, fez questão de enviar fotos aos conhecidos. O antes e o depois. Queria mostrar que estava bem, disponível para novos trabalhos, apesar de preocupada com o processo que movia contra Bruno, ao mesmo tempo cultivando a esperança de se reconciliar com o goleiro.

Buscava, também, retomar um ritmo de vida normal — ainda que adaptado ao do bebê. Saía pouco e sempre levava o menino consigo — porque nunca o deixava com outra pessoa. Vestia-o como um homenzinho e tinha muito prazer nisso: camisa polo, calça jeans e tênis. Comprara roupas das marcas esportivas Adidas e Reebok, comuns entre os jogadores de futebol, e apresentava a criança — a quem quer que fosse — como filho de Bruno.

Respeitava rigorosamente os horários do neném, e jamais esquecia a mamadeira com água de coco, da qual Bruninho consumia um litro a cada quatro dias. Era um bezerrinho, forte e saudável. "É muito calminho. Só grita mesmo, esbraveja, quando está com fome! Mama que é uma beleza" — contaria Eliza, que adorava ouvir que ele era grande para os apenas dois meses que tinha. "Puxou o pai" — explicava então, sorridente.

Estava encantada pela maternidade. Mais madura, mesmo aos 25 anos, tornara-se de súbito responsável. Pensava no menino com sinceridade, e estabelecera com ele uma rotina típica de mãe e filho. Todas as manhãs, por exemplo, dava uma volta matinal com Bruninho pela zona leste de São Paulo, e, se alguém se aproximasse para vê-lo, não tardava em ressaltar como era um garoto esperto. Tal qual o pai nos gramados.

Em dia de jogo do Flamengo, sem tirar os olhos da TV, ninava o bebê balançando o carrinho com o pé. Via todas as partidas com atenção. Não torcia contra. "Se o pai do meu filho estiver feliz, meu filho vai estar feliz também" — pensava.

Aos poucos, porém, aquele sentimento — que, se não fosse de amor, decerto era de admiração — acabava. Informal, a ajuda mensal de R$ 1 mil de Bruno estava atrasada. Não era muito, mas atendia aos gastos com o bebê. Marcelão combinara: depositaria sempre até o dia 25. Eliza, por sua vez, marcara — a título de tolerância — três dias além da data limite no calendário. E nada... Era final de abril. O plano de saúde, vencido, podia ser cortado a qualquer momento. A criança, ademais, estava sem leite. Irritada, ela planejou armar um escândalo na concentração do Flamengo. Levaria Bruninho e aprontaria o barraco. Já até imaginava a cena, para a qual convocaria jornalistas: entraria na sala de musculação do clube, com o menino no colo, e mostraria as roupinhas apertadas, a mamadeira vazia, o nariz escorrendo.

"Estou começando a ficar com nojo dele. E o pior é que tinha pena, porque sei que sempre foi cabeça fraca. Influenciado por pessoas que só querem saber do dinheiro dele" — declarou à época.

A intenção beligerante da modelo contrariava a sugestão de Anne Faraco, que, para não piorar uma situação já muito difícil, pedira-lhe — mais uma vez — que sequer concedesse entrevistas. A recomendação da advogada tinha pouco peso. A raiva e o impulso de reagir só eram verdadeiramente contidos pelo medo. Ficara impressionada, assustada mesmo, com uma fala recente do goleiro, em março, que, sem titubear, tentando defender o atacante Adriano, propusera a questão infeliz, que se tornaria célebre: "Quem nunca saiu no braço com a mulher?"

Só no final de abril Eliza conseguiria falar com Bruno. O goleiro tinha compromissos profissionais, mas prometeu que ligaria em seguida, para que conversassem com calma. O papo pareceu-lhe amigável. Era nítido que ele queria se aproximar e desfazer a péssima impressão. O jogador manteve a voz baixa, não fez qualquer ofensa e chegou a dizer que queria uma chance — que queria que acreditasse nele. O discurso agora era de que precisavam viver em harmonia. Afinal, tinham um filho e precisavam criar o menino com amor.

A modelo ficou embasbacada. Ao desligar o telefone, ria alto, sozinha, alternando euforia e ceticismo: "Ah, tá! Que novidade é essa!? Eu, hein! Até parece..." Já lhe mandara tantos recados, já o cobrara tanto e de tantas maneiras — sempre sem resposta, sempre desqualificada ou, na melhor das hipóteses, desdenhada. "Por que isso agora?"

Apesar da desconfiança, Eliza seria batida pela necessidade, afinal convencida a voltar ao Rio, seduzida em seu ponto fraco. Bruno estava amoroso nas conversas, sempre perguntava pelo garoto, e manifestara até o desejo de conhecê-lo, pois o teria visto numa foto e se achado parecido com Bruninho. Pronto. Aquilo bastara para que ela decidisse deixar São Paulo.

No dia 27 de maio, Anne Faraco recebeu uma ligação do procurador de Bruno, o advogado Michel Assef Filho, que também representava o

Flamengo, informando que o goleiro aceitava fazer o exame de DNA e que pagaria R$ 3.500 de pensão.

No mesmo dia, Eliza contou à advogada que Bruno lhe manifestara a intenção de custear o aluguel de um apartamento para ela em Belo Horizonte, de modo que ficasse próxima à família dele. Havia uma ressalva, porém: esse acordo não deveria constar por escrito — o que Anne Faraco reprovou.

No dia seguinte, portanto, ela enviaria ao advogado de Bruno, por e-mail, uma minuta — que formalizava as promessas — nos seguintes termos: que iriam ao laboratório Sérgio Franco, no Leblon, no Rio de Janeiro, para realizar o exame de DNA; e que, caso o resultado fosse positivo, o goleiro se dirigiria a um tabelionato para fazer uma escritura pública declarando a paternidade de Bruno Samudio e se comprometendo a pagar a pensão de R$ 3.500, incluindo a criança como dependente no plano de saúde, além de providenciar um apartamento para o menor e sua genitora em Belo Horizonte.

A resposta chegou em 2 de junho, dois dias antes do sequestro de Eliza: o acordo incluiria somente pensão e plano de saúde. Por telefone, a modelo afirmou à advogada que aceitaria aquelas condições, ainda que aquém do que pedira, pois estava desesperada, sem ter onde morar e desprovida de recursos para sustentar o filho.

Naquele exato instante, Eliza se tornara um problema de meros R$ 3.500 para Bruno — um homem que ganhava R$ 120 mil só na carteira de trabalho.

Embora o exame de DNA — em decorrência do acúmulo de pedidos judiciais e, pois, por culpa da lentidão da Justiça — tivesse ficado apenas para agosto de 2010, um acordo afinal fora encaminhado, compromisso que o jogador, através dos advogados do Flamengo, registrara em documento — acerto que seria formalizado em audiência de conciliação marcada para 11 de junho.

Eliza, assim, convencera-se de que não corria mais riscos. Só não queria papo com Macarrão.

Já no Rio, receberia o convite de um jogador do Vasco disposto a lhe dar abrigo. No entanto, e não sem achar graça, preferiu passar os primeiros tempos na casa de uma amiga, em Duque de Caxias, na Baixada Fluminense. Ainda não estivera com Bruno, mas os contatos telefônicos eram frequentes. "Ele já aceitou fazer o exame!" — comemorava.

O goleiro pedira apenas que se preservasse e que não desse mais detalhes da vida dos dois aos jornalistas, os "urubus", que só queriam fofocar. Ela concordara. Ele garantira, afinal, que arcaria com as despesas e reconheceria a paternidade do bebê, sem briga na Justiça.

Pressionado, equilibrando-se entre a necessidade de mantê-la por perto, minimamente satisfeita (e calada), e a pretensão de engabelá-la ao máximo (talvez enquanto se decidia sobre o que de fato fazer), Bruno acabaria por hospedá-la, novamente, no Transamérica. Era 11 de maio.

"Estou no Rio, no mesmo hotel. Se alguma coisa acontecer..." — registraria num torpedo a Anne Faraco.

Ficaria ali até o dia 4 de junho.

4. O CATIVEIRO

De costas para a varanda da "casa grande", Eliza assistia à televisão, pernas esticadas sobre a *chaise* branca. Assim Sérgio a vira, desde fora, escondido de Macarrão, por uma brecha nas cortinas claras que desciam até as lajotas largas do porcelanato. Tinha Bruninho no colo.

Era noite do dia 8 de junho, terça-feira, e havia farra no sítio, com churrasco, muita cerveja e futebol. Ela, porém, parecia alheia ao movimento. Ou talvez não tivesse opção. Sérgio sabia que Eliza estava no sítio. Estivera com a modelo e com o bebê no motel em Contagem, dias antes. Não sabia, contudo, que aquela era a mesma mulher que aparecera algumas vezes na TV acusando Bruno. Ignorava ainda, portanto, sob quais restrições era mantida ali, dentro da casa: trancada por fora, o tempo quase todo, desde que chegara.

Muito confortável, a propriedade de Esmeraldas era onde Bruno desfrutava da vida de rico. Um lugar em que recebia os amigos, famosos ou não, bem a seu modo, relaxado, mas com fartura. Era ali — no espaço gourmet, por exemplo — que gostava de passar os fins de tarde dos dias de folga. Dali, sentado num banco de madeira, apreciava o crescimento das filhas. E também ali, quando Dayanne não estava, promovia festas de arromba.

Seu canto no mundo, seu sonho de garoto pobre — a casa própria que deixaria para as meninas.

Fora, aliás, seu primeiro investimento com o alto salário do Flamengo: a chácara E16 do Condomínio Turmalinas, que logo ganharia, à entrada, a placa onde se lia "Recanto da Família Souza". Adquirira-a — à época, ainda casado com Dayanne — como consequência do bom desempenho e do sucesso dentro de campo.

O condomínio fica à beira da rodovia estadual MG-432, no meio do nada, cercado de intensa natureza. Os vizinhos — imaginava Bruno — também deveriam ser abastados, porque só havia mansões nos arredores. O terreno dele, por exemplo, contava 5 mil metros quadrados. Só o casarão — construído bem no centro, com quatro quartos, duas suítes, três banheiros, salas de jantar e de televisão — ocupava 240 metros quadrados.

Toda a decoração fora escolhida por Dayanne. O goleiro interferira apenas nos detalhes da sala de televisão, em cuja parede um painel de madeira emoldurava o enorme aparelho de TV. Abaixo, sobre o rack escuro, duas esculturas de gesso, no formato de cabeças humanas, de que ela não gostava, mas que afinal aceitaria porque Bruno dizia que os bonecos — um homem e uma mulher — representavam os dois. Embora os achasse feios, acabara convencida pela explicação "fofa".

Macarrão chegara havia pouco do Rio de Janeiro. Enquanto Bruno e os convidados disputavam algumas partidas no campo gramado, ele permanecia sentado num dos degraus da escada da porta principal da casa, em frente à piscina.

Com a chave na mão, impediu veementemente o acesso de Sérgio, que queria usar o banheiro. Parecia um porteiro carrancudo de prédio chique de Ipanema, zona sul carioca. Acostumado a circular pelo sítio com liberdade, o jovem logo desconfiaria da situação, sobretudo porque — ao bisbilhotar, em seguida, pela fresta nas cortinas — percebera algo como uma ferida na cabeça de Eliza, que certamente associou à lavagem interna da Range Rover de que participara no dia anterior. A modelo — ele ainda não sabia — estava confinada ali, com muitas restrições, desde que chegara, no domingo, 6 de junho, iludida com a promessa de um apartamento em Belo Horizonte, onde poderia criar **Bruninho próximo** à família do pai.

Jorge, desde o primeiro momento, e o próprio Sérgio, nos dias que se seguiriam, revezariam-se na função de alimentá-la.

O domingo em que Eliza cairia — enfim, de modo incontornável — na armadilha de Bruno abrigou também, num campinho do bairro Vereda, em Ribeirão das Neves, a semifinal da Copa Florença: 100% F.C. contra o Grêmio Azul.

Criado em 1994, o 100% tinha o ídolo do Flamengo como mecenas — bancava todas as despesas do clube — e Macarrão como presidente, um cartola dedicado, que cuidava das finanças do time queridinho de Neves, negociava jogadores com futuro promissor e avaliava os bons de bola nas peneiras.

Naquela tarde, o goleiro sentou-se no banco de reservas, bem perto do treinador Toddynho. Fernanda ficou na arquibancada, logo atrás dele. E Macarrão, por sua vez, assistiu à vitória do 100% ao lado de Jorge.

Massagista do time, Walington Dias da Silva mais tarde ouviria dos jogadores que Bruno, no intervalo, apresentara um menino como sendo seu filho.

A vaga na final foi celebrada no Bar do Jerry, no mesmo bairro. Segundo Macarrão, Eliza acompanhara o jogo — mas, como não queria ir à comemoração, ele mesmo a teria levado ao sítio.

Durante as investigações, contudo, nenhum dos ouvidos presentes àquela semifinal se lembraria de ter visto uma bela e jovem morena na arquibancada, figura que certamente chamaria a atenção, tanto mais se com um bebê no colo. De acordo com o Ministério Público, um indício de que a modelo já estaria em cativeiro àquela altura. Afinal, todos se recordavam de Fernanda, de quem os homens destacariam os fartos atributos corporais — e não sem se lembrarem até do aparelho fixo que trazia nos dentes.

Ainda segundo Macarrão, no entanto, ao chegar com Eliza no sítio logo após a partida, ele teria orientado a caseira, dona Gilda Maria Alves, a que fizesse o jantar para ela e a deixasse no quarto do primeiro andar. Tão logo "instalou" a moça e o bebê, de acordo com seu relato, retornou à comemoração. Naquele dia, porém, a Range Rover verde que usava foi multada três vezes — por excesso de velocidade — na MG-432. Um radar, na altura do sétimo quilômetro da estrada esburacada, próximo à entrada do condomínio, ajudaria a polícia a desvendar as mentiras daquela trama.

Ao contrário da versão segundo a qual levara a modelo diretamente à chácara depois do jogo, Macarrão estivera no bar — sem Eliza — em seguida à vitória do 100%. Deixou, por exemplo, R$ 1 mil com Cleiton da Silva Gonçalves — caso Bruno quisesse ir embora antes de seu retorno (o goleiro, entretanto, sairia por volta das 3h30) — e só então se dirigiu à chácara em Esmeraldas.

Cleiton era jogador do time, um amigo que servia às vezes de motorista, e o dinheiro destinava-se a cobrir as despesas dos festejos madrugada afora.

Além de Bruno, Fernanda e Cleiton, também dividiam a mesa enferrujada do bar Flávio Caetano, o perueiro de van escolar que dirigia para Dayanne, o primo Jorge, Elenilson Vitor e Wemerson Marques Souza, o Coxinha, outro parceiro do bairro, que trabalhava personalizando camisetas com decalques em silk. Macarrão logo se juntaria ao grupo novamente.

O goleiro não destoava naquele ambiente humilde. Estava em casa, à vontade. Ria alto, brindava. Abraçava os amigos de infância, beijava Fernanda e puxava os jogadores do 100% para debaixo do braço. Demonstrava carinho àquela gente.

A namorada — assim estava previsto — deveria voltar ao Rio ainda naquele domingo. Viajaria de avião pela primeira vez. Como, porém, a passagem ainda não fora comprada, Bruno sugeriu, durante a comemoração, que a loura ficasse mais uma noite: "Macarrão vai na segunda. Por que você não vai com ele?"

Quando o jogador afinal decidiu deixar o bar, já de madrugada, trocou de carro, seguindo com Fernanda na Range Rover — Jorge e Elenilson os acompanhavam. Na BMW, Macarrão, Cleiton e algumas garotas, que convidaram para uma esticadinha no sítio.

Cansada, Fernanda perguntou pelo quarto assim que chegou. A suíte de Bruno tinha teto rebaixado e iluminação indireta, que ele deixou acesa até que ela saísse do banho. A cama grande de casal ficava encostada numa parede vermelha com cabeceira de madeira, cercada por dois criados-mudos brancos — tudo refletido no amplo espelho em frente. Não havia constrangimento em colocar outra mulher na cama de Dayanne, mas Bruno preferira dormir no canto habitualmente usado pela ex-mulher.

A suíte ainda contava com hidromassagem no amplo banheiro, de que Fernanda, porém, não poderia usufruir, pois já às 9h do dia seguinte — segunda-feira, 7 de junho — Macarrão batia à porta para chamá-la: "Tá na hora. Bora que ainda tenho que passar no banco, no Centro!" Ele voltava ao Rio para devolver a BMW X5 que Bruno pegara emprestada de Vitinho.

Quando Fernanda desceu, viu Jorge, com Bruninho no colo, e Eliza. Deu tchau com a mão, meio de longe. Era a última vez que a via.

As meninas que Macarrão convidara para uma festinha íntima — e que deram atenção também a Jorge e Cleiton — ainda estavam no sítio, bem como alguns jogadores do 100% F.C. e outros amigos de Bruno, como Flávio e Coxinha. Aquele tipo de evento era comum ali. Dois anos antes, por exemplo, o goleiro contratara garotas de programa e chamara alguns companheiros do Flamengo para uma farra depois de um jogo contra o Atlético Mineiro pelo Campeonato Brasileiro.

A partida, que terminaria empatada em um a um, ocorrera na noite de uma quarta-feira, dia 9 de julho de 2008. Horas mais tarde, já às 2h da madrugada de quinta, uma van despejaria quinze jovens na chácara, entre as quais Luana Gonçalves e Andréia Aparecida da Silva, integrantes da torcida feminina do Galo, que conheciam Bruno desde que defendera o Atlético. Não era a primeira vez que participavam de encontros do gênero. Naquela ocasião, contudo, apenas oito delas receberiam a quantia combinada: R$ 350.

As mulheres vestiam roupas curtas e decotadas e calçavam sandálias de salto muito alto. Ao som de funk, dançavam e se contorciam até o chão. Eram ousadas e atiradas — características potencializadas pelo efeito da bebida. Uma piscina de plástico das filhas do goleiro servia de tina, tomada de gelo e abarrotada de garrafas de conteúdo o mais variado. Seriam ao menos vinte os homens — que faziam "trenzinho" e seguravam as moças pelos quadris.

Também presente, o atacante Diego Tardelli declararia à imprensa que ficara somente cerca de quinze minutos na festa, pois estava acompanhado da avó: "Não era ambiente para mim, que sou casado e tenho uma filha, nem para ela."

Afinal, logo se proporia uma "suruba". O meia-avançado Márcio José Oliveira, o Marcinho, era dos mais entusiasmados. Já no quarto, porém, perderia o controle. Bruto, recusava-se a usar camisinha, razão pela qual Luana desistira de transar. Tampouco queria lhe fazer sexo oral sem que estivesse com o preservativo. Revoltado, foi então que a agrediu. "Deu socos, chutes e murros em mim" — relataria a jovem, que chamou a polícia e fez um registro na Delegacia de Mulheres, mostrando hematomas e marcas roxas nos braços, nas pernas e na cintura.

Marcinho e os demais — contou — passaram a xingá-la violentamente. Andréia, ao tentar intervir, apanharia também. Temendo que os gritos e a confusão extrapolassem os limites da casa, alguém do lado de fora arrastou um armário do corredor e bloqueou a porta, de modo a impedir que as meninas saíssem do cômodo. A baderna era grande; um empurra-empurra com berros e safanões para todo lado.

Mais tarde, ambas afirmariam que Diego Tardelli — o mesmo que, de acordo com sua própria versão, teria passado apenas poucos minutos no sítio — e um tio de Bruno lhes deram carona até um ponto de táxi próximo à BR-040.

No melhor estilo arrependido, o goleiro falaria aos jornalistas dos problemas que a festinha lhe causara em casa, com Dayanne. Segundo ele, as garotas haviam sido levadas por um amigo de Marcinho: "Houve uma confusão, mas ele diz que não bateu em ninguém e eu acredito nele, até porque, independente de ser prostituta ou não, bater em mulher é covardia" — explicaria, defendendo o companheiro de time. Tardelli, como já mencionado, também foi à imprensa. Sua esposa, Linda, mãe da pequena Pietra, pedira o divórcio, e o atacante então apelava ao testemunho dos colegas de Flamengo para evitar a separação: "Só Bruno e Marcinho para salvarem meu casamento. Quando percebi que não era festa de família, fui embora e não fiz nada."

O técnico Caio Júnior, por sua vez, chamou os três atletas para uma conversa reservada no campo do clube, antes do treino, no dia seguinte. A diretoria do Flamengo os puniria com multa de 20% sobre o salário, e o vice-presidente de futebol Kléber Leite se diria traído, uma vez que os jogadores haviam pedido dispensa com a intenção de visitar familiares em Minas. Por causa disso, um castigo: dali em diante, nenhum jogador poderia mais se separar da delegação durante as viagens.

Apesar das tentativas e dos apelos para que a queixa fosse retirada, um processo corre na Justiça, e o advogado mineiro Luiz Aguiar Botelho cobra R$ 1,8 milhão, a título de indenização, para suas clientes. Segundo ele, Bruno e Marcinho teriam oferecido R$ 150 mil a cada — valor recusado.

Ainda na delegacia, enquanto formalizava a denúncia, Andréia receberia uma ligação. Era uma voz masculina, que lhe teria dito: "Estou muito arrependido... Deixa isso para lá. Isso vai me prejudicar muito." Ela e Luana, porém, dariam sequência à ação, que hoje tramita na 9ª Vara Cível do Tribunal de Justiça de Belo Horizonte — e que tem Diego Tardelli também como réu.

"Já houve a execução da dívida e eles foram condenados. Como o Marcinho joga no Catar, está difícil oficiá-lo. É uma estratégia deles" — contou Botelho, em maio de 2013. "Infelizmente, o pagamento só vai acontecer quando todos forem citados."

O Tribunal de Justiça de Minas Gerais, no entanto, desmente-o. Até julho de 2013, nenhuma audiência do caso havia ocorrido, pois Marcinho jamais fora localizado formalmente.

A farra comandada por Macarrão depois do jogo do 100% F.C. não foi muito diferente daquela, embora livre de desdobramentos policiais. Por causa da bebedeira, todos os envolvidos dormiriam até a hora do almoço — com exceção dele próprio, de pé bem mais cedo, pronto para regressar ao Rio na companhia de Fernanda.

Eliza continuava confinada na casa, com mobilidade muito restrita. Tivera de entregar o celular a Macarrão, de modo que estava incomunicável. Apenas o goleiro e Jorge tinham acesso ao quarto onde era mantida, do qual só saía — sempre vigiada de perto — para que Bruninho pudesse pegar alguns minutos de sol no jardim.

Bruno mostrava-se indiferente. Tentava exibir tranquilidade e de fato não parecia preocupado. Apenas de sunga, ficaria parte da segunda deitado numa das espreguiçadeiras à beira da piscina. Como programara o churrasco para terça, pediu a Elenilson Vitor que comprasse oito engradados de cerveja em um depósito de Esmeraldas.

Chamado pelo primo famoso, Sérgio logo chegaria ao sítio. Antes do almoço, Bruno pediu-lhe que lavasse a Range Rover, usada por Macarrão na viagem entre Rio e Minas. Jorge o ajudaria. Devido às manchas de sangue espalhadas pelo banco do carona, pelo assento traseiro e também pelo teto, difíceis de remover, o goleiro sugeriu que comprassem óleo diesel — e indicou um lava-jato em Nova Contagem, um sub-bairro da vizinha Contagem. Sérgio só tinha R$ 2 no bolso, mas, ainda assim, conseguiu adquirir duas embalagens cheias de combustível.

Cleiton os acompanhara. Para ele, Bruno indicara um lava-jato improvável e distante porque queria minimizar o risco de se deparem com alguma blitz — muito mais comum na direção habitual, a de Ribeirão das Neves. "Eu achei que era por causa da falta de habilitação do Jorge e do Sérgio" — relataria à polícia.

Jorge, no entanto, assumira o volante sem a autorização do goleiro. Aos dezessete anos, sentia-se então como quem pode tudo, e apostou com os outros que botava a picape para bater os 130 km/h — dirigindo em zigue-zague. Tinha um sorriso faceiro no canto da boca. Fechava os olhos e enchia o peito de ar, anestesiado pela soberania passageira. Ninguém, naqueles quilômetros, duvidaria de que fosse "o cara". E ainda poderia dizer que o primo, jogador do Flamengo, confiara-lhe seu possante. Que sensação incrível experimentava! Só a droga lhe oferecera viagem de prazer tão desafiador...

O rapaz esbanjava, testava limites — e, não fosse por isso, talvez a Range Rover jamais tivesse sido apreendida. Em Contagem, logo depois de passar por um posto de gasolina, entrou na avenida Altino José Costa, no bairro Retiro, em altíssima velocidade — e assim chamou a atenção de um grupo de policiais. Jorge, segundo Sérgio, estava "fazendo gracinha". Não satisfeito, mais adiante, ao cruzar com uma viatura da Polícia Militar, freou bruscamente, de modo que o automóvel quase capotou, batendo no meio-fio.

A inevitável abordagem aconteceu às 12h42, numa rotatória, sem que os policiais percebessem que Jorge trocara de lugar com Cleiton. Sem apresentar o licenciamento anual (uma das 32 infrações de trânsito registradas desde 2008, todas sem pagamento), o carro acabaria apreendido. E Cleiton teve de ir à delegacia.

De súbito a pé, Sérgio e Jorge só conseguiriam voltar ao sítio graças à carona de um mecânico conhecido, e então contaram a Bruno o que ocorrera. "Porra, se vocês atropelam e matam alguém, sem carteira, olha a merda!" — esbravejou o goleiro, que prosseguia: "Eu não falei que a lona do freio estava gasta? Vocês podiam ter morrido também!" E completou o sermão: "Não era para o Jorge pegar o carro sem falar nada!"

Elenilson, que ouvia tudo, teve de se afastar para atender ao telefone — o sinal estava péssimo. Era Macarrão, para quem Cleiton ligara da delegacia. Irritado, perguntou: "Quem botou o carro na mão deles?" Informado de que fora o próprio goleiro — "Ah, foi o Bruno?" —, resignou-se, mas não sem dar uma ordem posterior: "Então, vá buscá-lo na polícia."

Logo depois, Macarrão receberia um telefonema de Bruno, determinando que sacasse mais dinheiro — precisava pagar as multas e retirar o carro do pátio do Detran. Disse que queria resolver tudo naquela semana — e mostrava confiança imaculada.

A picape fora apreendida num imbróglio com a polícia, mas, de fato, ninguém — nem Bruno, nem Macarrão — atentara para o que aquilo poderia representar.

Não fosse, afinal, a imprudência de Jorge, a perícia não descobriria o sangue de Eliza no carro, mais de um mês depois. Talvez o veículo fosse mesmo lavado com diesel, como determinara o goleiro, eliminando por completo qualquer vestígio da agressão havida ali dentro. Mais adiante, com a modelo enfim dada como desaparecida, seria o sangue colhido no automóvel a principal prova policial de que fora de fato levada para Minas Gerais.

O acaso daquela abordagem da PM também revelara, no interior da Range Rover, as presenças de uma armação de óculos de sol com a letra D, da marca Dior, e de um par de sandálias pretas de salto fino. Pertenciam à Eliza — reconheceriam duas amigas durante as investigações.

No Rio, sem saberem do paradeiro da modelo, os advogados Anne Faraco, de Eliza, e Michel Assef Filho, de Bruno e do Flamengo, preparavam-se para sacramentar, na 1ª Vara de Família da Barra da Tijuca, o inesperado acordo amigável com que as partes haviam se comprometido no final de maio — que, assim, extinguiria o processo movido contra o goleiro. O fim próximo da moça estava tão articulado na cabeça de Bruno que ele até aceitou — como lavrado em documento — submeter-se ao exame de DNA, contra o que sempre lutara, numa clínica particular.

A audiência de conciliação que formalizaria o acordo tinha data definida: 11 de junho de 2010 — quando Eliza, no entanto, já estaria morta.

Macarrão chegou ao Rio no meio da tarde daquela segunda-feira, depois de cinco horas de estrada. Deixou Fernanda em frente ao Barra Shopping, na Avenida das Américas, para que pegasse um ônibus, e, antes das 18h, já estava na concessionária, onde devolveu o carro emprestado. Nesta ocasião, Vitinho lhe teria dado os R$ 30 mil supostamente destinados a Eliza e, eventualmente, a cobrir os gastos com o 100% F.C. em Angra dos Reis, no fim de semana seguinte. Nos bastidores da investigação, no entanto, falou-se que tal montante — que, ao contrário do que Macarrão falara à modelo, nunca estivera no sítio em Esmeraldas — seria parte do valor pago ao matador.

Macarrão dormiria no Rio. Comprara uma passagem de avião — rumo a Belo Horizonte — para o dia seguinte. Mas só chegaria ao sítio na noite de terça.

Bruno, Sérgio e Jorge passariam a noite de segunda jogando videogame, sentados no tapete da sala, bem próximos de Bruninho, que Eliza também acomodara ali, cercado de almofadas.

Ela, porém, confinada e sem saber-se a poucos dias da morte, estava entediada. Queria ver a novela da Globo e pediu para usar uma das televisões do segundo andar — até porque a outra TV do térreo, com defeito, só transmitia a programação do SBT.

A terça-feira, 8 de junho, amanheceu com os preparativos do churrasco, para o qual Bruno convidara os jogadores do 100% F.C., alguns parceiros de Neves e umas prostitutas. Amigo do goleiro há sete anos, Elenilson Vitor, administrador e espécie de "faz-tudo" da chácara, já separara a carne temperada e então colocava as cervejas na geladeira, quentes ainda, pois só conseguira quatro engradados gelados na distribuidora. Coxinha, no sítio desde a madrugada de domingo para segunda, recolhia as chuteiras, que secavam no varal, penduradas pela lingueta do cadarço. Mais tarde, quando a festa começasse, ele seria o responsável pela preparação das carnes e do caldo de mandioca.

Naquela noite, o anfitrião jogou na linha — em partidas que duravam dez minutos ou até que um dos times marcasse dois gols. Elenilson, que defendera a equipe derrotada no primeiro jogo, acabou por servir os presentes, inclusive Eliza, ocasião a respeito da qual diria: "Ela e o bebê, que tinha uns quatro meses, ficaram isolados dentro da casa. Cheguei a levar um suco de pêssego e um prato de caldo para ela." Lembrar-se-ia também de que, numa conversa rápida, a modelo repetira a história de que Bruno lhe compraria um apartamento em Belo Horizonte, próximo de onde morava a avó dele.

Na ausência de Macarrão, só Elenilson podia entrar na área privativa, de modo que, cioso daquela deferência, mantinha a chave em segurança, guardada no bolso da bermuda. Enquanto a festa esquentava na chácara, as cortinas brancas da casa permaneciam fechadas, assim como as portas. De fora, porém, era possível ver as luzes acessas no primeiro andar, pavimento do quarto usado por Eliza, próximo à escada, ao lado da qual ficava o banheiro que ela utilizava, em cujo ralo, aliás, a perícia encontraria fios de cabelo longos e negros — nunca identificados.

Cabeça de área da equipe de Neves, Fernando Firmino Godoy conhecera Bruno em fevereiro de 2010, ao entrar para o 100% F.C. Presente ao churrasco com a namorada, percebeu que Elenilson trancava a porta sempre que entrava ou saía do casarão. Achou aquilo estranho — mas nada além. "Se a gente quisesse usar o banheiro, ele apontava o do lado de fora" — lembra-se o rapaz, que ainda estava no sítio quando Macarrão chegou do Rio, por volta das 22h.

A noite acontecia no espaço gourmet. Bruno botara garrafas de uísque e de vinho sobre a mesa de madeira. Não havia taças específicas, e todos bebiam em copos de vidro mesmo. Os que preferiam cerveja pegavam as garrafas geladas, uma atrás da outra, sem cerimônia. "Vocês estão em casa!" — gritou o goleiro, antes de entrar outra vez no campo iluminado por holofotes potentes. "As mulheres mais bonitas foram contratadas. Os pés-rapados, que não tinham cacife para bancar, ficaram com as namoradas mesmo" — contaria o atacante Alessandro Pereira de Melo, o Canela. Ele mesmo, de tão bêbado, acabaria sozinho, dormindo estirado sobre a mesa.

Trazido por Flávio Caetano desde Confins, Macarrão chegara com sua habitual pinta de síndico do pedaço. Tinha um quarto só para si — para o qual logo se dirigiu. A porta de madeira maciça ficava sempre fechada. No criado-mudo ao lado da cama de casal, uma foto de Maria Luiza, sua filha com Jô. Guardou então a bolsa de viagem no armário, trocou de roupa e reapareceu de bermuda — reassumindo o controle do sítio e, pois, logo tomando a chave de Elenilson.

Acostumado a circular livremente, e habituado a dormir no quarto de hóspedes do primeiro andar (ao lado daquele ocupado por Eliza), Sérgio, apertado para urinar, estranhou a proibição de ingressar na casa. "Eu quero ir ao banheiro" — disse a Macarrão. "Não vai, não, cara" — ouviu em resposta. "Por quê?" — perguntou. "Não te devo satisfação, rapaz" — assim o fiel escudeiro de Bruno encerrou a conversa, atravessando o braço à frente da porta.

O estranhamento de Sérgio aumentaria em seguida, quando, por uma fresta entre as cortinas da sala, notou o ferimento na cabeça da modelo, "um buraco muito grande" — como relataria à polícia depois. "Ela estava quietinha, sentada no sofá, com o filho no colo. Macarrão estava nos degraus da escada e Jorge, desbaratinado, vigiando a moça" — contaria.

Contrariado com a interdição, resolveu reclamar com o dono do sítio. O goleiro, no entanto, chancelaria a atitude de Macarrão, ainda que vagamente: "Ele tem os motivos dele." Bruno era o ídolo de Sérgio — e sua palavra concluía qualquer desentendimento, ainda que o rapaz passasse o resto da noite pensando no que ocorrera. Preferiu não fazer qualquer comentário, tampouco perguntar sobre o que acontecia. Não queria trazer desgosto ao primo. Talvez a mulher tivesse se machucado por acidente, ora. A desconfiança, contudo, decorria principalmente da proibição de entrar na casa. "Sempre houve muitas moças ali dentro. Então, por que eu não podia entrar se só tinha aquela e ainda com um bebê no colo?" — refletia.

A história, entretanto, não tardaria a clarear. "Eu fiquei pensando, martelando na minha cabeça... Que bosta é essa? Será que essa era aquela que dava entrevista, que dizia que o neném era do Bruno, acusando ele de tentativa de aborto? Por que ela não participava do churrasco? Por que a cabeça dela estava machucada? Por que não me deixaram entrar na casa?" — questionava-se Sérgio.

Sim, aquela mulher — que ele vira, pela primeira vez, em Contagem, no motel — era Eliza Samudio, ela mesma, a modelo que aparecia na televisão e nos jornais cobrando as responsabilidades de seu primo para com o filho recém-nascido.

Apesar dos seis quartos do casarão, Sérgio teria de dormir na acomodação de hóspedes, atrás da área da piscina.

A jukebox alugada emitia os mais populares funks, pagodes, axés e sertanejos. O volume, ensurdecedor, impedia — mesmo da varanda — que se ouvisse qualquer som de dentro da casa, inclusive o choro do bebê.

O barulho, que desviava dos presentes o que de fato ocorria por trás daquelas portas, plantaria, contudo, suspeitas em quem conhecia bem Bruno e seus amigos. Dayanne, por exemplo. Tal estardalhaço de música e conversa extrapolava os mais elevados padrões de bagunça até para aquela turma. Algo se queria esconder ali — ela logo especularia.

Quando pediu para que deixasse o sítio, no domingo, o goleiro, dizendo-se ameaçado, prometera que a buscaria naquela noite de terça — o que, claro, não cumpriu. Irritada com mais um furo do ex-marido, tentou falar com ele, mas seu celular estava desligado. Telefonou, então, para Elenilson Vitor e pediu que chamasse Bruno. "O patrão ainda está no Rio" — respondeu. A música alta e as risadas de fundo, no entanto, deixaram-na imediatamente inquieta. A conta não fechava. Aquela algazarra nunca ocorreria sem presença do goleiro, pensou, não naquela intensidade. Uma pulga atrás da orelha a incomodaria madrugada adentro: "Ouvi barulho de festa e fiquei curiosa. Quem está ameaçado, com medo de morrer, não ouve som alto." Dayanne estava desconfiada.

A quarta-feira amanheceu com a preguiça típica de um dia de férias. Do lado de fora da casa, os primos de Bruno e os amigos que passaram a noite no sítio se dividiam entre mais uma pelada no gramado e partidas de Banco Imobiliário, um jogo de compra e venda de bens, cujo tabuleiro estava montado sobre a mesa da varanda.

Aquela manhã típica de descanso, destinada a ser — ao menos para os que ignoravam o que ocorria no casarão — apenas mais uma, no entanto seria de súbito transtornada pela surpreendente chegada de Dayanne, pouco antes do almoço.

Sentada no banco do carona do Fiat Uno do tio de Bruno, ela pôde ver, enquanto passava pela estrada de cascalho, o alvoroço — um corre-corre assustado — que sua inesperada presença causava. Victor estava ao volante e Célia, irmã de Sérgio, atrás. O carro nem parara totalmente e Dayanne já descia. Furiosa, à beira do portão trancado, entrelaçou os dedos e encarou o ex-marido, que, apressado, vinha desde dentro, impedindo-a de passar. "Perguntei o que estava acontecendo. Bruno não respondia. Só falava que eu não ia entrar" — ela lembraria. "Insisti tanto que ele acabou deixando. Me puxou pelo braço e me levou direto para o quarto onde estava Eliza."

Dayanne a reconheceu no ato, pois vira as reportagens na televisão. Ademais, já haviam se falado por telefone. "Intrigas de mulher quando perde o posto" — como definiria uma amiga de Eliza que ouvira o diálogo. Na ocasião, Dayanne disse à modelo que Bruno não valia nada mesmo, que atrasava a pensão das meninas com frequência, e atribuiu ao relacionamento — ao noivado — com a dentista Ingrid o fato de que não visitava as filhas com a assiduidade de antes. Eliza, por sua vez, instigou-a a procurar a Justiça, já que o goleiro recebia uma pequena fortuna, estimada em R$ 250 mil por mês, somados salário e patrocínio.

Bruno sabia da conversa telefônica de ambas, de modo que, ao entrar com Dayanne no cômodo em que Eliza estava, falou em tom hostil, empurrando-a na direção da outra: "Fica aí com a sua amiguinha."

Ele era agressivo com as mulheres. Já a tratara com a mesma ignorância que ora dispensava à modelo. No dia de seu julgamento, 5 de março de 2013, Dayanne confirmaria ao representante do Ministério Público, o promotor Henry Wagner Vasconcelos, que também já apanhara do goleiro: "A gente discutia muito. Eu partia para cima dele e já aconteceu, quando ele tentava se defender. Mas nunca partiu dele."

Dayanne, ao entrar no quarto, quis logo saber por que aquela moça estava no sítio. Sem responder diretamente, Bruno disse: "Está tudo resolvido. Não está, Eliza?" Ela fez que sim com a cabeça, concordando, e a ex então saiu, logo subindo as escadas, na direção da suíte do casal, onde pegaria algumas roupas. Ainda estava muito nervosa. Achara que encontraria ali a noiva do goleiro, Ingrid, e derrubou os perfumes sobre a cômoda branca. Desconcentrada, não notou qualquer machucado na cabeça de Eliza. Percebeu apenas o dedo com curativo, consequência, segundo a moça, de tê-lo prendido na porta.

A suíte do casal ficava defronte ao quarto das meninas, onde Dayanne recolheu alguns brinquedos e separou bonecas para levar. De cara fechada, passaria pela sala de troféus antes de descer. Era um dos cômodos preferidos de Bruno, onde guardava as lembranças das vitórias em campo e dos campeonatos amadores, além de uma grande bandeira rubro-negra. Ali, muitas vezes ouvira o goleiro sonhar alto: "Um dia vou estar na seleção brasileira."

O troféu mais recente era o do hexacampeonato brasileiro do Flamengo, de que tinha uma réplica. Ele gostava de se sentar na cadeira confortável do escritório só para contemplá-lo.

Dayanne, ainda tremendo, passou pisando firme porta afora. Bruno a seguiu e, já próximo à piscina, puxou-a pelo braço. Queria que esperasse; queria conversar. Os dois então se sentaram numa espreguiçadeira — e ele foi logo se justificando: "Eliza vai embora essa noite. Está tudo acertado. Vou dar um apartamento para ela. Não fica chateada. Volta para a casa da minha avó que eu te busco lá depois que ela sair, já mais à noite."

Dayanne obedeceu.

Eliza, porém, não deixaria o sítio naquele 9 de junho — dia que mais uma vez passou quase que completamente no quarto.

À tarde, com conhecimento de Bruno, Sérgio emprestaria o celular para que telefonasse a uma amiga em São Paulo, Viviane Leão da Silva, 31 anos à época, empregada em um salão de beleza no bairro da Mooca. Durante toda a conversa, encarou-a fixamente, como se a quisesse intimidar. Sérgio — enfim sabendo que aquela era Eliza, mantida ali em regime de isolamento — prestava atenção em cada palavra e observava suas emoções, pronto a interrompê-la caso falasse demais. Fazia parte do plano: vender a impressão de que tudo ia bem com a modelo.

"Oi, Vivi! Tudo bem? Estou em Minas. Bruno vai me dar um apartamento aqui, perto da família dele." À amiga, Eliza disse que voltaria a São Paulo, ainda naquela semana, para buscar algumas roupinhas do filho. Conheciam-se há mais de três anos e chegaram a morar juntas — se é que se pode chamar o arranjo em questão de "morar junto". Foi Viviane, afinal, quem a abrigou quando — já grávida — fugiu do Rio, em outubro de 2009, depois das agressões do goleiro e da tentativa de forçá-la ao aborto; mas o fez de maneira absolutamente improvável, escondendo-a por cerca de seis meses, clandestina mesmo, sem que sequer Tatyana de Moura Tacão, com quem dividia o teto, desconfiasse da presença de mais alguém no apartamento.

Naquela ocasião, aliás, também falou com Tatyana — que mais tarde recordaria: "Quando Bruno descobriu onde Eliza estava em São Paulo, depois das agressões, a Viviane me chamou para conversar e contou tudo o que estava acontecendo. Por solidariedade, levei Eliza para a casa dos meus pais, em Santos. Ela ficou com a gente nos últimos meses da gravidez, até o Bruninho nascer, e só saía de casa comigo. Nem para fazer o pré-natal ia sozinha. Sei que estava assustada." Bruno nunca deixara de rondar. Pedia aos amigos mais próximos — e mesmo a jogadores do Flamengo — que a procurassem, e eventualmente, como uma isca, mandava algum dinheiro, para ajudar com as despesas. Queria descobrir, a todo custo, onde ela estava. Tinha — lembra-se Tatyana — uma desculpa na ponta da língua para que reaparecesse, com a qual, ainda antes de o bebê nascer, quase a convencera: mandar roupinhas e até um berço novo para o menino. Eliza, porém, faria jogo duro por mais algum tempo.

Certa vez, na mesa do almoço em Santos, enquanto assistia ao noticiário da tarde na TV, comentou com a família de Tatyana que recebera um depósito de R$ 1 mil de Bruno — de quem, nesses momentos, falava até com carinho. Disse aos pais da amiga que ainda gostava dele, que não guardava mágoas e que não queria que aquilo estivesse ocorrendo. Por telefone, chegaria a aconselhar Marcelão, que ligava volta e meia, a que não abandonasse o goleiro, mesmo ante os boicotes e as fofocas de Macarrão: "O Bruno é gente boa, mas acha que dinheiro é tudo na vida" — escrevera ao segurança por e-mail.

Mudava de tom, no entanto, quando a omissão para com sua gravidez se acentuava. Sentia raiva — sensação que a trazia de volta à realidade. Sabia, no fundo, que ele não cederia. Sabia que não tinha chances contra Bruno. Embora o desafiasse, tinha medo e afirmava que teria o filho bem longe de seu alcance.

"Você poderia ter esse menino em Minas. Já pensou um filho mineiro, igual ao pai?" — perguntara um amigo debochado, em novembro de 2009.

"Tá louco! Terra do Bruno vou só com passagem de ida. Vão me matar lá" — ela respondera. Segundo Tatyana, num dos poucos eventos em que Eliza a acompanhou antes de ir para Santos, a modelo teria sido alertada por um dirigente do São Paulo sobre os riscos que corria ao confrontar o jogador: "Não se mete com ele. O Bruno é maluco. Tu vai arrumar treta pro seu lado. Resolve na Justiça e para de provocar."

Eliza, contudo, não recuava. Do "exílio", passaria a monitorar o goleiro a partir das notícias publicadas na internet. Assistia aos jogos pela TV e recortava as matérias dos jornais que o citavam. Tirava cópia, imprimia — guardava tudo numa pasta de papelão preta e, sempre que possível, encaminhava o material para que a advogada juntasse ao processo. Foi assim, em dezembro, quando soube que Bruno recebera R$ 10 mil em prêmios por uma vitória e que presenteara amigos de infância com aquele dinheiro. Ficou revoltada. "Meu pai achava graça do jeito que ela falava dos jogadores" — recorda-se Tatyana, escolhida para ser madrinha de Bruninho.

Foi nessa época que Marcelão telefonou outra vez. Perguntou quando o menino nasceria, e disse que o sonho de Bruno era ter um rapazinho. Eliza replicava esse tipo de conversa. Contava a outros amigos. Achava que o goleiro poderia estar sondando o terreno, querendo saber se a gravidez transcorria bem. "Marcelão ainda comentou que seria bom se o filho nascesse no mesmo dia que a filha mais velha de Bruno" — falaria a um repórter. "Chegou a me oferecer dinheiro, dizendo que era ele que ajudaria e não o Bruno. Mas eu falei que não queria nada deles, não."

O problema é que Eliza estava apertada. Apesar de acolhida pela família de Tatyana, gostava de colaborar ao menos com a feira. Comprava frutas, legumes e verduras, até para manter uma boa alimentação no fim da gestação, o que não saía por menos de R$ 50 por semana, de modo que não raro acabava aceitando o dinheiro.

Foi com a família da amiga que Eliza viajou para Cabo Frio, no litoral fluminense, em dezembro de 2009. Do passeio, restariam muitas fotos da modelo, já com o barrigão de Bruninho. Na virada do ano, as duas compraram o enxoval do menino: muitas roupinhas azuis, um carrinho, banheira e o berço com mosquiteiro e móbile de bichinhos.

Tatyana e seus pais não faltaram a Eliza quando mais precisou. A mágoa para com Bruno, porém, era tamanha que ela guardaria todos os registros das despesas que tivera. Juntava nota por nota. Do mercado, do cartão de crédito, das lojas em que comprara roupas e fraldas para o bebê. Tudo seria entregue à Justiça. Quem sabe, pensava, ele teria que ressarci-la depois que a criança nascesse e a paternidade fosse comprovada. "Agora quero até um centavo dele. O carinho acabou." Não seria um acordo, mas uma decisão no processo.

"Eliza dormia no quarto comigo. Uma vez, acordamos na madrugada com o rádio Nextel tocando. Como estava no viva-voz, pude ouvir o Bruno dizer com todas as letras que ia matá-la" — contou Tatyana. "As coisas pioraram por causa do processo de paternidade, mas o Bruno, ao mesmo tempo, tentava se aproximar, mandava dinheiro e queria que ela fosse para o Rio. Era o Macarrão quem fazia a maioria dos contatos e Eliza morria de medo, porque ele bateu nela quando tentaram fazer com que abortasse."

Naquela semana em que o goleiro a ameaçara por telefone, a modelo não dormiu muito bem. Acordara assustada, na madrugada do dia 21 de janeiro, falando à amiga de um pesadelo terrível, em que seus cabelos longos pretos caíam e saíam pela boca. Na crença popular, falaram-lhe os mais antigos, era sinal de morte. Ficou inquieta. O dia do parto se aproximava e o nervosismo e a ansiedade eram naturais. Se já não saía de casa sozinha, passara a evitar sequer pisar na rua.

A verdade é que o tiro de Eliza dera n'água. A guerra judicial travada com Bruno era dura e lenta, e o poder econômico dele se impunha — tanto mais à medida que o tempo corria. Ela avaliara mal. Porque conhecia os bastidores do futebol e sabia como era a vida privada dos jogadores, achara que Bruno teria interesse em resolver logo as pendências, discretamente — para continuar com sua rotina de traições e desregramentos. Contava aos montes os atletas que assumiam filhos fora do casamento e pronto. Tinham dinheiro para bancar mais um. Por que não daria certo com ela?

Seis dias antes do parto, em 4 de fevereiro, Eliza confidenciou a um amigo uma dúvida sobre a paternidade do bebê. Pela primeira vez, contou que saíra com outro jogador no dia 11 de maio de 2009, e com Bruno, no dia 22.

Não usara camisinha em qualquer das relações. Esse detalhe escondeu até mesmo de Anne Faraco, que só o descobriria mais tarde, ao examinar os e-mails da cliente, em decorrência da quebra de seu sigilo eletrônico. Fato é que Eliza planejara esse filho com um objetivo: o de que o pai, claro, fosse um boleiro. Como, entretanto, estava menstruada na primeira transa, acreditava que o capitão rubro-negro fosse mesmo o premiado.

Bruninho nasceu a 10 de fevereiro, cheio de saúde, num hospital público de São Paulo: "A cara do pai!" — logo declarou Eliza. "Até o furinho no queixo ele tem também." As primeiras fotos do bebê recém-nascido foram tiradas por Tatyana e rapidamente divulgadas pela mãe orgulhosa. O filho era o troféu, cuja imagem compartilhava com a imprensa e até com pessoas próximas a Bruno — na esperança de que lhe fizessem chegar as fotografias.

Eliza conseguira economizar algo do dinheiro depositado por Marcelão. Seu cartão de crédito, porém, estava estourado — e as despesas só aumentavam. Embora magoada com o absoluto descaso do goleiro, cedo ou tarde precisaria ceder, mudar de estratégia, aproximar-se, negociar um acordo. Cedo ou tarde, portanto, cairia na armadilha — na armação que então a colocava ali, na chácara em Esmeraldas, a pouco de morrer.

Era já noite daquele dia 9 de junho de 2010 quando Tatyana recebeu uma ligação de número não identificado. Era Eliza, que falara mais cedo com Viviane e então lhe telefonava. Embora estivesse confinada ali, não faria qualquer referência à sua condição. "Ela disse que tinha perdido o telefone e que estava em Minas para resolver alguns problemas. Disse que estava no sítio do Bruno e que estava tudo bem com ela e com o Bruninho, mas parecia vigiada. Falou que me ligaria no dia seguinte, o que nunca aconteceu." Três horas depois, outra chamada do mesmo número não identificado. Desta vez, entretanto, era um homem disposto a saber quem era a interlocutora. "Como não respondi, ele desligou, falando que era engano" — completa Tatyana. Nunca se soube quem era.

Eliza, diz a amiga, pareceu-lhe satisfeita — claramente embarcada na encenação do goleiro. Contou-lhe, por exemplo, que Bruno saíra com o bebê, levando-o até a casa da avó querida que o criou.

Dayanne, a propósito, lembra-se dessa passagem, pois estava hospedada, com as meninas, na residência de dona Estela. Segundo se recorda, Bruno e Macarrão chegaram por volta das 21 horas. "Ele entrou com a criança no colo e apresentou como sendo seu filho, mas eu acho que ninguém acreditou" — conta. O goleiro deixou o sítio no Ecosport prata, carro que comprara de seu reserva Paulo Victor para presentear a avó. A visita duraria menos de trinta minutos, e, como prometido na discussão havida mais cedo, ao fim ele levaria Dayanne. As meninas, a babá e Célia também os acompanharam, mas antes Bruno quis passar em Ribeirão das Neves, no bairro Liberdade, para que Macarrão buscasse o New Beetle amarelo, que estava na casa de Flávio Caetano.

Dali, em comboio, foram buscar Jô, que estava grávida e que, desde que Macarrão se mudara para o Rio, vivia com os pais e a filha no bairro San Marino, também em Neves.

Mais tarde, com Eliza já dada por desaparecida, Dona Estela — que contava então 79 anos — seria obrigada a prestar depoimento, ocasião em que garantiu jamais ter conhecido o bebê Bruninho. Edilene, uma prima que também morava no terreno da avó, seria taxativa a respeito em uma entrevista ao jornal carioca *O Dia*: "Não, nunca vimos o menino. Nem minha avó nem ninguém da família."

Era mentira.

Estacionado defronte à casa de Jô, Dayanne perguntou a Bruno por que ainda estava com o neném. A essa altura, Bruninho encontrava-se no colo de Macarrão, que falava ao telefone enquanto esperava pela mulher grávida.

"Ela não ia embora hoje?" — questionou-lhe a ex, irritada, referindo-se a Eliza. "O rapaz que iria levá-la até o apartamento não apareceu. Ela só vai amanhã" — justificou-se Bruno.

Segundo os registros policiais, Macarrão telefonou para Bola às 21h56 daquela noite.

Dayanne seguiria calada por todo o trajeto até o sítio em Esmeraldas, a poucos quilômetros dali. Ao chegar, foi direto para a suíte do casal, no segundo andar. Levou a caçula Maria Eduarda consigo. Carla, a babá, dormiria no quarto das meninas, com Bruna Vitória e Célia.

Uma vez na suíte, não ligou a televisão, tampouco quis ler algum livro. Apagou. Só despertaria de madrugada, por volta das 3h15, com um barulho vindo do banheiro. Era Bruno. "Eu acordei e vi a hora. Ele dormiu junto comigo na cama, mas nós não tivemos relações sexuais. Aliás, nesse ano, a gente não teve relações sexuais" — lembra-se Dayanne, em seguida revelando uma pontinha de mágoa: "Para se ter uma ideia, ele até esqueceu meu aniversário, que é no dia 22 de abril."

A despeito daquela separação mal resolvida, ela era a dona do lugar. Ao acordar, pouco depois das 11 horas, pôs o biquíni, desceu e pediu a Célia que chamasse Eliza para pegar sol, já que a moça permanecia dentro de casa o tempo quase todo, raramente falando com alguém. Dayanne não imaginava o que estava em curso. Nem Eliza, que então banhava o filho e demoraria ainda um pouco a sair.

Perto da piscina, no parquinho onde Bruno colocara uns brinquedos infantis de plástico, as crianças brincavam. "Olha, dona Gilda, o meu irmãozinho" — disse a pequena Bruna Vitória para a caseira do sítio. Carla, que ouvira de Dayanne que Bruninho era um primo do goleiro, estranhou. Já tinha visto Eliza também — mas não percebeu qualquer constrangimento.

Naquela manhã do dia 10, quinta-feira, as mulheres se dedicariam a cuidar do almoço. Na cozinha de azulejos brancos e mármore preto, na área externa da casa, Eliza, por exemplo, preparava o angu. "Eu até preferi que ela fizesse porque o meu sai muito mole" — lembrou Dayanne, que cozinharia frango com quiabo. Segundo ela, Bruno, que raramente se dirigia à modelo, acordou pouco depois das 13h — novamente sem trocar palavra com a mãe de Bruninho. Ele tomaria um rápido café e logo sairia de carro com alguém — Dayanne não se recorda quem.

Elenilson Vitor e Coxinha também saíram cedo, de moto, para pegar os uniformes do 100%, pois o time viajaria à noite para o Rio de Janeiro.

As camisas, verdes, estavam numa fábrica para que recebessem, por meio de silk, os números e os nomes dos jogadores. Na volta, a dupla deveria buscar os adesivos — com o símbolo da equipe — a serem plotados no ônibus que Bruno alugara.

Dessa vez, no entanto, os atletas não usariam o uniforme com representação da morte: uma caveira com foice e capuz.

Em casa, Célia e Eliza conversariam sobre banalidades e acabariam por se aproximar. Não havia um clima ruim, portanto, embora Dayanne permanecesse mais afastada. Entre os homens, somente Sérgio e Jorge, que ficaram no sítio, almoçariam com as mulheres e as crianças.

Bruno voltou só no fim da tarde, com dois colegas, Ratinho e Amaral, que cortariam os cabelos dos rapazes. Para disfarçar a careca, Macarrão decidira pintar os seus de preto, atitude que, durante as investigações, chegaria a despertar a curiosidade da polícia.

Passava das 18h quando Dayanne subiu com as meninas para lhes dar banho. Jô, Célia e Eliza assistiam à televisão na sala de baixo. Desceria mais de uma hora depois — para esquentar o jantar das filhas. A modelo, aliás, ajudaria Bruna Vitória a comer, levando-lhe as colheradas até a boca. "Olha o aviãozinho" — brincava, com carinho. "As duas disseram que tinham um segredo porque Eliza a ajudou com o jantar" — lembra-se Dayanne, que explica: "Elas falaram que era um segredo porque eu não gosto disso. Acho que a Bruninha já é grande e pode comer sozinha."

Grávida de nove meses, Jô perdera a consulta com o obstetra, à tarde. Macarrão saíra e simplesmente se esquecera do compromisso. Como havia prometido que a levaria ao médico, a briga era inevitável. Jô o chamou de egoísta, disse que não se importava com ela nem com a criança, e que só fazia as coisas para Bruno. Da sala, todos puderam ouvir.

Ele saiu do quarto vermelho, irritado, na direção da cozinha. "Vamos, Eliza, está na hora" — convocou-a. Passava um pouco das 20h. "Agora?" — perguntou a moça. "Sim, nós teremos que viajar." Ela ainda pediria um tempo, porque precisava terminar a mamadeira do bebê. Dayanne segurava Bruninho, que acabara de ninar, e então o entregou à mãe. O menino dormia. Apressada a caminho do quarto, onde pegaria a mala vermelha, beijou a testa do filho. O carro a esperava estacionado no jardim.

Eliza então perguntou a Célia se não queria lhe fazer companhia naquela que seria a primeira noite no apartamento de Belo Horizonte. A prima de Bruno, porém, disse que não poderia, mas anotou o número de seu celular em um pedaço de papel, para qualquer eventualidade ou emergência, e entregou-o à modelo.

Dayanne mal se despediria, pois fora conversar com Jô, que chorava muito e reclamava de dor na barriga — talvez fossem já contrações do parto. Por via das dúvidas, decidiu acompanhá-la ao hospital. Flávio Caetano as levaria no New Beetle. "Carla, vá com as meninas para cima e fique lá com elas, porque devo demorar um pouco" — determinou à babá.

Macarrão pediu a Sérgio que esperasse no sítio. Jorge iria com ele.

Bruno estava em casa — completamente alheio, porém. Pensaria, então, em recuar? Em desistir do plano? Poderia, àquela altura, evitar que a levassem?

Fato é que, diante de toda aquela movimentação, nada fez. Permaneceria sentado numa espreguiçadeira da piscina, de bermuda, camiseta e chinelos. Eliza passou por ele — tinha Bruninho no colo. Acenou com a mão e disse "tchau" ao goleiro — que seguiria imóvel, em silêncio. Era como se nem estivesse ali.

Macarrão a ajudou a entrar, pelo lado esquerdo, no Ecosport prata. Jorge se sentou no banco do carona.

Antes de se levantar, virar as costas e se dirigir à cozinha, Bruno diria à ex-amante: "Vá com Deus."

5. A EXECUÇÃO

Eliza saiu do Condomínio Turmalinas certa de que os percalços daquela dura jornada estavam a pouco de serem recompensados: Bruninho enfim receberia o nome do pai na certidão de nascimento e ela ainda ganharia um apartamento na capital mineira.

Macarrão, ao volante, embora tentasse disfarçar, estava nervoso. Já falara com Bola mais cedo, à tarde, precisamente às 15h06, porque precisava das coordenadas sobre como chegar ao lugar combinado. Voltaria a lhe telefonar às 19h31. Segundo o Ministério Público, para receber orientações do caminho. Para não chamar a atenção de Eliza, contudo, disse que falava com o homem que tinha a chave do apartamento. Fez outro contato às 20h52, quando já se aproximava de uma rua deserta atrás da Toca da Raposa, o centro de treinamento do Cruzeiro, cujo telefone público serviria de ponto de encontro.

O cruzamento das chamadas e o rastreamento das linhas telefônicas provam que Bola os esperava ali, onde deu as referências para que seguissem até Vespasiano.

O endereço era Rua Araruama, 173, no bairro de Santa Clara. O próprio Bola abriria o portão amarelo e enferrujado da garagem para que o automóvel entrasse. O lugar era pouco iluminado e muito feio, um lote em que se impunha o esqueleto de uma construção. Havia algumas paredes suspensas, ainda no tijolo, e aberturas para as portas um dia esperadas. Da garagem de terra batida era possível ver a fiação puxada do poste da rua e uma escada de cimento sem corrimão, além de entulho de obras, latas de tinta, pedaços de pau e sacos de areia.

Bola morava nos fundos do terreno, numa casa de dois andares pintada de laranja. Vivia com a esposa, um casal de filhos, o genro e uma netinha.

A construção inacabada possuía algumas áreas muito escuras, numa das quais excepcionalmente se destacava, sob o vacilar de uma lâmpada falha, uma velha cadeira de madeira, onde Elisa — que saltara do carro sem nada entender — seria colocada, à força, pelas mãos sujas de Bola.

Macarrão então lhe tomou Bruninho, que entregaria a Jorge. Ela se assustou. Terá lhe ocorrido ali finalmente — ao ver, naquele ambiente hostil, o filho se afastar pelas mãos de um sujeito que já a agredira — que caíra numa armadilha? Nunca saberemos. Certo é que não teve muito tempo para refletir, pois logo Bola, aproximando-se, perguntaria: "Você usa drogas?" Eliza fez que não com a cabeça e franziu a testa, os olhos arregalados. "Deixa eu ver suas mãos" — pediu o homem num tom firme. Ela estava sentada; as mãos, entrelaçadas, apoiadas sobre as pernas. Entregou-as, instante em que Bola ordenou que ficasse de pé. Suavemente, quase em câmera lenta, ele as levou até o nariz e cheirou-lhes os dedos — um após o outro. Observou-lhe também as unhas compridas.

Era um policial experiente. Atirador do extinto Grupamento de Resposta Especial (GRE), tropa de elite mineira, treinava colegas em um terreno baldio de Vespasiano, conhecido como "casa da morte".

Ele a segurou pelos ombros e a girou, para que se posicionasse de costas. Eliza estava gelada, trêmula, tanto mais ao sentir os polegares de Bola apalpando-lhe o dorso, descendo pela espinha. "O que está acontecendo?" — murmurou a Macarrão, a voz fraca de choro. "Por favor, eu não quero mais apanhar!" — suplicou àquele homem, ao que ouviria: "Você não vai mais apanhar, você agora vai é morrer!"

Bola então a golpeou. A gravata viria em seguida, de surpresa, roubando-lhe todo o ar. "Macarrão, amarre as mãos dela!" — determinou, de **súbito obedecido. A mulher que desafiara Bruno encontrava-se domada**, mais uma vez indefesa, afinal a seu perfeito e exclusivo alcance — assim decerto terá pensado Macarrão, que aproveitaria a chance para descontar a fúria, para se vingar, chutando-lhe as pernas, com raiva, depois que Bola se jogou para trás, levando-a ao chão.

Jorge estava impressionado: "Os dois caíram e o Neném [outro apelido de Bola] agarrado o tempo todo no pescoço da Eliza, enforcando ela na gravata" — contaria à polícia. "Fiquei olhando para a cara dela, ali, morrendo. Ela arregalou o olho e saiu uma espuma branca da boca dela. Ela se contorcia e o Neném apertando o pescoço dela. Até que eu vi o sangue vivo, assim, no olho dela, uma mancha bem vermelha, parecendo até que ia sangrar. Ela agonizou, estremeceu e, por fim, morreu."

Bola levou o corpo ainda quente para uma área estreita, na lateral da construção, e perguntou a Macarrão e Jorge se queriam ver o que se seguiria. Em silêncio, sacudiram a cabeça negativamente.

O policial voltaria uma hora depois. Arrastava um saco preto, onde estariam os restos de Eliza, do qual puxou algo e atirou aos cães. "Os cachorros começaram a comer a mão dela, que tinha sido arremessada para dentro do canil" — diria Jorge. "Depois disso, saímos correndo de lá."

Os dois voltaram mudos para Esmeraldas. Macarrão chorava muito. Jorge, ao lado, segurava o bebê. Estava pálido como se ante um fantasma.

Chegariam dez minutos depois de Dayanne, às 22h50. Ela levara Jô ao hospital, em Contagem, mas, sem conseguir atendimento, recorreria à sua ginecologista carioca, que lhe deu algumas orientações por telefone. Ainda passariam no McDonald's e na farmácia antes de regressarem ao sítio, ondem encontraram Sérgio no computador e Bruno, sentado perto da churrasqueira, bebendo cerveja.

Dayanne pediu à babá que levasse as meninas para o quarto. Macarrão e Jorge apareceram em seguida. "O Jorge aparentava estar meio assustado, meio afobado" — ela diria.

Sérgio notou quando Macarrão, Jorge e Bruno seguiram, com a mala de Eliza, para a lateral da casa, onde fica a cisterna. Achou estanho. Foi atrás. "Ô, Camelo, me espera lá" — falou-lhe o goleiro, impedindo-o de se aproximar. Ficaria ainda mais desconfiado ao ver, logo depois, Macarrão — que não era de beber — virar um copo de cerveja num gole só e, num tom acima do habitual, dizer a Bruno: "Cê nunca mais vai me chamar de bundão, irmão, toma teu filho e cuida dele."

O jogador então se dirigiu a Jorge, que estava perto do Ecosport, e, com o antebraço contra o pescoço do primo, deu-lhe a dura: "Ô cara, tu vai me contar." Bruno queria saber de tudo o que se passara. "Fomos num lugar escuro e um homem negro, forte, com uma falha no dente, amarrou a Eliza. Cheirou as mãos dela e depois cortou o corpo. Jogou a mão para os cachorros" — relatou-lhe Jorge, assustado. "Que isso, xará!? Que isso!?" — teria exclamado Bruno, segundo ele mesmo, dizendo que ficou surpreso e apavorado ante o que ouvira.

Mais afastado, Sérgio tentava entender o que ocorria. "O Jorge estava completamente transtornado, parecia que tinha visto um filme de terror. Macarrão também, mas não tanto quanto ele."

Cismado e inquieto, era-lhe impossível não especular: "A moça praticamente cativa dentro da casa com a criança, a mesma moça que denunciou Bruno por tentativa de aborto e que tinha um vídeo dele..."

O rapaz se recordara de um boato segundo o qual Eliza teria gravado um vídeo em que o goleiro e Macarrão apareciam muito íntimos. Aquela lembrança perturbadora, no entanto, seria interrompida pela sequência dos fatos, pois logo os outros três se puseram a destruir a mala da modelo. "Eu pirei, não entendi aquilo lá... Como os caras pegam a moça, colocam a mala no carro, retornam só com a mala e vão colocar fogo?"

Sérgio diria que, passado aquele avanço inicial contra Jorge, de quem queria extrair detalhes, Bruno mostrava-se tranquilo — e, ao contrário do que o próprio afirmaria adiante, nem um pouco surpreso. Sim, o que acontecera era esperado. Mais: era o planejado.

Diante daquela ocorrência bárbara e recente, o jogador conversava com calma, em voz baixa, e só gesticulara ao falar com Macarrão. Esse, sim, estava muito esquisito e logo entraria em casa. Foi quando Sérgio se aproximou de novo: "Ô, gente! Cadê a menina?" — perguntou. "Cê quer mesmo saber?" — devolveu-lhe Bruno. "Ela já era" — atalhou Jorge. "Acabou esse tormento" — completaria o goleiro.

Jorge passaria a contar os detalhes macabros daquela noite a Sérgio. Disse que encontraram um sujeito em Belo Horizonte e que o seguiram até Vespasiano. Explicou como era o lote e destacou o canil com rottweilers. "Contou que entraram na garagem e que o homem negro tirou Eliza e o bebê do carro. Que ele falou que era policial e cheirou a ponta dos dedos dela." Afirmou que também o menino seria morto, mas que o sujeito se recusou. "O Jorge disse que o cara era cabuloso demais. Disse que o homem matou ela enforcada e que, quando ela caiu no chão, o Macarrão deu um tanto de chutes nela. Aí, o cara perguntou se queriam ficar para ver o resto, porque ia dar o cadáver para os cachorros comerem."

Nisso, Sérgio não acreditou. Era muito fantasmagórico; coisa de filme de terror. Achou que Jorge queria se gabar, e perguntou então a Bruno se não teria sido melhor resolver tudo na Justiça. "Já tá feito" — respondeu o goleiro, chorando. "Eu tô arrependido, cara, mas já tá feito."

Ao reaparecer, Dayanne sentiu, desde o espaço gourmet, um cheiro muito forte de queimado. "Era um fedorzão e muita fumaça" — comentaria. Resolveu entrar novamente, para dar uma olhadinha nas filhas e saber se Jô melhorara.

Bruno, um pouco atrapalhado, não tardaria a entrar também. Tinha o bebê de Eliza no colo, oferecendo à ex-mulher o gancho para perguntar: "Onde está a mãe dele?" — questão tão óbvia quanto desconfiada.

Macarrão e Jorge a teriam deixado em um ponto de táxi — respondeu o jogador, para prosseguir: "Ela foi para São Paulo pegar umas roupas e pediu para deixar o menino comigo." Dayanne, então, aproveitou: "E que fumaça é essa, a essa hora?" Estava intrigada. "É lixo queimando" — ele disse.

Era mentira. Mais uma.

Na mala vermelha, ardiam as roupas de Eliza, as fraldas de Bruninho e até o álbum com as fotos do menino. O propósito inequívoco consistia em liquidar os vestígios de que a modelo estivera ali.

Como viajaria para o Rio com o 100% F.C. ainda naquela noite, Bruno perguntou a Dayanne se poderia cuidar da criança até segunda-feira — o que, segundo ele, coincidiria também com a volta de Eliza. A ex não tinha como recusar. Bruninho estava sempre quieto; não dava trabalho.

Antes de partir, porém, o goleiro determinaria que o bebê passasse a ser chamado de Ryan Iuri. "Ele não admitia em hipótese alguma o fato de o nome dele ter sido dado à criança" — contaria Dayanne. Bruno já falara a respeito na tarde do dia anterior — e na presença de Eliza. Ela, porém, não aceitava. Viva, jamais aceitaria. Tirada afinal do caminho, no entanto, era já hora de eliminar rastros e apagar o passado.

O ônibus fretado para o 100% deveria sair do centro de Ribeirão das Neves às 23h. Assim estava previsto. Naquela noite, 46 pessoas embarcariam para o Rio de Janeiro, entre atletas, dirigentes e membros da comissão técnica.

A turma estava ansiosa. A maioria daqueles jogadores nunca saíra de Minas e mal podia esperar pela oportunidade de andar de lancha — uma promessa de Bruno. Ademais, para além do campeonato em Angra dos Reis, tinham pela frente uma festa no sítio do atacante rubro-negro Vágner Love. E Fernanda conseguira uma casa chique em Mangaratiba para hospedar o grupo no fim de semana.

Bruno e Macarrão, porém, os donos do time, estavam atrasados, e so chegariam mais de uma hora depois do combinado, no mesmo Ecosport usado pouco antes na operação que dera fim em Eliza. Sérgio e Jorge os acompanhavam. A animação no ônibus era tanta que ninguém percebeu se havia algo diferente. "Só estranhei o atraso deles mesmo" — diria o atacante Canela.

O motorista — gordinho, de cabelo cacheado e olhos claros — dirigiria por pouco mais de sete horas, em boa parte das quais terá ouvido a sucessão de pagodes cantados pelos desafinados passageiros. Bruno, no entanto, sentara-se sozinho, logo à frente, sem querer muito papo, a cabeça encostada no vidro da janela.

Sérgio, por sua vez, estava inquieto, aflito. Era certo que não conseguiria segurar a língua por muito tempo. Pensava em tudo o que escutara havia pouco; fazia as mais diversas ilações e conjecturas. Queria comentar com alguém. Como integrava a comissão técnica do 100% e transitava bem entre os jogadores do time, logo se acercou de Cleiton, que estivera no sítio naquela semana e que inclusive participara da lambança protagonizada por Jorge em Contagem — episódio que resultaria na apreensão da Range Rover de Bruno. "Acho que os meninos fizeram merda..." — falou-lhe Sérgio. Cleiton, que bebia uma latinha de cerveja, e que já ingerira tantas outras enquanto esperava a partida do ônibus, não acreditou na história dos rottweilers alimentados com o corpo de Eliza. "É sério, Zé, o Jorge viu tudo e me contou" — reforçaria o jovem.

Macarrão, ao perceber o zum-zum-zum e supondo que Sérgio pudesse falar demais, mandou que se calasse, e, bem próximo, baixando sobre seu ouvido, disse-lhe: "Tu viu o que aconteceu com ela, né? Se abrir a boca, já sabe o que vai acontecer." O rapaz recebeu aquilo como uma ameaça e passou a desconfiar de que o convite repentino para que voltasse a morar no Rio fosse uma espécie de "cala boca". "Se tinham me mandado embora, porque agora queriam que eu ficasse?" — pensou. "Estavam com medo de que eu abrisse a boca."

Foi de ônibus que a turma de Minas chegou ao aniversário de 26 anos de Vágner Love, no sítio do atacante em Vargem Pequena, Zona Oeste carioca. Em tempos de Copa, bolas com as cores do Brasil enfeitavam a entrada, formando um túnel no corredor principal. A casa era grande, mas o evento se concentraria na área externa, por onde muitas mesas se espalhavam. Pela manhã, houve futebol, claro. À beira do campo gramado, os convidados organizaram os times para um torneio, e a bola rolou até meio-dia. Bruno jogou na linha e fez um gol; já o aniversariante marcaria dois.

Love recebeu muitos amigos durante todo o dia. Neymar, por exemplo. À noite, na segunda parte da festa, chegaria o meio-campo Carlos Alberto, então no Vasco. Era a hora do funk, e então se apresentava a equipe da Furacão 2000, de Rômulo Costa, que não deixaria ninguém parado.

Bruno, porém, saíra bem antes.

Na manhã daquela sexta-feira, 11 de junho, Fernanda — em Mangaratiba desde o dia anterior, o da morte de Eliza — cuidava dos últimos preparativos para a chegada do 100% F.C. Ajudada pela amiga Naian Barreira Machado, trouxera do Rio boa parte das compras, embora tivesse esquecido as carnes do churrasco na geladeira de seu apartamento em Santa Cruz — do que só se daria conta mais adiante, pouco depois de falar com Bruno, que telefonara para avisar que enfim chegavam ao sítio de Vágner Love. Decidiu, então, pegar a estrada e seguir para casa — o que faria em não mais que quarenta minutos. Daria tempo, pois Macarrão ligara dando conta de que se atrasariam ainda um pouco no aniversário.

Deixaram o Rio por volta das 15h30. Em Mangaratiba, outra festa os esperava. Fernanda comprara alguns colares havaianos, que distribuiu entre os homens, embora só as mulheres viessem a se produzir mais: ela, por exemplo, carregaria na maquiagem e escolheria um vestidinho preto, curto e justo, que valorizava suas curvas e deixava Bruno encantado. No som, muito pagode e funk. "Na festa, ainda perguntei ao Macarrão se conseguiram arrumar o apartamento para Eliza e ele me disse que deu R$ 30 mil para ela, mas que ela tinha ido a São Paulo e deixou o bebê no sítio" — recorda-se Fernanda. "Achei estranho ela não levar o bebê, mas o Macarrão disse que ela voltaria."

No quarto, pouco antes de deitar, voltaria a falar no assunto — desta vez com o goleiro. O discurso, contudo, estava afinado — planejado e combinado com antecedência — e ele deu a mesma resposta do amigo. "Bruno comentou que estava com medo de que ela armasse para cima dele e que não voltasse [para buscar o menino]" — conta Fernanda.

O sábado amanheceu nublado. Nada, porém, que atrapalhasse o esperado passeio de lancha. Tudo bancado por Bruno, que levaria os amigos para velejar no mar de Ilha Grande e mergulhar nas águas transparentes de Angra dos Reis. Havia muita bebida e a música — sempre pagode e funk — era incessante.

Fernanda, que organizara e produzira tudo, sentia-se realizada. Vestia a camisa do 100% — uma homenagem ao time, que jogaria no domingo, mas sobretudo ao namorado. Era dia dos namorados, 12 de junho, e o casal então programava uma comemoração a dois mais à frente na semana.

Jorge, maravilhado com aquele visual, insistia em tirar uma foto sozinho, de braços abertos, como se fosse o dono do mundo. Macarrão, por sua vez, queria uma abraçado a Bruno. Não pareciam arrependidos, inconformados, assustados ou preocupados com o que ocorrera menos de 48 horas antes. Ao contrário, Macarrão posaria com a mão fechada e o polegar estendido, o típico sinal de positivo, e o goleiro, despojado, fazendo o V de vitória.

O jogo do 100% estava marcado para a tarde daquele domingo, dia 12, em Santa Cruz, no Colégio Jesuítas, e teria Vitinho como um dos espectadores. O desaparecimento de Eliza ainda não fora divulgado pela imprensa, mas o empresário, no entanto, contaria à polícia que, naquele dia, perguntou a Bruno sobre se aquele boato — de que a modelo havia sumido — procedia. "Ele negou" — garantiu Vitinho.

O ônibus pegaria a estrada de volta a Neves só bem mais tarde, já noite avançada de domingo, de modo que antes, ao fim da partida, o goleiro — que ficaria no Rio — foi a uma festa particular com alguns amigos do 100%. Ele comemorava sem qualquer receio, indiferente à barbárie dos últimos acontecimentos. A morte da modelo fora um alívio e parecia não assombrá-lo. Craque rubro-negro, no melhor momento de sua carreira, acreditava então que ninguém jamais descobriria aquela trama macabra. Afinal, Macarrão contratara o melhor matador de Minas.

Fernanda, com algumas amigas, retornou à casa de Mangaratiba, depois do jogo, para limpar a bagunça. Só reencontraria Bruno na segunda-feira, dia 14. Ele prometera à Dayanne que voltaria a Minas com a delegação do 100% F.C., mas não apareceu em Esmeraldas, como combinado, onde a ex estava com as crianças, Bruninho incluído, Jô e Célia. O único homem no sítio era seu José Roberto, o caseiro, casado com dona Gilda. Carla, a babá, tinha voo marcado para aquela tarde — e foi levada ao aeroporto por Elenilson, Flávio e Coxinha, recém-chegados do Rio.

Quando os três voltaram, passava já das 19h daquela segunda. Impaciente, pois tentava falar, sem sucesso, com o goleiro, Dayanne então perguntou a Elenilson sobre onde estava Bruno; por que não regressara com o time? "Ô, doutora, ele só volta quarta, com o Macarrão" — disse o "faz-tudo". Ela estava preocupada, pois teria uma prova de legislação no dia 18, no Detran do Rio de Janeiro, uma das etapas para tirar a carteira de motorista, e precisaria viajar, sem meios, portanto, de cuidar de Bruninho, que queria entregar ao pai. Insistiria em telefonar para o número dele, mas só conseguiria contato com Macarrão, que lhe sugeriu deixar o neném com Jô. "Eu retruquei, porque ela estava grávida, tinha a filhinha e não podia olhar mais um bebê. Macarrão chamou a mulher de imprestável e combinou com o Elenilson para ele convencer a dona Gilda de ficar com o menino" — contaria Dayanne.

Dona Gilda e seu José Roberto, porém, haviam pedido dois dias de folga, para ir ao interior, de forma que Bruninho ficaria mesmo aos cuidados de Jô.

De volta ao Rio, Fernanda foi à mansão do goleiro na segunda-feira à tarde. Levara Gabriel, seu caçula, que ficaria vidrado no videogame que Macarrão lhe mostraria. Bruno ainda não havia chegado, e ela estava ansiosa pelo presente, uma surpresa, que lhe prometera.

Sentados à sala, só não contavam com a aparição surpresa de Ingrid. Ela, que tinha o controle do portão, desconhecia Fernanda, que Macarrão apresentaria, portanto, como sendo sua namorada. A dentista queria pegar algumas roupas, mas, como Bruno não estava, e como não suportava o amigo do noivo, logo partiria.

Macarrão não contaria ao goleiro sobre a visita de Ingrid, de modo que Bruno, ao chegar, tratou logo de dar a Fernanda o presente, que escondera no armário, um notebook. E como Gabriel continuava entretido, o casal até conseguiria namorar um pouco.

A vida no Rio continuaria como se nada houvesse ocorrido. O goleiro chegara até a convidar os amigos para assistir ao primeiro jogo do Brasil na Copa do Mundo, contra a Coreia do Norte, na terça-feira, dia 15 de junho. Fez um churrasco.

Somente no dia 17, já no Rio, Dayanne conseguiria falar com Macarrão novamente, a quem deu o recado: precisava conversar com Bruno sobre o bebê. O goleiro ligou no começo da noite, por volta das 19h30, combinando de ir ao apartamento dela no Recreio, onde, acompanhado do amigo inseparável e de Sérgio, chegaria uma hora depois.

"Bruno me chamou para uma conversa à parte. Queria falar sobre o lance da Eliza e eu queria saber por que ele tinha deixado o bebê comigo por tanto tempo" — lembra-se. O jogador então tentaria se explicar: "Eliza disse que ia embora do sítio para buscar umas roupas dela, mas sumiu. Acho que ela quer armar para mim. Se o bebê fosse encontrado comigo, em casa, ela poderia forjar um sequestro." De acordo com o goleiro, esse era o motivo pelo qual Bruninho não podia sair do sítio; porque, fosse o menino visto — com ele ou com algum dos seus — num lugar público, aquilo decerto poderia ser usado para envolvê-lo no suposto rapto.

"Até então, o bicho-papão para mim era a Eliza! Eu pensei que ela realmente estava aprontando para o lado do Bruno" — admitiria Dayanne, a quem o ex ainda contaria de um desacerto no acordo pelo apartamento, pois a modelo, no último momento, teria pedido um valor acima do que ele poderia oferecer. "Eu não conhecia a índole da Eliza e questionei posteriormente o Macarrão e o Sérgio, mas eles falaram a mesma coisa, que ela estava armando. Só achava estranho como a criança terminou longe da mãe, nos braços de Jorge e Macarrão. Isso eu não entendia."

Como já era tarde, os três dormiriam no apartamento dela, de onde saíram cedo no dia seguinte, pois Bruno tinha treino às 9h. Ele voltaria ao anoitecer, à procura de um terno e de uma camisa social para ir a uma festa de quinze anos. Dayanne se lembra de que, enquanto o goleiro se arrumava, ligou para Elenilson. Queria saber do bebê. "Está tudo tranquilo" — disse-lhe o rapaz, que se revezava com Coxinha e Jô nos cuidados com o menino.

Ela passaria o fim de semana dos dias 19 e 20 no Rio — período em que recebeu duas mensagens de Jô: "Seu filho não está dormindo"; "Seu filho está chorando." Preocupada, procurou então por Simone, a mãe de Jorge, para que a acompanhasse, com as filhas, na viagem a Minas.

Muito gripada, chegou a Esmeraldas por volta das 17h do dia 23, quarta-feira. Bruninho dormia na casa de dona Gilda, nos fundos do terreno, onde o deixou, para que não corresse o risco de se resfriar também. "Ela até comentou comigo que ele era muito bonzinho, que só acordava uma vez por noite para mamar e que ainda dormia até às 9h!" — recorda-se Dayanne.

Àquela altura, o neném já não tinha o que vestir. Não havia máquina de lavar no sítio, daí porque levara as roupinhas para serem limpas na casa da mãe. Como Eliza não aparecia, e como tampouco Bruno voltara, telefonaria para ele no dia seguinte, 24 de junho: "Preciso de dinheiro para comprar roupas para o bebê." O goleiro, contudo, falou que ainda não recebera o pagamento e pediu que aguardasse.

Naquela tarde, Macarrão ligaria para Dayanne. Queria que procurasse a certidão de óbito da avó materna do ex-marido, uma senhora chamada América, nascida em Portugal, porque ele tentava se naturalizar cidadão europeu. Apesar do pouco contato com a família de Sandra, mãe biológica de Bruno, Dayanne ligou para a irmã dela, outra Simone, nada, porém, descobrindo sobre o documento.

Era sexta-feira, dia 25 de junho — data do confronto entre as seleções brasileira e portuguesa pela Copa do Mundo da África do Sul. Dayanne, sentada na sala, conversava com Célia sobre a festa surpresa que pretendia organizar para dona Cota, quando, avistando Elenilson, que vinha do mercado, dirigiu-se à cozinha para guardar as compras. Simone fritava alguns pastéis, e Coxinha, ao vê-la entrar, perguntou se poderia tingir os cabelos dele mais tarde. Dali, enquanto acomodava a manteiga na geladeira, ouviu o administrador do sítio chamá-la: "Doutora! O Macarrão quer falar ur-gen-te com a senhora! É para ligar lá no Rio."

6. A INVESTIGAÇÃO

Havia um boato no Rio de que Bruno matara a própria mulher. O primeiro a receber ligações a respeito — de repórteres que tentavam checar a informação — foi o assessor de imprensa Márcio Ribeiro, também enganado em toda a farsa. Telefonou, então, para Dayanne, comprovou que estava viva e passou a "desmentir a fofoca".

Eis a razão da urgência de Macarrão: queria avisá-la de que Zezé — o policial civil mineiro José Lauriano de Assis Filho, que ela conhecera num pagode, e que outra vez se envolvia naquela trama — ligaria para orientá-la sobre como desfazer o mal-entendido. Passou-lhe também o número da delegacia de Contagem, para que telefonasse e dissesse que estava bem. Determinou ainda que tirasse o neném do sítio, de modo que Bruninho seria levado, no começo da tarde daquela sexta, à casa de dona Cota, em Belo Horizonte, onde ficaria aos cuidados de Célia. Se a polícia perguntasse sobre algum bebê — prosseguiam as diretrizes de Macarrão —, deveria dizer simplesmente que o menino não estava com ela.

Dayanne seguiria à risca o que lhe fora orientado, e talvez tenha até ido além — senha, pois, para que fosse presa em flagrante. Ciente de que a polícia estivera rondando o sítio, resolveu, em vez de telefonar, ir à delegacia. Já tentara falar com Bruno, mas sem sucesso; de modo que decidiu agir por conta própria: "Ô, Célia, faz favor. Vamos nos encontrar na BR. Você leva o Ryan Yuri."

Àquela altura, Bruninho — tratado, para despistar, pelo nome inventado por Bruno — passava de mão em mão. Apartado definitivamente da mãe desde o dia 10 de junho, a ideia agora era escondê-lo. No local combinado, em um posto de gasolina na rodovia 040, perto do Ceasa, Dayanne recebeu o menino de Célia e o entregou a Coxinha e Elenilson, que deveriam levá-lo para Neves. O bebê acabaria nas mãos da namorada de Cleiton, Tayara Júlia, de vinte anos, que ganhou R$ 50 para olhá-lo naquela noite do dia 25.

Cleiton, entretanto, ficaria com medo, muito desconfiado, e insistiu para que Tayara passasse o neném — e repassasse o dinheiro — a uma vizinha. Ocorreu-lhes a jovem Geisla Leal, que aceitou a oferta, mas que deixou o menino aos cuidados da mãe, uma vez que iria ao baile funk.

Embora viesse a falar com Zezé algumas vezes desde que deixara o sítio com Bruninho, nem a ele Dayanne revelaria o paradeiro da criança. Cumpria, assim, sempre à risca, e mesmo ignorando o que de fato se passava, o que lhe fora determinado por Macarrão.

Na delegacia, Dayanne seria tratada com dureza, pois a polícia, já no rastro de Bruninho, entendia que ela dificultava as coisas, mesmo depois de o casal de delegados Alessandra e Júlio Wilke mostrar-lhe que a situação não era tão simples quanto os amigos de Bruno pintavam.

"Dayanne, a Eliza morreu e agora vão matar o bebê também. Cadê essa criança?" — questionou Alessandra, em tom ríspido.

Naquela sala empoeirada da Delegacia de Homicídios de Contagem, ela, aos prantos, receberia voz de prisão por subtração de incapaz. De cabeça baixa, mãos no rosto, parecia não acreditar no que acontecia. Estava confusa, com medo. Pensou nas filhas, na mãe e até em Eliza, enquanto esfregava o rosto com o casaco cinza; mas nem depois de formalmente presa contaria que estivera com a modelo no sítio: "Macarrão falou para eu negar para todo e qualquer policial, e eu neguei."

Ainda na noite daquela sexta, José Maria Campêlo, até então advogado de Bruno, telefonaria para a delegada Alessandra, a quem informou que ninguém sabia de criança nenhuma. Paralelamente, no entanto, dava-se início a uma caçada que terminaria — uma hora e meia mais tarde — numa casa em Ribeirão das Neves.

"Posso fazer uma ligação, doutora?" — perguntou Dayanne, apavorada. Seriam, contudo, várias as tentativas. O goleiro, porém, não a atenderia. Ignorava a ex-mulher solenemente, apesar de ela — mais uma vez, naquele momento extremo — ter lhe dado nova prova de lealdade, calando-se a respeito de Bruninho mesmo quando confrontada, pela polícia, com a afirmação de que Eliza estava morta.

Macarrão também demoraria a atender, e, quando o fez, pareceu abobalhado. Pressionado por Dayanne, entre mudo e gago, não sabia o que responder. "Eu quero falar com o Bruno agora! Eu sou a mãe dos filhos dele e estou sendo presa, porra!" Embora não conseguisse articular algo minimamente razoável, Macarrão afinal balbuciaria: "Vou pedir para alguém ver isso, calma aí..." E então desligou o telefone. Naquele instante, ela se sentiu, mais que traída, deixada para trás — e sozinha: "Tentei contato com o Bruno e o Macarrão. Luiz Henrique até me atendeu, falei que estava sendo acusada de sequestrar o filho do Bruno, mas ele não me deu atenção e desligou!"

Presa e abandonada, ainda assim Dayanne insistiria — por um tempo — em contar apenas a parte que lhe interessava: "Eles falaram que era para eu guardar a criança, que, como Eliza tinha abandonado o bebê, o Bruno poderia ser acusado de sequestro." Numa tentativa de sensibilizá-la, contudo, a polícia chamara alguns de seus familiares, os quais poderia ver — as filhas, a mãe e o irmão — se dissesse a verdade. A estratégia seria bem-sucedida, de modo que, horas depois, afinal dobrada, prestaria novo depoimento, desta vez abrindo o jogo e relatando o que sabia.

No início da manhã seguinte, um sábado, Dayanne teria a prisão relaxada pela Justiça. Já não acreditava mais em nada do que Bruno lhe contara: "Só ele vai poder explicar. Só quero que ela apareça para pegar o bebê de volta e resolver tudo isso" — declarou, ao jornal carioca *O Dia*, em sua primeira entrevista depois de deixar a delegacia.

Contou, então, que não falava com o goleiro "desde que tudo tinha acontecido", mas manteve a versão do ex, a de que Eliza abandonara o bebê, ademais ignorando a possibilidade de que a modelo estivesse morta: "Ela deixou o menino com o pai. Acredito que meu marido não sabia da intenção dela de deixar a criança e desaparecer. Não sei o que passou pela cabeça dela e nem onde ela está. Só quando Bruno chegar em Minas para esclarecer tudo isso."

Afirmou, também, que cuidava do neném da mesma forma como das filhas. "Sou mãe de duas meninas e me deparei com um bebê abandonado. Não ia jogar ele na rua jamais, até porque nunca abandonaria minhas filhas! Minha intenção era cuidar do bebê. Ele é fruto da traição do meu marido, mas não pediu para nascer! Ele não tem nada a ver com esta situação, com o relacionamento entre meu marido e a moça."

Ainda na entrevista, Dayanne tentaria explicar por que Bruninho já não estava mais com ela: "Fui dada como morta na manhã de sexta-feira, e o Macarrão ligou simplesmente para dizer que a delegada viria ao sítio me ver. Só que tive que ir à casa da minha mãe e não tinha com quem deixar minhas filhas e o bebê. Acabamos nos desencontrando [ela e a delegada]. À noite, quando fui à delegacia, deixei o menino com outro amigo, para não envolver minha mãe em nada disso."

O desaparecimento de Eliza provocaria uma briga judicial entre seus pais, Sônia e Luís Carlos, pela guarda do bebê, ambos dizendo-se arrependidos por não terem acompanhado a vida da filha tão de perto, de uma hora para outra, portanto, mobilizados pela chance de cuidar de Bruninho.

Em 27 de junho, o avô conseguira uma liminar, mas o juízo da Vara da Infância e da Juventude de Foz do Iguaçu, Paraná, concedeu, em 8 de julho, a guarda provisória à avó do menino. Descontente, Luís Carlos Samudio entraria, onze dias depois, com uma ação destinada a provar que Sônia tinha histórico de abandono e que só estava interessada em ficar com o neto por causa da pensão de R$ 18 mil, a ser paga pelo Flamengo.

"Em um futuro muito próximo, essa decisão vai ser revertida e nós vamos ficar com a guarda definitiva do Bruninho. O juiz deu a guarda provisória à dona Sônia cumprindo a lei de que, na ausência da mãe, a criança deve ficar com a avó, mas vamos provar que ela é incapaz de assumir essa criança. Ela abandonou Eliza, com cinco anos, e outro filho, que hoje vive em Campinas e tem dezesseis anos" — afirmaria Luís Carlos, antes, porém, de que o caso de pedofilia, que o afastara da filha anos antes, vazasse e se tornasse público.

Bruninho passou a morar com Sônia em Anhanduí, Mato Grosso do Sul, onde ainda vive.

Acusado de abuso sexual de uma filha mais nova, meia-irmã de Eliza, Luís Carlos teve a prisão provisória decretada em 12 de maio de 2011 — encontrando-se, desde então, foragido na Argentina.

Àquela altura das investigações, a polícia estava convicta de que Eliza Samudio fora mesmo assassinada. Na manhã de 26 de junho de 2010, o mundo tomaria conhecimento da provável execução da modelo pelas páginas de O Dia, que estampava a manchete "Polícias de Rio e Minas investigam sumiço da mãe do filho de Bruno".

"As informações que tínhamos, naquele momento, davam conta da morte de Eliza. Não foi um blefe e a Dayanne sabia que a criança estava em risco mesmo" — diria, mais tarde, a delegada Alessandra. Localizar o bebê com vida, para Júlio Wilke, era a primeira missão: "A partir dali, precisávamos apenas montar o quebra-cabeça da trama." Era mesmo só uma questão de tempo. Afinal, o plano de Bruno envolvia, direta ou indiretamente, mais de uma dezena de pessoas.

O trabalho da polícia partira de uma denúncia proveniente do próprio sítio do goleiro. Ainda na noite de quinta-feira, 24 de junho, a mãe de um inspetor da Delegacia de Homicídios de Contagem, que morava no Condomínio Turmalinas, contou ao filho que os caseiros de Bruno haviam comentado sobre a morte de uma mulher dentro da propriedade, e que eram obrigados a cuidar do bebê dela.

Quando aquela notícia — tão inverossímil quanto bizarra — chegou à delegada de plantão, o estalo foi instantâneo. Só podia ser Eliza. Só podia ser a mulher que transformara a vida do jogador famoso "num inferno" — segundo ele mesmo definiria, quase três anos depois, durante seu julgamento.

No dia seguinte, sexta-feira, precisamente às 13h08, um dos atendentes na central do Disque-Denúncia anotaria a seguinte informação: "Denunciante informa que Bruno é o responsável pelo assassinato de Elisa Samute [sic] que ocorreu a menos de uma semana [em data não informada]. Elisa veio do Rio de Janeiro com um filho de Bruno de três meses. Denunciante não sabe informar o motivo do crime. A vítima foi espancada até a morte e o corpo, enterrado no sítio que pertence a Bruno. Denunciante não sabe informar especificamente onde o corpo foi enterrado e se a vítima foi morta no sítio. A criança está com familiares [não especificado] de Bruno. Denunciante não sabe informar quando é possível encontrar pessoas no sítio e o endereço residencial de Bruno, mas acrescenta que ele mora no bairro Nova Contagem. Denunciante não sabe informar sobre o relacionamento de Bruno e Elisa e se os familiares do denunciado têm conhecimento do crime."

A Divisão de Homicídios do Rio, acionada ainda naquele dia, dirigiu-se a uma região dominada por milicianos, em Jacarepaguá, para localizar duas amigas de Eliza, Milena Baroni e Larissa Barcelos, que prestariam depoimentos pouco detalhados, mas bastante reveladores. Havia, por exemplo, quase um mês que não tinham notícias da modelo, que viajara a Minas atrás da "vida melhor" prometida pelo goleiro.

Mais cedo naquela sexta, agentes da polícia mineira viram, desde a porta da chácara de Esmeraldas, um neném no colo de uma senhora. Eram Bruninho e dona Gilda, a caseira. Nada, porém, podiam fazer. Sem um mandado de busca e apreensão, não tinham como entrar na propriedade. "Achar a criança viva era fundamental. Se eles matam o bebê, nosso trabalho teria sido dificultado" — lembra-se o hoje vereador Edson Moreira, delegado que concentrou toda a investigação sobre o caso.

Naquele momento, uma simples intimação bastaria. O intervalo, contudo, entre voltar à delegacia e retornar a Esmeraldas com o documento permitiria que Dayanne — seguindo as diretrizes de Macarrão — deixasse o sítio e levasse o menino à casa de dona Cota. Quando a polícia regressou, portanto, já não havia mais bebê ali. Apenas os caseiros e o administrador Elenilson Vitor — todos intimados a explicar o que se passava. "Havia uma criança, um filho do Bruno, mas não sei para onde foi" — relataria seu José Roberto.

Ao chegar à delegacia no fim da tarde daquele dia 25, depois de entregar o neném a Coxinha, Dayanne se deparou com o casal de caseiros, que ainda prestava os últimos esclarecimentos. Àquela altura, não entendia por que a polícia ainda duvidava de que estivesse viva. Só então soube que a procurada era Eliza — e não ela. "Na hora pensei: me fodi" — admitiria.

Ainda sustentou a mentira por algumas horas, mas — abandonada por Bruno, confrontada com o fato de que fora novamente enganada por ele, comovida pela chance de ver as filhas e a mãe, e seduzida pela possibilidade de ter a prisão relaxada — afinal confessaria a Alessandra: "O Coxinha ficou com o bebê."

O foco da mentira se transferira, de modo que era Júlio Wilke, numa outra sala, quem então tentava extrair, agora de Coxinha, o paradeiro da criança. "Não precisa mais negar, porque a Dayanne já disse que existe bebê, sim, e que você entregou pra alguém" — pressionaria o delegado, despertando o choro convulsivo do rapaz.

Eram mais de duas horas da madrugada do dia 26 quando Coxinha aceitou levar os policiais aonde Bruninho deveria estar. Deveria. A primeira parada, na casa de Tayara, a namorada de Cleiton, seria, na verdade, ponto de partida a uma peregrinação que ainda passaria por algumas portas até chegar à de Geisla, cuja mãe cuidava do menino "Ryan Yuri".

O bebê — ao menos ele — estava salvo. As provas do crime tornavam-se então cristalinas. Naquele domingo, dia 27, o jornal *O Dia* traria uma entrevista de Alessandra Wilke, em que cravava: "Eliza está morta. E o Bruno é o principal suspeito."

A declaração cairia como uma bomba — e seria entendida por muitos como precipitada. O raciocínio da delegada, no entanto, era consistente. Se todos tratavam Eliza Samudio como uma chantagista que engravidara para ganhar a pensão de um jogador de futebol, não faria sentido ela abandonar a criança, uma espécie de bilhete da Mega-Sena, depois de ter chegado tão longe.

A polícia passou a intimar, uma a uma, as pessoas mais próximas de Bruno. Cleiton seria o primeiro a roer a corda da mentira que o goleiro imaginara fortemente atada pela lealdade a seu poder, que confundia com vínculos de amizade mais profundos. Em seu primeiro depoimento, às 13h17 do dia 29 de junho de 2010, o jogador e motorista afirmou ter ouvido — de um dos primos de Bruno — que "Eliza já era".

O primo era Jorge, que se tornara peça-chave à elucidação do caso, mas de cujo paradeiro ninguém sabia. O menor só seria encontrado dias depois, em 6 de julho, no Rio.

O próximo fato novo da apuração seria encontrado na Range Rover do goleiro, o automóvel usado para o sequestro de Eliza, apreendido semanas antes, em 8 de junho, consequência da irresponsabilidade de Jorge ao volante, e recolhido pela polícia. "Eles nem tomaram o cuidado de retirar o veículo no depósito. Graças a Deus. Assim, a investigação passou a ter a criança viva para comprovar o desaparecimento de Eliza e o sangue dela no carro do Bruno. Eram dois elementos muito fortes e, a partir dali, era preciso apenas montar o resto do quebra-cabeça" — recorda-se Edson Moreira.

A Range Rover, periciada no pátio do Detran de Minas Gerais, tinha marcas de sangue da modelo no banco de trás e no teto. Mais tarde, também as informações armazenadas no GPS do automóvel ajudariam os investigadores a refazer todo o trajeto de Eliza rumo ao cativeiro, desde o hotel Transamérica, no Rio, até o sítio em Esmeraldas.

O episódio do sangue — revelado pelo uso de luminol, um reagente químico — no carro de Bruno descortinaria ainda uma passagem constrangedora, pois, uma vez descoberto, impunha-se confirmá-lo como sendo mesmo de Eliza, o que só seria possível por meio de um exame de DNA.

Luís Carlos Samudio, teoricamente pai biológico da modelo, que viajara de Foz de Iguaçu a Belo Horizonte a fim de acompanhar as buscas pela filha, naturalmente se ofereceu para doar o sangue necessário à comparação genética. Foi quando surgiu uma personagem pouco presente na vida de Eliza, Sônia de Fátima Moura, sua mãe, a quem não via há cerca de duas décadas, e que sequer tomara conhecimento de sua gravidez.

Antes que o laboratório pudesse coletar o material de Luís Carlos, ela entrou em cena para confessar aos investigadores que a filha era fruto de uma relação extraconjugal — informação que permaneceria em sigilo até o julgamento. O jeito, então, foi recorrer à saliva de Bruninho — que comprovou: o sangue era mesmo de Eliza.

O depoimento da advogada de Eliza poderia, de início, ser favorável a Bruno. Afinal, Anne Faraco confirmou, em 27 de junho, que já fechara acordo de reconhecimento de paternidade, inclusive financeiro, com os advogados do goleiro. Bastava que ele se submetesse, como combinado, ao teste de paternidade para que a modelo retirasse a queixa.

Descobrir-se-ia, entretanto, que a formalização do compromisso — por meio do que pretendia atrair Eliza, até então distante, praticamente refugiada — era elemento decisivo no plano meticuloso e macabro que Bruno traçara pelo menos quatro meses antes. Muitas indicações de que o goleiro agira de forma premeditada seriam encontradas no computador pessoal da modelo, que ficara no Rio, na casa de uma amiga. Além de trazer à tona informações surpreendentes, como a de que tinha dúvidas sobre se Bruno era, de fato, pai do menino, o material armazenado mostrava que Eliza, amedrontada, não descartava a possibilidade de até morrer pelas mãos do jogador.

Em conversa já referida, de 28 de novembro de 2009, a um amigo que lhe sugerira fazer o parto em Minas Gerais, falou: "Terra do Bruno vou só com passagem de ida. Vão me matar lá." Em 17 de janeiro de 2010, confidenciou a uma amiga que pessoas ligadas ao goleiro estavam tentando descobrir seu endereço, e que tinha medo, justificando-se: "Porque

Bruno é louco." Em 30 de janeiro, também a uma amiga, contou que o jogador lhe oferecera R$ 100 mil em troca do aborto. A 2 de fevereiro, revelou que, embora pressionasse Bruno a assumir a paternidade do filho, não estava certa de que ele fosse mesmo o pai, pois transara com outro atleta dias antes de dormir com o goleiro. Em 28 de abril, a um amigo, relatou que mandara recado a Bruno por meio de um companheiro do Flamengo, o meia Ramon: se não a atendesse, armaria confusão e convocaria a imprensa. A ameaça — ela supunha — surtiu efeito, porque, quatro dias depois, diria a uma amiga que ele a procurara, pedindo um voto de confiança, e que a relação fora retomada.

Para o delegado Felipe Ettore, da Divisão de Homicídios (DH) do Rio de Janeiro, não houve momento mais importante em toda a investigação do que a primeira confissão de Jorge.

No final da manhã de 6 de julho, o chefe de investigações, comissário José Carlos Guimarães, recebeu um telefonema da Rádio Tupi. Do outro lado da linha, o repórter afirmava que um tio do menor o procurara a fim de "contar tudo". O experiente policial, responsável pela prisão de quase todos os grandes traficantes do estado nos anos 90, fez apenas um pedido: "Só me dá um tempo para eu achar o cara. Depois que eu encontrar, você mete no ar."

Os investigadores da DH, então, partiram em busca de Jorge Luiz e de seu tio, o motorista de ônibus José Carlos da Silva. Localizariam o adolescente na própria casa de Bruno. Guima, como o comissário é conhecido no Rio, cumpriu sua palavra: "Agora é contigo" — sinalizou ao jornalista da Tupi. Assim, enquanto Jorge começava a dar detalhes do crime numa sala do segundo andar da delegacia, no prédio de número 500 da rua General Ivan Raposo, na Barra da Tijuca, a rádio colocava no ar a entrevista-bomba.

José Carlos relatou que o sobrinho estava assustado, e que não conseguia dormir porque sonhava com o fantasma de Eliza. Disse que o rapaz admitiu tê-la sequestrado, e que afirmou, com todas as letras, haver presenciado o momento em que um homem — até então conhecido somente como Paulista ou Neném — enforcou a modelo. A história era impressionante.

Frio e cruel, o assassino teria cortado o corpo da moça em pedaços, entregando-os a cachorros da raça rottweiler, que criava em sua casa, na região metropolitana de Belo Horizonte. Os restos sobrantes teriam sido concretados.

No Rio de Janeiro, naquele momento, não se falava em outra coisa.

Seriam dois depoimentos. Mas já no primeiro Jorge oferecera os elementos que indicavam o caminho certo da polícia até o assassino. O menor revelara a trama, desde o momento do sequestro até o instante do enforcamento de Eliza. E foi com base em seu relato que os investigadores conseguiram unir cada ponto do rastro deixado pelos criminosos — que, amadores, conversaram pelo telefone o tempo inteiro.

Apesar de nenhum número usado pelos envolvidos estar grampeado à época, os registros das antenas — as chamadas ERBs — corroborariam as declarações de Jorge. "Com a quebra dos dados telefônicos, fomos refazendo o caminho percorrido por eles e conseguimos traçar toda a rota percorrida pela Eliza" — afirmaria Júlio Wilke, o responsável pela análise e pelo cotejamento das informações, e que, ademais, contava com uma preciosa ajuda caseira: o comissário Ricardo Wilke, seu pai, um dos ícones investigativos da Polícia Civil fluminense, que, 24 horas mais tarde, desempenharia papel fundamental para que Bruno se entregasse.

Naquele momento, as polícias do Rio e de Minas arquitetavam um plano para levar Jorge ao território mineiro, de modo que, na madrugada de 7 de julho, duas equipes da DH fluminense partiram para Belo Horizonte, encontrando os agentes de Contagem, por volta das 4h, no meio da estrada. Fazia frio na BR-040, na entrada da cidade, e o rapaz estava tenso. "Quero ver minha família" — repetia. Não havia tempo a perder, no entanto. O objetivo imediato era localizar a casa, próxima ao Mineirão, onde Eliza teria sido morta.

A informação de que ficaria nas imediações do estádio era a única referência inicial de Jorge, mas, ao rodar pela região, ele se lembraria, aos poucos, de novos detalhes. "Sei que tem um shopping em construção perto da estrada que vai dar nessa rua" — disse aos policiais. O shopping, na verdade, era a Cidade Administrativa de Belo Horizonte, então em processo final de construção, na MG-010, a Linha Verde. O prédio, projetado por Oscar Niemeyer, chamara-lhe a atenção. Foram, contudo, várias as tentativas frustradas de encontrar o local do assassinato. "De manhã, resolvemos levá-lo em casa. Fomos até Ribeirão das Neves para ele ver os parentes, justamente na casa onde o primo foi criado pela mesma avó Estela. Jorge chorou, ganhou carinho, e voltou mais aliviado para a viatura" — lembraria o delegado Júlio Wilke.

Seriam ainda alguns caminhos errados até o comboio chegar ao ponto exato: rua Araruama, casa 173, bairro Santa Clara. "Quando ele viu o portão, começou a se desesperar. Disse que não ia descer do carro e se mijou nas calças" — contaria um dos homens que escoltavam o menor. Eram quase 13h. Enquanto os delegados corriam ao fórum à cata de um mandado de busca e apreensão, Jorge descrevia — com segurança e precisão — cada detalhe daquele que fora o último lugar visto por Eliza: a garagem, o quintal, o corredor de entrada, os cachorros da raça rottweiler.

Menor de idade, Jorge seria condenado, em 9 de agosto de 2010, a passar — por crime análogo a homicídio — três anos em uma instituição socioeducativa.

Os mandados de prisão já haviam sido expedidos, naquela mesma madrugada, pela juíza Marixa Fabiane Rodrigues, do Tribunal do Júri de Contagem. Dayanne, em Minas, seria presa ao amanhecer. Bruno, porém, passaria cerca de onze horas foragido, desde que a polícia — às 6h — não o encontrara em casa, no Rio. Ele estaria com Fernanda.

Coube ao comissário Ricardo — pai do delegado Júlio Wilke, chefe de investigações da Delegacia de Capturas da Polinter — negociar a rendição do goleiro, em contato com os advogados do escritório do criminalista Michel Assef.

Assim, exatamente às 16h50 do dia 7 de julho de 2010, sete meses depois de levantar o troféu de hexacampeão brasileiro como capitão do Flamengo, Bruno chegava — acompanhado de Macarrão — à delegacia do Andaraí, na Zona Norte do Rio. Posaria então, "na régua", para as fotos oficiais de registro da polícia. Era já, portanto, um homem fichado, mas — refestelado no sofá da delegada Roberta Carvalho, muito à vontade, como se senhor do próprio destino — ainda crente de que tudo aquilo não demoraria.

Diante daquele homem que parecia não entender a dimensão do que lhe ocorria, os advogados do Flamengo pediriam alguns minutos para conversar com o cliente. Uma câmera instalada na sala da delegada captou tudo. Bruno, de fato, não compreendera a gravidade da situação, e tinha a mais deturpada das preocupações: "Agora eu acho que as coisas ficaram muito mais difíceis... Se eu tinha esperança de disputar a Copa de 2014, acabou." Essa era a sua noção de futuro. "Em momento algum ele parecia pensar que tinha matado uma pessoa e que poderia ficar trinta anos preso por isso" — revelaria Roberta Carvalho.

Em frente à sede da Polinter, dezenas de curiosos e fãs se aglomeravam para acompanhar tudo de perto. Alguns sites na internet já haviam noticiado a prisão do jogador, e as emissoras de televisão começavam a transmitir, ao vivo, informações a respeito. A gritaria o deixara curioso. Queria saber do que se tratava. "Posso olhar?" — perguntou. Foi até a janela, espiou e voltou em silêncio. Sentou-se novamente, apoiou os braços numa almofada de tartaruga e se pôs a observar o símbolo da delegacia. "É uma águia?" — questionou, ouvindo resposta positiva da diretora da unidade. "A senhora já viu *Ninho das águias*? Veja que é muito bom" — recomendou, aludindo ao filme que conta a história de um general americano que, depois de sobreviver a um acidente, vê-se dentro do exército inimigo durante a Segunda Guerra Mundial.

Duas horas depois, Bruno e Macarrão deixaram a Polinter — escoltados e sob os gritos de "assassino" — e seguiram em direção à DH, na Barra da Tijuca, onde passariam a noite. Foram mais de trinta minutos de trajeto, ao longo dos quais o goleiro permaneceu em silêncio, com ar tranquilo. Ao chegarem, mais curiosos os esperavam, cerca de cem, e mais gritos de "assassino" e "covarde". A única reclamação do jogador, porém, seria em relação ao empurra-empurra, que lhe valera uma pancada na costela. Já no interior da DH, em que entraram pelos fundos, ambos se recusaram a depor. Só falariam em juízo — decidiram.

Enquanto registrava as digitais e era fotografado para ingressar no sistema de presos, Bruno conversou, distraidamente, sobre bastidores de jogos do Flamengo. Ao ver, contudo, a cela de 8 metros quadrados, pela primeira vez pareceu atônito. O olhar arrogante de pouco antes sumira. Na boca do xadrez, voltou-se para o comissário Guimarães, de quem ouviu: "Que merda vocês fizeram, hein, rapá!?" Bruno balançou a cabeça, cabisbaixo, e encarou Macarrão, que ficaria na cela ao lado. "Ali eles estavam madurinhos para confessar. Mais um tempinho fazendo a cabeça deles e eles abririam o coração" — especularia o experiente policial.

Nenhum dos dois dormiu naquela noite. Tampouco conversaram. Às 9h do dia seguinte, 8 de julho, receberam o café da manhã, pão com manteiga e café — única refeição do primeiro dia de cana. No início da tarde, seriam escoltados para Bangu II, no complexo de segurança máxima. De boné branco e com uma Bíblia na mão, presente de um funcionário da limpeza, Bruno atravessou um corredor de policiais até a viatura, um cordão de isolamento destinado a impedir que imprensa e curiosos se aproximassem. Fotógrafos e cinegrafistas, contudo, subiam em árvores, moviam escadas e se espremiam sobre o canteiro da delegacia — tudo para registrar se ele saía algemado.

De nariz em pé, passou tão concentrado quanto nos dias em que agarrava pênaltis em partidas decisivas. Sentou-se ao lado de Macarrão no apertado banco do camburão, que então partiu — sirene ligada — pela Avenida Brasil. Dentro da viatura, pediu um pedaço de papel e uma caneta a um agente e escreveu um bilhete a Ingrid, dizendo que a amava, e deixou um recado à torcida: "Valeu, gelera [sic] do Mengão!"

Bruno e Macarrão sequer passariam uma noite em Bangu II, pois, atendendo a um pedido do Tribunal de Justiça mineiro, o juiz Jorge Luiz Le Cocq D'Oliveira, da 38ª Vara Criminal de Belo Horizonte, determinou que ambos fossem transferidos para Minas Gerais, sob o argumento de que o sequestro, no caso, era crime conexo ao homicídio, e que, portanto, a competência de apuração caberia ao Tribunal do Júri de Contagem.

Assim, ainda em 8 de julho, um jatinho a serviço da Secretaria de Estado de Defesa Social de Minas Gerais chegava ao Rio para buscá-los. Algemados e escoltados pela polícia mineira, Bruno e Macarrão embarcaram às 21h45. Já sentado, longe do amigo, o goleiro conversaria abertamente com alguns agentes. O diálogo, porém, seria gravado e divulgado pelo programa *Fantástico*, da TV Globo, no domingo seguinte, três dias depois.

"Você não conversava com ela, não?" — pergunta um policial. "Não conversava mais com ela" — responde Bruno, tentando jogar a culpa em seu fiel escudeiro: "Não sei o que deu na cabeça dele." O agente questiona: "Conversaram muito essa noite?" — referindo-se a um possível papo com Macarrão na cadeia. "Não. Ficou em cela separada. Foi difícil! Não teve noite..." Em seguida, explica como conhecera Eliza: "Isso tudo começou, a história com essa Eliza, lá no... na casa do Paulo Victor. Tava ela e mais quatro garotas. Eu conheci ela num... num momento assim..." Procura, então, palavras para descrever a situação, mas, como demora, é instigado pelos interlocutores: "Pode falar, porra" — estimula uma voz feminina. "Pó falá, pó falá!" — incentiva outro agente. "Numa suruba, uma orgia" — Bruno, afinal, declara. "Numa suruba?" — tenta confirmar o policial. "É, conheci essa garota. Tava ela e mais quatro amigas e eu com meus amigos. Nesse dia, aconteceu. Ela ficou comigo e com vários amigos também, né!? Mas fala que o filho é meu" — afirma, em tom depreciativo. "Foi nesse dia que ela engravidou?" — pergunta o agente. "Só fiquei com ela uma vez, coisa de vinte minutos" — conta, desta vez achando graça, como fizera ao depor, em outubro de 2009, acusado de tê-la agredido.

Questionado, em seguida, sobre se acreditava que a moça transara com ele apenas para engravidar, responde: "Ah, acho que não... Aconteceu porque aconteceu..." — para logo garantir que assumiria o menino: "Igual eu falei com ela. Eliza, onde come um, comem dois, onde comem três, comem quatro." Um policial dá corda: "E você ganhava o que ganhava, não tinha que fazer essa conta, né!?" Ao que Bruno prossegue: "Para mim, era tranquilo!"

Segundo o jogador, a modelo estaria armando algo: "Porque, assim, você vendo uns anos lá atrás, lá no começo, a pessoa chegou, falou que eu sequestrei, tentativa de aborto, não sei mais o quê, aí, de repente, né... Ela fala, deixa uma carta com uma amiga, falando que, se acontecesse alguma coisa com ela, a culpa seria minha. Então, quer dizer, faz de mim o principal suspeito." Declara, então, que Macarrão passara a intermediar as conversas com Eliza: "Não tinha mais contato nenhum com ela, né!? Através dele que eu fazia meus negócios. Eu falei assim, ó: 'Faz o seguinte, vamos fazer o DNA, você prova que o filho é meu, eu vou assumir minha parcela de pai, que eu já tenho duas, aonde come um, duas, comem três, quatro.'" Uma mulher aprova: "Com certeza!" E Bruno volta a se explicar, tentando mostrar que não havia sentido em matá-la: "Né!? Se ele é meu filho, eu quero cuidar. A gente tava negociando a pensão. Eu tinha feito um acordo com ela, que ia pagar para ela R$ 3.500, mais o aluguel do apartamento. Daria um total de R$ 6 mil e, pra mim, não ia fazer falta, né?! E eu ia tá cuidando do meu filho, né?! Meu advogado e o advogado dela, eles já estavam negociando. Já estava tudo conversado."

Ainda de acordo com o goleiro, quando o caso veio à tona, conversou com Macarrão a respeito. "Quando começou toda essa história, eu cheguei para ele e falei, eu perguntei: 'Pô, que história é essa? O que tá acontecendo?' Ele disse: 'Não, poxa, eu dei dinheiro e ela foi embora e tal e deixou a criança. Foi quando eu peguei a criança.' E eu: 'Pô, o que tá acontecendo? Ela foi embora?' E ele: 'Não, ela foi embora e deixou a criança contigo pra você cuidar que ela vai resolver uns problemas...'" Um agente quer saber quais eram esses problemas. "Esse negócio que eu sequestrei, que eu dei remédio, tentativa de aborto..." — diz Bruno. "Ah, entendi..." — fala a voz feminina. O jogador continua: "É, pensei que era mais uma armação, né?! Eles falaram comigo que ela tinha pegado o dinheiro e deixado o filho comigo, que ela ia voltar daqui a uma ou duas semanas. Eu fiquei assim: 'Pô, vou ficar quieto porque não vou entrar nessa, não.' Sei lá, depois acontece alguma coisa aí e vão falar que eu sequestrei essa criança. Por isso que eu não procurei ninguém, eu tive medo. Eu tinha medo, realmente eu tinha muito medo dela porque, do fato da imprensa... Então foi passando tempo, foi passando tempo, foi passando dia, foi passando dia e eu tinha que me apresentar no Flamengo. Pra não deixar a criança sozinha e não sair do sítio com a criança, foi onde eu coloquei a... Eu falei: 'Dayanne, eu preciso de você. Aconteceu isso, isso, preciso que você tome conta dessa criança para mim, que eu tô indo pro Rio de Janeiro.' Ela só ficou perguntando e falou assim: 'Pô, cadê a mãe desse menino?' E eu falei: 'Não sei, passaram pra mim que ela foi resolver uns problemas, que deram dinheiro a ela e a criança tá comigo.'" A agente questiona: "E quanto deram para ela em dinheiro?" Bruno diz que não sabe. E repete que ficara com medo: "Me ligaram que eu tinha sequestrado o meu filho e eu falei isso: 'Aí, tá vendo, sobrou pra mim de novo.' Aí, eu fiquei preocupado comigo. Eu tô com contrato... Mudar minha vida... Europa, grandes chances de jogar na seleção brasileira em 2014..."

Um policial especula sobre quão bem o goleiro deveria ganhar. "Meu, no meu caso, mais ou menos, porque a família toda depende de mim ainda" — contextualiza. "O carro que minha mãe anda, eu pago... As coisas que eu tenho, o sítio, a manutenção. A casa da minha mãe, eu que pago tudo. A casa da minha... da minha ex-sogra, eu que pago." A mulher quer saber se ele fez uma boa poupança. "Ah, o dinheiro que eu guardo comigo, o dinheiro todo que eu ganhei, eu investi no patrimônio" — conta.

Sobre a amizade com Macarrão, explica: "Amizade aí... de quase 18 anos. Foi criado comigo, de infância. Existe um projeto Toriba, de um time de futebol. Eu cheguei como treinador de goleiro. Eu não era nem goleiro, tinha acabado de sair do Cruzeiro, aí dei uma força para o pessoal. Conheci ele e a gente cresceu junto. Aí, o cara começou a trabalhar comigo um tempo e eu falei, quando ele trabalhava no Ceasa: 'Olha, larga isso aí e vem trabalhar comigo, que eu pago seu salário.' Começou a ter acesso a banco, à minha família, a toda minha vida. Ele se preocupava em sempre me deixar jogar futebol, mais nada. Minha cabeça tava toda voltada em jogar bola. Ele cuidava do resto."

O agente pergunta sobre se confia em Macarrão. "Confio no meu irmão, que foi criado comigo. Confio nele, confiava... Mas essas últimas notícias aí me deixaram..." As notícias a que se refere tratam da forma como Eliza teria morrido. O jogador completa: "Pois é. Me deixaram meio abismado, cara. Fiquei assustado com toda a situação, não tem como acreditar mais."

A conversa, gravada e anexada ao processo, termina com Bruno dizendo ter a consciência limpa, e que se declararia inocente no tribunal: "Eu não fiz nada, não tenho nada a ver com essa história."

No mesmo dia em que Bruno e Macarrão foram presos, 7 de julho, a polícia partiu em busca de Marcos Aparecido dos Santos, o Bola, também conhecido como Paulista ou Neném. Ele, porém, conseguiu escapar, pois vira, pelas câmeras do circuito de segurança que instalara em casa, a aproximação dos agentes. A prisão só ocorreria 24 horas depois. O ex-policial foi capturado na região de Venda Nova, em Belo Horizonte. Era um homem frio, que transmitia poucas emoções e quase não falava.

Dentro de uma sala no Departamento de Investigações, naquela capital, Bola e Zezé — cuja extensão da amizade a polícia até então desconhecia — ficaram cara a cara. Os investigadores sabiam que Zezé intermediara o contato entre Bola e Macarrão, e havia ainda os dados extraídos do rastreamento das antenas de celular, que apontavam uma aproximação estranhíssima e progressiva de Zezé na direção do motel onde o braço direito de Bruno se encontrava, na manhã de 6 de junho.

Zezé, de sua parte, alegaria que o encontro tinha por meta falar a Macarrão sobre o filho de Bola, um promissor craque dos campos de várzea, na esperança de que convencesse Bruno a investir no menino: "O objetivo era levar o garoto para fazer um teste no Flamengo" — declararia.

A ideia de colocá-lo frente a frente com Bola decorreria de uma falsa esperança: a de que Zezé — um inspetor da Polícia Civil mineira, sujeito muito conhecido — extraísse do assassino o destino preciso de Eliza. Bola revelaria o local onde o corpo fora destruído e, em contrapartida, seria denunciado apenas por ocultação de cadáver. Júlio Wilke, no entanto, nega que tal estratégia tenha sido sequer cogitada: "Eu queria o corpo. Mas não tinha esse tipo de negociação com o assassino. Íamos prender todo mundo no homicídio de qualquer jeito."

O próprio delegado teria uma conversa franca com Bola sobre sua situação e também sobre uma possível colaboração. O ex-policial, contudo, continuaria a negar qualquer participação no caso. Instruído pelo advogado Ércio Quaresma, seu amigo de mais de duas décadas, mentia tendo por suporte oculto a tese de que sem corpo não há crime. Fiava-se, a rigor, no fato de que era experiente na arte de desaparecer com pessoas.

O que era ruim — a mentira insistente do assassino e improbabilidade de que colaborasse com a investigação — pioraria no instante em que o delegado Edson Moreira entrou na sala. Bola era um conhecido seu de longa data, da época em que atuavam em São Paulo — origem da rixa entre ambos. Dedo em riste e aos berros, o recém-chegado esbravejou: "Me dá logo a porra do corpo, rapaz." O tom ameaçador irritou Bola: "Você não fala assim comigo, não, que você tem família" — teria respondido o ex-policial.

Ali, a polícia perdeu, definitivamente, a esperança de que o preso colaborasse. Talvez Zezé pudesse "ajudar", se pressionado um pouco mais, embora o próprio promotor da época, Gustavo Fantini, não estivesse convencido da participação de outro agente no crime. E isso mesmo ante os no mínimo estranhos registros das antenas telefônicas, que remontavam ao dia 6 de junho, o mesmo em que Eliza chegou a Minas, e que situavam Macarrão e Zezé sob a mesma ERB — elemento indicativo de proximidade física, o que talvez explicasse, ademais, a entrada do Gol prata e a presença de um homem não identificado no motel em Contagem. "A coincidência de antenas é porque eu estava correndo ali na área da Pampulha" — alegaria Zezé.

As "coincidências", porém, não se esgotavam ali. No dia em que a modelo morreu, Bola ligou para Zezé — o que, estima-se pelo horário, teria ocorrido logo após a execução de Eliza. Os dois, aliás, estiveram juntos minutos depois do telefonema — o que justificariam com a frágil desculpa segundo a qual Bola, ao ligar, pedira R$ 50 emprestados, razão do encontro.

Ainda assim, Zezé escaparia.

O promotor Henry Wagner Vasconcelos Castro — que, mais tarde, assumiria o comando da acusação, condenando todos os assassinos — não se satisfez, tampouco se convenceu, com a inocência do policial: "Ele participou diretamente da ocultação do cadáver." De acordo com o promotor, havia elementos mais que suficientes para também denunciar Zezé.

Com o primeiro grupo preso preventivamente, a Polícia Civil precisava então distinguir a participação de cada um. O trunfo para isso seria Sérgio, que parecia mais disposto a colaborar. Ele fora preso na casa da avó, em decorrência do mandado de prisão. Ademais, representado pelo advogado Marco Antonio Siqueira, ficara longe dos conselhos e das orientações de Quaresma, que defendia todos os outros — dos quais, tanto melhor, encontrava-se isolado no presídio.

Às 22 horas do dia 13 de julho, os agentes o tiraram da penitenciária Nelson Hungria e o levaram ao sítio em Esmeraldas. Estava escuro, mas era exatamente o que queriam os policiais: reproduzir, com exatidão, os últimos momentos de Eliza no Condomínio Turmalinas.

Sérgio chegara sem algemas e tranquilo. Conversava normalmente, enquanto ia apontando — à medida que circulava pelo casarão — o que cada um fizera. "Fica calmo que aqui ninguém vai te fazer nada. Só queremos saber o que aconteceu aquela noite" — repetia Júlio Wilke. E assim foi, com o rapaz explicando e destrinchando os movimentos e as ações dos envolvidos, aliás, defronte a uma câmera amadora, que, no futuro, livraria os agentes de uma tosca acusação segundo a qual Sérgio abrira o jogo porque sob tortura.

Levando o casal de delegados e os peritos de um lado para o outro também na área externa, mostrou onde Eliza estava com o bebê quando percebeu o ferimento na cabeça dela; citou quem estivera no sítio naqueles dias e contou como fora o churrasco, enquanto a modelo era mantida presa no interior da casa; indicou o patamar, próximo à cisterna, onde as roupas dela haviam sido incineradas; e descreveu ainda as reações e as falas de Jorge e de Macarrão no dia em que Eliza morreu, antes e depois do assassinato.

Sérgio — que rompera aquela espécie de irmandade fechada em torno de Bruno — não chegaria vivo ao julgamento. Gravado naquela ocasião, porém, seu depoimento em vídeo lhe garantiria voz diante dos jurados, quase três anos depois.

As buscas no sítio por rastros de Eliza eram difíceis, mesmo com as indicações de Sérgio. O interior da casa, por exemplo, passara por uma faxina prévia rigorosa. Naquela noite de 13 de julho, portanto, a perícia não descobriria sequer uma gota de sangue, apesar de uns vestígios suspeitos, porém inconclusivos; e os longos fios de cabelo preto colhidos no ralo do banheiro, em pouca quantidade, seriam insuficientes para determinar se eram dela.

A vistoria continuou no dia seguinte, sob a luz do sol, poucas horas depois da visita de três advogados de defesa à propriedade. Na nova inspeção, um travesseiro — ausente na noite anterior — foi encontrado no quarto onde a modelo teria dormido. Havia uma mancha de sangue no tecido, que testes indicariam ser decorrente de menstruação; sangue feminino, portanto — mas não de Eliza.

Logo se falaria, nos bastidores, que o surgimento daquela peça nova era uma manobra dos advogados para tumultuar a investigação.

Paralelamente, no entanto, os peritos recolheriam fraldas queimadas ou descartadas no lixo; da mesma forma, muitas delas jogadas na cisterna. Na geladeira do espaço gourmet, havia papinhas de bebê, e um pote de farinha para mingau fora deixado sobre a bancada do fogão, ao lado de um bico de mamadeira. Uma sacola de plástico com lixo, mais fraldas e cotonetes estava escondida no forno à lenha.

Ainda na área externa do sítio, a perícia identificou vários focos de lixo queimado e um patamar de concreto carbonizado — o que seria consistente com os depoimentos de Jorge e Sérgio, segundo os quais as roupas de Eliza e de Bruninho haviam sido queimadas por Macarrão e pelo goleiro naquele ponto.

Uma das provas mais contundentes seria descoberta pelo repórter Hudson Aguiar, da *Folha de S. Paulo*. Ele dava uma volta pelo terreno quando se deparou com restos queimados de um álbum fotográfico — que era de Eliza e que reunia as primeiras fotografias do menino, todas constantes dos arquivos digitais do computador da modelo.

Com base no registro de movimentação de veículos do Condomínio Turmalinas e nas imagens das câmeras da portaria, foi possível saber quem entrou e saiu ao longo dos cinco dias em que Eliza esteve no sítio.

Eram provas importantes, que serviam de tira-teima à confirmação — ou não — dos depoimentos, e que, sobretudo, ofereciam novos detalhes à recomposição da trama concebida por Bruno. Graças aos dados ali coletados, descobriu-se que mais um carro integrara a operação de rapto da modelo: a BMW X5 que o goleiro utilizou na viagem do Rio a Minas em 5 de junho, um dia depois do sequestro — automóvel que pedira emprestado ao amigo e empresário Vitinho com a recomendação inusual de que não tivesse GPS.

Apreendido e examinado pela polícia, no entanto, nenhum vestígio de Eliza foi encontrado no veículo.

7. A CADEIA

Bruno e Macarrão chegaram ao Centro de Observação Criminalística (COC), em Belo Horizonte, no dia 9 de julho de 2010. Interrogados na Divisão de Crimes contra a Vida, seguiriam a orientação do advogado Ércio Quaresma e permaneceriam em absoluto silêncio.

O goleiro tinha então certeza de que o crime não lhe respingaria e apostava que logo sairia da cadeia. Estava confiante em que Quaresma lhe conseguisse rapidamente um *habeas corpus*. Afinal, tinha emprego fixo e era figura pública.

Ao chegar à Penitenciária Nelson Hungria, de nariz em pé, entregou a camisa preta, o boné branco, o par de tênis, a calça jeans de zíper nas coxas e o casaco preto de tactel — todas peças de grife. Pediu que o advogado encaminhasse o cordão de muitos quilates à família, mas não soube dizer onde deixara a Bíblia que carregava quando preso no Rio. Em seguida, recebeu o uniforme vermelho da Subsecretaria de Administração Penitenciária (Suapi), composto de duas camisetas de algodão — com a inscrição do órgão em letras brancas, nas costas, e a matrícula do detento do lado avesso —, uma calça escrita na perna, uma bermuda e um agasalho. O número dele: 326944.

Não foi, porém, entregue ao convívio dos presos de imediato: nas duas primeiras semanas, até que entrasse minimamente no ritmo da cadeia, só teria Macarrão por companhia, inclusive nos banhos de sol, e pouco recorreria à psicóloga.

Recebia as marmitas do café, do almoço e do jantar na cela e com hora marcada: às 7h30, 12h, 15h e 18h — uma forma de evitar grande movimentação de presos, ao contrário do que se vê nos filmes, em que os detentos costumam ficar reunidos nos refeitórios. Da mesma maneira organizava-se o banho de sol, em escalas, para não favorecer motins ou rebeliões.

Bruno odiava a comida. Era muito simples para quem se habituara a um cardápio balanceado, farto em legumes, frutas e verduras. A apresentação do almoço ficava sempre muito longe de lhe aguçar o paladar, e o aspecto ruim era plenamente confirmado, na boca, pelo bife duro e pelo feijão sem tempero. Já passara dificuldade na infância, é verdade, mas se tornara um atleta de ponta e aquela gororoba não o sustentava por muito tempo.

Nesse período inicial, Bruno e Macarrão ainda não podiam ver suas famílias e só recebiam os advogados — sempre juntos, no parlatório. O único momento em que não eram vigiados por agentes ou assistentes sociais.

Aquela situação abateu o goleiro — agravada ainda pelo fato de que realmente esperava sair em poucos dias. Beneficiado, portanto, por uma decisão judicial que visava diminuir-lhe a depressão no cárcere, foi autorizado a passar a noite com o amigo por perto, de modo que, pouco antes das 19h, ao toque de recolher, Macarrão deixava sua cela e seguia para o espaço destinado a Bruno. Uma cela de 10 metros quadrados, com um cano que jorrava água e um buraco no chão para as necessidades fisiológicas, conhecido como "boi". Ao lado da cama de cimento onde dormia o jogador, seu fiel escudeiro então esticava, sobre o chão duro, um colchonete fino. Seriam 270 dias assim — o que, claro, virou motivo de chacota entre os presos.

Bruno chamava a atenção e despertava a curiosidade de todos. Houve quem o fotografasse clandestinamente e tentasse arrumar algum dinheiro vendendo o material à imprensa, motivo pelo qual a Suapi determinou uma seleção rigorosa dos quatro agentes que cuidariam do pavilhão que o abrigava.

Ninguém, contudo, ousava lhe falar sobre o crime. Ele não dava abertura. Tentava parecer durão, como em campo. Incomodava-se com os tantos olhares que lhe eram dirigidos, não mais aqueles, de admiração, dos torcedores no Maracanã, mas outros, novos, estranhos, desconfiados, ameaçadores. Por isso, afligia-se com qualquer conversa baixa, pelos cantos, pois logo imaginava ser, ele próprio, o assunto. Em entrevistas à TV Record e à revista *Placar*, respectivamente em 12 de agosto de 2013 e na edição de abril de 2014, diria até que, em depressão, tentara se matar, amarrando as pontas do lençol na cela, simulando uma forca. Seu peso, porém, teria feito o tecido se rasgar em poucos segundos, e ele tombou, apenas um pouco sem ar.

Os dias se sucediam e nada do *habeas corpus* que lhe garantiria responder ao processo em liberdade. Seus advogados tentavam de tudo; recorreram inclusive a Brasília, mas a investigação, ao fechar o cerco contra os acusados, e a cobertura jornalística, ao tratar do caso diariamente e com grande destaque, desmobilizavam qualquer juiz ou desembargador que cogitasse assinar o alvará de soltura. Ora, como reagiria a opinião pública? Melhor seria mantê-lo em reclusão, ainda que o prazo legal para a prisão preventiva não tardasse a vencer — como, afinal, venceu.

Mesmo assim, ao classificarem o crime como uma barbárie, os magistrados encontravam motivos para justificar a permanência de Bruno atrás das grades.

Logo ele teria de cadastrar os familiares com direito a visitá-lo. Escolheu a avó querida, as duas filhas, o tio Victor e Ingrid, sua noiva, mas só duas pessoas podiam vê-lo por final de semana. Dayanne levou as meninas algumas poucas vezes, mas, por causa da visibilidade do caso e da repercussão de tudo que envolvia o goleiro, esses encontros tiveram de ser remanejados para os dias da semana, sempre com assistentes sociais. Já Ingrid juntaria fotografias, cartas e até a aliança para provar que mantinham um relacionamento estável, o que garantia as visitas íntimas, duas vezes por mês.

Foi em um domingo chuvoso que dona Estela atravessou os portões hostis da penitenciária, passou pelas paredes sem vida e cruzou os olhares frios, muitas vezes ameaçadores, de quem ali perdera qualquer noção de afeto. "Olha a avó do Bruno" — diziam as outras mulheres. Numa sacola de supermercado, separou algumas guloseimas para o neto, como bifes de frango empanados e pudim de leite condensado. Levou também uma garrafa de plástico cheia de suco, que acabaria barrada na porta, e se entristeceu quando viu o lanche ser todo revirado.

O goleiro guardava aqueles mimos na geladeira comunitária da ala especial onde estava. Aquilo, porém, logo viraria motivo de intriga e, cedo ou tarde, moeda de troca. Os outros presos não lhe davam moleza, tampouco lhe aliviavam a estada. Ali, já não era mais o melhor, obrigado, pois, a obedecer a ordem dos mais antigos, dos mais perigosos, dos sobreviventes. Assim, acabaria "convidado" a dividir tudo com os demais. As ameaças eram veladas; vinham escondidas nas piadinhas. "É a política da boa vizinhança, uma gentileza" — define um agente da ala.

Ao passar pela revista, dona Estela seria obrigada a tirar a roupa. Ingrid, que a acompanhava, também. Ambas nuas, a morena teria os seios apalpados pelas agentes penitenciárias, que lhe subiram as mãos pelas pernas até a altura da vagina. Foi obrigada também a se abaixar de cócoras, com as pernas abertas, sobre um espelho, para que as agentes tivessem certeza de que não levava drogas ou partes de um telefone celular dentro do corpo. As duas ficariam mais próximas desde então.

Juntas no pátio, enquanto esperavam, perceberam quando Macarrão se aproximou — ele também receberia a família. Ganhou, então, um abraço de dona Estela, mas foi ignorado por Ingrid.

Ao chegar, Bruno estava abatido. Com olheiras marcadas, mais magro, não se alimentava bem e passava noites em claro, olhando fixamente para o teto. Às vezes cochilava, contou, mas era um sono leve e agitado, que o fazia levantar num sobressalto, como nos pesadelos mais horríveis. Assim, caiu nos braços da avó, onde se sentiu reconfortado.

Abraçou também a noiva, longamente. Entrelaçou seus dedos longos nos fios de cabelo dela e a puxou para junto do peito.

Ingrid falara que não o visitaria na cadeia. Ficara magoada com a traição e assustada com tudo o que a polícia descobria. Passara noites em claro, como ele, mas não pelo peso das acusações ou pela incerteza quanto a um futuro que não se desenhava bem. Era — isto, sim — consumida por uma dúvida objetiva: ir ou não ir visitá-lo? Não sabia no que acreditar. Estava ferida por ver — estampadas nos jornais — as fotos de Fernanda e Bruno agarrados em festas, beijando-se. Sentia-se humilhada. "Que mulher gosta de ser traída?" — escreveu em um dos três torpedos remetidos ao celular de uma jornalista, na madrugada do dia seguinte à prisão do goleiro.

Quando o caso veio à tona, tirou a aliança dourada que lhe enfeitava a mão direita. Sabia que ele viajara para Minas, mas acreditava que passaria o fim de semana com as filhas. O casal chegou a se falar por telefone — e ela de nada desconfiou. Com Bruno de volta ao Rio, porém, logo o achou diferente, sobretudo porque percebera que a relação com Macarrão estava fria. Diria que jamais acreditou, entretanto, que o noivo pudesse ter mandado matar Eliza; e que sequer engolia a versão, mais amena, de que ordenara que lhe dessem apenas um susto. Ingrid nunca suportara o braço direito de Bruno e dizia a si mesma que o goleiro entrara de "gaiato" na história, enredado por um crime que seria exclusivamente de Macarrão. Achava que Bruno não se queimaria por tão pouco, mas dizia que, se algo fosse provado contra ele, cada um seguiria seu caminho.

Perdoado pela dentista, Bruno logo assinaria a documentação para recebê-la como companheira — o que abria as portas às visitas íntimas. Antes, porém, assim que transferido para Minas, o jogador, certo de que a noiva nunca o perdoaria, até escrevera para Fernanda, a namorada, a quem então prometia casamento, quando tudo estivesse bem... A raiva de Ingrid, contudo, havia passado. Mais do que saudade e preocupação, o que a reaproximava de Bruno era a necessidade de ouvir, da boca dele, alguma explicação sobre o que ocorrera.

165

No dia da visita íntima, três semanas depois do encontro no pátio, estava muito nervosa. Viajara de ônibus e chegara à penitenciária pouco antes das 19 horas de um sábado de clima seco. Era agosto de 2010 e o goleiro estava ali havia cerca de um mês.

Foi então levada à suíte, na entrada do pavilhão especial, perto da gaiola dos agentes. Um cômodo bem distante das celas, um quarto sem janela, com paredes de alvenaria e uma cama de cimento com colchão de casal. Um ambiente infinitamente menos acolhedor do que um quarto cafona de motel de beira de estrada. Quando entrou, sentou-se na cama e cruzou os braços, à espera do noivo. Correu os olhos à volta e viu um alarme na parede, sem entender para o que servia. Um agente lhe explicaria depois que era para a própria segurança das mulheres, em casos de maridos violentos, acostumados a aliviar o estresse do cárcere não raro agredindo as companheiras.

Ingrid estava cansada da viagem, com dor no pescoço por causa do ônibus desconfortável e um pouco empoeirada, porque a penitenciária fica num lugar mais ermo, sem árvores nem calçamento, e esperara na rua pela hora de entrar, à mercê da terra fina vermelha que os carros levantavam. De tanta agonia, acabara descascando um pouco do esmalte claro com o qual tinha pintado as unhas durante a semana.

Não havia beleza naquele encontro, tampouco como estar à vontade ali. Embora adorasse ficar com Bruno na cama, não sentia a menor vontade de transar naquele lugar. Imaginou se os outros poderiam ouvir. Especulou sobre o que pensariam dela. Os agentes, os presos. A família, os amigos. A sociedade. Dizia não se preocupar com isso, mas uma mulher criada como ela sempre teria, sim, esse tipo de receio. Estava sem jeito. Prendia o cabelo com um nó e logo soltava. Esfregava as mãos uma na outra e depois passava os dedos indicadores na testa, penteando as sobrancelhas.

Bruno apareceu algemado ainda, como ela nunca vira pessoalmente. Um agente o puxava pelo braço e, ainda assim, ele deu um sorriso acanhado. Porta trancada por fora, ficariam sozinhos até as 6 horas do dia seguinte.

O jogador até tentou seduzi-la. Tirou a camisa. Pediu que se deitasse com ele. Deixou-a só de sutiã e calcinha. Ingrid, porém, chorava baixinho, mais suscetível a carinhos e afagos que a apertos e amassos. Conversaram, então, sobre o noticiário e o próximo pedido de *habeas corpus* que a defesa impetraria. Bruno passara a semana pensando naquela visita íntima. Comentara com Macarrão sobre como sentia saudades da noiva. Também estava inquieto, ansioso, constrangido. Precisava aliviar o desejo, mas aquele lugar realmente não excitava ninguém. Era preciso muito desprendimento para esquecer onde estavam.

Em 2013, Ingrid engravidaria num desses encontros. Mais tarde, contudo, sofreria um aborto espontâneo.

Na prisão, e para além do processo pela morte de Eliza, Bruno tinha outro problema: Bruninho, seu filho. Ou melhor: a enorme dívida acumulada com o menino, que então crescia à margem de qualquer atenção do pai. Um fato era incontornável: ausente ou não na vida da criança, o jogador teria ainda de arcar longamente com as despesas do garoto. A venda do sítio de Esmeraldas era, pois, mais do que necessária, embora representasse um pedaço de madeira boiando na imensidão do mar. Bruno era o náufrago, cercado de oceano profundo aonde quer que olhasse. Suas filhas com Dayanne, por exemplo. As meninas nada recebiam do pai desde que fora preso.

Não havia mesmo solução, de forma que aquela propriedade, outrora palco de orgias — e também abrigo dos últimos dias de vida da modelo —, amanheceria, em 4 de abril de 2011, nos classificados de dois jornais populares de Belo Horizonte: "Vendo sítio do goleiro Bruno, maravilhoso! 5.000m2, luxo! exc. casa, piscina, c. futebol, todo ajardinado. Barato!" Francisco Assis Eustáquio Simim, advogado da ex-mulher do jogador, cobrava R$ 800 mil pelo negócio. "A propriedade está avaliada em R$ 1,2 milhão, mas Bruno e Dayanne entraram em um acordo e decidiram baixar o preço para facilitar a venda" — explicou.

Três dias depois, a própria Dayanne iria a Esmeraldas para mostrar a chácara ao primeiro interessado. A pessoa oferecia parte em dinheiro e um apartamento em Belo Horizonte — o que já a satisfazia. Ela havia chegado do Rio de Janeiro na madrugada anterior, após enfrentar quase sete horas de estrada, num ônibus. Os advogados a encontraram na rodoviária e a levaram ao sítio — então trancado havia nove meses, desde que o desaparecimento de Eliza viera à tona. Em toda área externa, o mato estava alto. E os brinquedos de ferro das crianças, enferrujados. O aspecto era de abandono, de degradação. O espaço gourmet, que fora abrigo de eventos badalados, àquela altura mais parecia um depósito de entulho. E a piscina, vazia, acumulava folhas secas e restos de lixo. Era uma propriedade fantasma, habitada apenas pelo horror das últimas horas da modelo.

Dayanne, enquanto esperava pelo julgamento, tentava refazer sua vida. Voltara a dar aulas particulares e de reforço, ajudando crianças do bairro onde morava com a mãe a fazer os deveres de casa. Dois meses antes, a defesa dela encaminhara ao Flamengo um ofício extraoficial em que requeria que os direitos do ex-capitão rubro-negro fossem estendidos às duas filhas dele. À época, o vice-presidente jurídico do clube carioca, Rafael de Piro, explicaria que o contrato de Bruno fora suspenso, razão pela qual ele não recebia vencimentos. Pelo mesmo motivo, o clube não atenderia à determinação da Justiça do Rio — processo que, em abril de 2014, ainda corria na 1ª Vara de Família da Barra da Tijuca — para que pagasse a pensão de Bruninho. Em outubro de 2010, a Justiça entendera que o Flamengo deveria fazer um depósito mensal equivalente a 17,5% do salário do goleiro, mas, em fevereiro de 2011, o clube apresentou documentos que informavam sobre a suspensão do contrato do atleta.

Desvinculada, portanto, do Flamengo, a dívida — aqueles 17,5% sobre um valor estimado do que seria o salário do jogador no clube — continuava sendo de Bruno. Segundo os cálculos da advogada Maria Lúcia Borges — que representava a mãe de Eliza, em Mato Grosso —, algo em torno de R$ 500 mil. Diante, porém, das investidas negativas contra os bens do goleiro, ela pediria o bloqueio do sítio e de um apartamento no Recreio dos Bandeirantes.

Ocorre que, àquela altura, a chácara em Esmeraldas já fora vendida numa operação particular — mesmo estando bloqueada pela Justiça. No papel, a negociação saíra por R$ 280 mil — R$ 20 mil de entrada e o restante a ser pago no momento da obtenção da escritura. No fim de 2012, às vésperas da data estabelecida para o início do julgamento, o comprador da propriedade, ao tentar lavrar a escritura em cartório, seria impedido, obstado pela série de pendências que envolvia Bruno e Dayanne. O advogado Rodrigo Miranda, representante do comprador, teria de argumentar — em ofício juntado ao processo na 1ª Vara de Família do Rio de Janeiro — que o contrato já fora firmado, assinado pelo goleiro e por sua ex-mulher. O juízo, então, definiu que o novo proprietário do sítio repassasse parte do valor da compra, pouco mais de R$ 200 mil, diretamente ao responsável legal por Bruninho — Sônia Moura, a avó — como forma de abater a dívida por pensão alimentícia.

Seriam dois anos e quatro meses, desde a morte de Eliza Samudio, até a primeira data estipulada para o julgamento: 19 novembro de 2012. Neste período, mais de cinquenta advogados apresentariam versões combinadas, com algumas dissidências, em defesa de Bruno e dos outros sete réus: Macarrão, Dayanne, Fernanda, Sérgio, Bola, Elenilson Vitor e Coxinha.

Neste intervalo, mais de oitenta pedidos de *habeas corpus* seriam negados. E o chamado "blocão" insistiria na tese de que, não havendo corpo, não existia crime. Era Ércio Quaresma Firpe — que pedira a Bruno R$ 1 milhão para defender todos os acusados — o líder desse grupo. Oficialmente, o criminalista mineiro fora indicado por Michel Assef Filho, advogado do Flamengo, embora — coincidência ou não — fosse amigo de Marcos Aparecido dos Santos, o Bola, há mais de vinte anos. Foi para ele, aliás, que o assassino ligou quando soube que Bruninho fora localizado.

Durante as prisões, ainda na época do inquérito, Quaresma — que tudo coordenava — cooptara alguns colegas para compor a defesa de quase todos os réus. A exceção foram os primos de Bruno, Sérgio e Jorge, os únicos que quebrariam o silêncio e dariam detalhes da trama, ambos destinados a sofrer, portanto, pressões as mais variadas, sendo a mais branda aquela para que trocassem de advogados.

Acuado, Sérgio escreveria, na cadeia, uma carta aos pais, logo após participar da reconstituição do crime no sítio, em 13 de julho de 2010. Na missiva, reforçou a versão que incriminava Bruno e se disse vítima de forte carga para que mudasse o teor de seu depoimento. Também registrou que não fora vítima de agressão ou humilhação na delegacia. "Papai e mamãe, eu não quero trocar de advogado. Meu advogado continua sendo o doutor Marco Antônio Siqueira. Eu não confio em outros advogados. Não mande aqui outros advogados porque eu não vou trocar o meu. Tudo que eu falei para a polícia no meu depoimento eu falei porque quis. Outros advogados estão vindo aqui talvez mandados por outros advogados para mudar a minha cabeça no meu depoimento." E ratificava: "Só falei a verdade."

Antes, pressão semelhante fora feita sobre Dayanne — por Quaresma, diretamente — logo depois do depoimento, prestado em 25 de junho de 2010, em que afinal revelou, após negar saber do paradeiro de Bruninho, onde o bebê se encontrava. O advogado, que representaria a ex-mulher de Bruno por um breve período, afirmou — em recurso à Corregedoria da Polícia Civil — que ela sofrera tortura psicológica por parte das delegadas Ana Maria Santos e Alessandra Wilke e a instruiu a escrever à Ordem dos Advogados do Brasil uma carta em que declarava ter sido coagida a dar aquele depoimento. Curiosamente, porém, Quaresma não estava presente na ocasião, pois, uma vez que preferira participar do programa de Ana Maria Braga, no Rio, mandara seus assistentes acompanharem a cliente na delegacia.

O trunfo da polícia para quebrar aquela clara investida na suspeição seria o promotor Gustavo Fantini, que assistira ao depoimento então questionado e que, portanto, negaria formalmente haver presenciado qualquer tipo de violência. A Corregedoria, então, entrou com uma ação por denúncia caluniosa contra Dayanne, o que obrigaria Francisco Simim, que passara a defendê-la, a tentar atenuar a posição de sua cliente: "Não houve tortura das delegadas, mas o advogado da época a obrigou a dizer isso."

Passados cinco meses desde a prisão, quatro acusados teriam direito a aguardar o julgamento em liberdade. Além de Fernanda, pronunciada por sequestro e cárcere privado de Eliza e de seu filho, também Dayanne, Elenilson e Coxinha, acusados pelos mesmos crimes, mas cometidos apenas contra Bruninho, foram soltos, por decisão judicial, no dia 18 de dezembro de 2010.

Ao deixar o presídio, Dayanne declararia apoio ao goleiro: "No meu coração não cabe rancor. O Bruno é pai das minhas filhas e, se ele precisar de mim, eu vou estar do lado dele para apoiar e ajudar." Sobre sua participação no crime, seria taxativa: "Por cuidar [de Bruninho], não me arrependo, não. Minha mãe criou uma mulher e não um monstro."

A juíza Marixa Fabiane Lopes Rodrigues, titular do Tribunal do Júri de Contagem, decidira, no entanto, manter Bruno, Macarrão, Sérgio e Bola presos. Em sua deliberação, alegou que "os delitos contam com detalhes sórdidos e ultrapassam os limites da crueldade".

A estratégia de defesa conjunta começara a ruir um mês antes, em novembro, no instante em que Quaresma foi flagrado fumando crack. Seu afastamento significava ruptura no alinhamento entre as defesas de Bruno, Macarrão e Bola, pois seu substituto, Cláudio Dalledone Júnior, com forte atuação no Paraná, propunha dividir as responsabilidades pelo assassinato entre os acusados, logo, pois, desentendendo-se com Bruno, que jamais admitira a morte de Eliza.

No dia 21 de fevereiro de 2011, sete meses depois de preso, Bruno recebeu autorização da Justiça para trabalhar dentro da penitenciária. Como era atleta, pôde solicitar à família um par de chuteiras, luvas e meiões — para se exercitar e treinar. Passou, pois, a aproveitar melhor o banho de sol, que até então só lhe servia para tentar convencer Macarrão a assumir sozinho o crime. As conversas de ambos não variavam muito de assunto. Cochichavam sobre tudo o que acontecera até ali e buscavam — Bruno buscava — alguma solução mais conveniente.

Naquele momento, porém, o máximo que podia fazer era mesmo bater bola com o amigo num pátio de cimento descoberto. Improvisou as traves, portanto, com garrafas PET, que a secretaria emprestava junto com a bola remendada e um pouco vazia. Eventualmente, convidava outros presos para uma pelada.

Mesmo assim, continuava emagrecendo — na mesma medida em que as cartas dos fãs paravam de chegar. Perderia vinte quilos em um ano e meio de prisão.

Do lado de fora, a imprensa descobrira que a cela dele era a única — de 24 — com água quente. A mordomia seria cortada imediatamente.

Dayanne, depois de solta, levaria as filhas — algumas vezes — para ver o pai. Grávida, ela até tentara manter certa frequência, mas Ingrid cismou com as visitas, de modo que Bruno ficaria sem ver as meninas por mais de um ano. Falou-se, mais tarde, que ele era o pai do bebê que Dayanne esperava, embora também se viesse a especular que o filho fosse de um agente da penitenciária. Ela, entretanto, nunca revelou a verdade.

Em junho de 2011, Ingrid acusaria um advogado e uma juíza mineiros de tentativa de extorsão para colocar Bruno em liberdade. A dentista prestou depoimento à Comissão de Direitos Humanos da Assembleia Legislativa de Minas Gerais e afirmou que fora procurada pela juíza Maria José Starling, da Comarca de Esmeraldas, que lhe teria oferecido os serviços do advogado Robson Martins Pinheiro. Cláudio Dalledone também depôs à Comissão, à qual contou que Pinheiro esteve com o goleiro na penitenciária, no final de 2010. "Ele disse para o Bruno: 'Estou com o seu alvará na minha pasta.'"

A dupla teria pedido R$ 1,5 milhão para conseguir um *habeas corpus* em favor do goleiro. Um contrato assinado entre Vitinho, empresário de Bruno, e o advogado previa que o pagamento fosse feito até 48 horas depois da soltura do jogador. Ingrid contou que conseguira arrecadar parte do dinheiro com outros atletas do Flamengo, mas que passara a desconfiar da operação quando Robson começou a pressioná-la para que adiantasse os honorários. Ao se decidir por não levar a compra do *habeas corpus* adiante, a dentista — sempre segundo seu relato — teria passado a sofrer ameaças.

Ingrid e Maria José Starling haviam se conhecido meses antes. A juíza — que, segundo testemunhas, chegara a dar entrevistas defendendo publicamente a soltura do goleiro, em outubro de 2010 — teria passado a convidar a dentista a se hospedar em seu confortável apartamento em Belo Horizonte sempre que estivesse na cidade para visitar Bruno. Foi lá que, de acordo com Ingrid, ocorreu a primeira reunião para tratar da encomenda do *habeas corpus*. "O teor da conversa era sempre o mesmo. Ela [a magistrada] era atenciosa comigo. Eu achei que era Deus. Ela foi me cativando, me fazendo acreditar que aquilo era a solução de tudo" — relatou a dentista no depoimento à Comissão.

A versão de Dalledone para o episódio, no entanto, difere da de Ingrid. De acordo com o então advogado de Bruno, que assumira a defesa do jogador depois do afastamento de Ércio Quaresma, o encontro para a arrecadação do dinheiro destinado à aquisição do *habeas corpus* teria ocorrido em fevereiro de 2011, no apartamento de Marcos Braz, ex-dirigente do Flamengo — mas sem que tal propósito fosse conhecido por todos os presentes. Ele mesmo não sabia. Estivera ali — levara, inclusive, outros dois colegas — supondo que tratariam de levantar R$ 20 mil para o pagamento das custas com o processo. Aquela era a pauta declarada quando a reunião foi marcada.

A dentista, o pai dela e Vitinho também estavam presentes. A conversa começou por volta das 21h e Braz não tardaria a cobrar explicações do empresário: "Quero saber se vai ou não vai dar certo, porque eu estou indo buscar dinheiro." Vitinho, desconfortável, reagiu imediatamente, interrompendo o anfitrião: "Peraí, que eu acho que o Dalledone não tá sabendo direito. Acho que ele e o Robson não estão falando a mesma língua." Surpreendido, o advogado então explodiu: "Vocês estão malucos? Vocês vão acabar na cadeia, vestindo uniforme laranja. Vai todo mundo se foder. Que porra é essa de tentar comprar *habeas corpus*?" — esbravejou o experiente criminalista.

Seriam mais quatro horas de longas discussões. "Vi que o pai da Ingrid ficou apavorado com a possibilidade de a filha sair presa da história. E foi ele quem me ajudou a convencer todo mundo de que aquela era uma canoa furada" — lembraria Dalledone. Dali, todos se dirigiram à concessionária de Vitinho, onde, à mão, preparou-se o documento que

— enviado por fax ao Tribunal, à OAB e a Bruno — destituía Robson Pinheiro de qualquer poder para atuar na causa.

Já exaurido pela relação difícil com o cliente, avesso à estratégia que propunha, Dalledone permaneceria ainda cerca de dez meses à frente da defesa de Bruno.

Em dezembro de 2011, abandonaria de vez o caso. "Se a defesa técnica e a autodefesa não concordam, recomenda-se a boa ética que o advogado renuncie" — disse ao portal de notícias G1.

O advogado Robson Martins Pinheiro trabalhou para o goleiro até fevereiro de 2011, mas nega qualquer irregularidade no período de sua atuação.

A juíza Maria José Starling foi afastada pela Corte Superior do Tribunal de Justiça de Minas Gerais em 28 de julho de 2011.

De acordo com o então presidente da Comissão de Direitos Humanos da Assembleia Legislativa de Minas Gerais, deputado Durval Ângelo, a decisão decorreu de um questionamento que a magistrada fez, em público, em 2009, a um desembargador que concedera liberdade ao então vereador e ex-presidente da Câmara Municipal de Esmeraldas Marley Antônio Silva, preso em setembro daquele ano acusado de transportar drogas numa Kombi. "O desembargador alegou que ela feriu o estatuto da magistratura e código de ética" — diria o deputado ao *Estado de Minas* em julho de 2011, admitindo, no entanto, que a decisão da corte pudesse ter sido influenciada pela denúncia de que a juíza tentara extorquir a noiva de Bruno.

Maria José Starling continuava afastada em abril de 2014. O processo tramita em segredo de Justiça.

A revelação, em abril de 2011, de que havia um plano para matar a juíza Marixa Fabiane Lopes Rodrigues — Bruno e Bola contratariam o bandido Antônio Bonfim Lopes, o Ném, então chefe do tráfico na favela carioca da Rocinha, para executá-lo — desencadearia outras descobertas. Foi o preso Jailson Alves de Oliveira — condenado a 36 anos de prisão por roubos e latrocínio — quem trouxe o caso à tona. Afamado dedo-duro da cadeia, já havia cumprido dezessete anos e, como fora agente penitenciário, estava, então, no pavilhão H, menos rígido, sem tranca nas celas, destinado a policiais presos, onde conheceu e se aproximou de Marcos Aparecido dos Santos.

Certo dia, vendo uma reportagem televisiva que tratava das buscas pelo corpo de Eliza na Lagoa do Nado, perto da Pampulha, Jailson brincaria: "Ih! Se a polícia achar alguma coisa, vai ficar ruim para você." Ao que teria respondido Bola: "Só se os peixes falarem."

O fofoqueiro logo contaria às autoridades que ouvira uma confissão do ex-policial, segundo a qual um inspetor amigo teria feito a intermediação com Bruno para encomendar a morte da modelo, e que o corpo dela teria sido queimado no centro de uma pilha de pneus, no chamado micro-ondas — as cinzas jogadas numa lagoa de Belo Horizonte. "Ele não sabia que eu era alcaguete e me contou tudo" — lembra Jailson.

O plano de matar a juíza, segundo o delator, decorreria da raiva por não conseguir um *habeas corpus*. "Eu tinha motivos para não me preocupar com juiz nem delegado, mas fiquei bolado quando ele falou que ia matar a juíza Marixa porque ela não deixou ele responder na rua. Ele estava puto porque o paulista que matou a namorada já tinha conseguido *habeas corpus*, e ele não" — explica Jailson, referindo-se ao também ex-policial Mizael Bispo de Souza, acusado de assassinar a ex-namorada, Mércia Nakashima, em maio de 2010.

A suposta confissão de Bola e o plano para eliminar a juíza logo ganharam as páginas dos jornais. Jailson disse a seu advogado, Ângelo Carbone, que o goleiro e o ex-policial pretendiam matar também o advogado Ércio Quaresma — "o 'noiado' que tomou todo o dinheiro do Bruno" —, o assistente de acusação José Arteiro e o deputado estadual Durval Ângelo, presidente da Comissão de Direitos Humanos da Assembleia Legislativa de Minas Gerais.

Bola foi, então, transferido, no dia 20, para o presídio de São Joaquim de Bicas, a 45 quilômetros de Belo Horizonte. E a Secretaria de Estado de Defesa Social determinou, naquele mesmo mês de abril, que Bruno e Macarrão, embora permanecessem na penitenciária Nelson Hungria, aguardassem o julgamento em pavilhões diferentes. Até então, os dois iam juntos ao parlatório e participavam ao mesmo tempo das conversas com os advogados, além de sempre receberem a família do **outro com cordialidade.**

A partir dali, no entanto, a amizade verdadeira — "que nem a força do tempo pode destruir" — seria posta em xeque.

A respeito ainda da passagem de Bola pela penitenciária Nelson Hungria, registre-se que, ao chegar, tinha o dente da frente ainda mais quebrado — segundo a polícia, porque tentara forjar uma agressão no dia em que foi preso. Usando as mãos algemadas, o ex-policial deu um golpe na própria boca. Pretendia fazer com que a descrição de Jorge — de que o homem **que matara Eliza apresentava uma falha no dente** — fosse entendida como coincidência.

A perícia, contudo, o desmentiria ao constatar que a tal falha era antiga, provavelmente adquirida num acidente de moto, e fora apenas agravada pela "automutilação".

Enquanto estiveram juntos na cadeia, Bruno tentara fazer — sem sucesso — com que Macarrão assumisse, sozinho, a culpa pela morte de Eliza. Então separados, ainda assim o goleiro insistiria — doravante por escrito — em que o amigo se responsabilizasse pelo crime, livrando-o. "Maka, eu não sei como dizer isso, mas conversei muito com os nossos advogados **e eles chegaram a uma conclusão devido** aos últimos acontecimentos e descobertas sobre o processo e investigações. Nós conversamos muito **e eles acham que a melhor forma para resolvermos isso é usando o plano B"** — escreveu Bruno numa carta ao fiel escudeiro, documento que viria à tona em julho de 2012, em reportagem exclusiva da revista *Veja*. "Você **me disse que se precisasse você ficaria aqui e que era para eu nunca te** abandonar. Então, irmão, chegou a hora."

Um preso da faxina deveria entregar a mensagem a Macarrão, mas um agente acabou por interceptá-la. O texto continuava: "Eu, sinceramente, não pediria isso pra você, **mas hoje não temos que pensar em nós** somente! Temos uma grande responsabilidade que são nossas crianças, então, meu irmão, peço que pense nisso e do fundo do meu coração me perdoe, eu sempre fui e sempre serei homem com você."

Bruno seria punido por causa da carta. Durante trinta dias, não pôde trabalhar, e também perdeu o direito aos banhos de sol e a receber visitas. Aquela, porém, não fora a primeira missiva ilegal escrita pelo jogador. No dia 13 de julho de 2013, foi penalizado por encaminhar um texto — sem que administração penitenciária soubesse — a um apresentador de TV mineiro. O goleiro queria que a carta fosse lida no ar, para seus fãs. Ele assumia a paternidade de Bruninho e dizia que seu erro consistira em confiar em algumas pessoas, o que já demonstrava um abalo na amizade com Macarrão. Foram vinte dias sem visitas e sem banhos de sol.

Àquela altura, desde o final de dezembro de 2011, Bruno já era representado pelo criminalista mineiro Rui Pimenta, que sucedera Cláudio Dalledone e cuja estratégia investia na ruptura da linha conjunta de defesa e na incriminação exclusiva de Macarrão. Fora ele quem entregara a carta do goleiro ao apresentador de TV. Para Pimenta, Eliza estava morta, e era Macarrão o articulador de toda a trama. O motivo, revelaria ele a todos os jornais: ciúmes.

"Desde que entrei no caso, percebi esse relacionamento entre os dois. A carta soa como fim de relacionamento homossexual de ativo e passivo" — declarou, então, o advogado. Segundo Pimenta, Eliza teria gravado imagens de uma orgia com Bruno e Macarrão, usando-as para ameaçar o goleiro. De fato, o aparelho celular da modelo nunca apareceu. "Houve um conluio sexual e os dois tiveram relações com Eliza. Houve ainda um desregramento sexual. Eles eram muito amigos, entre aspas, e tem coisas que a gente não precisa falar, para não ficar tão escrachado. Os dois fizeram programas com a Eliza e a homossexualidade está em participar deste mesmo ato, o que pode ter ocorrido outras vezes. Pode ser que Macarrão não tenha aceitado a Eliza se intrometendo no relacionamento deles e providenciou a morte dela, sem que o Bruno soubesse" — concluiu o defensor.

Ao incriminar Macarrão, Rui Pimenta — na tentativa de inocentar seu cliente — quebrava um vínculo até então intocado e, assim, premeditadamente, isolava Bruno. Aquela linha de defesa, encampada pelo jogador, representaria — mais do que uma grande mudança de estratégia — o fim de uma amizade. O experiente advogado não só garantia que Eliza estava morta — nunca antes alguém, no campo da defesa, bancara tal afirmação — como assegurava que o crime fora planejado por Macarrão e executado por Bola sem que o goleiro soubesse.

Os especialistas em direito criminal diziam então que, em algum momento, a defesa de Bruno — se quisesse mesmo livrá-lo da condenação ou ao menos tentar minimizar-lhe a pena — precisaria de fato "abrir", ou seja, partir para uma abordagem individual do caso, abandonando a versão conjunta para aquele crime, largando os demais réus ao relento. Cedo ou tarde, portanto, o "cada um por si" se imporia. E coube a Rui Pimenta quebrar a corrente que fidelizava os principais acusados — aqueles que tiveram participação consciente no assassinato — a Bruno.

Com a troca de pavilhão e a ruptura, Macarrão passara a ser representado por Leonardo Diniz, que garantia: seu cliente "não seguraria nada sozinho". O advogado referia-se, claramente, à carta escrita pelo goleiro, em que este sugeria ao amigo do peito o "plano B": que assumisse o crime e cumprisse a pena, para que ele, Bruno, do lado de fora, pudesse cuidar das famílias.

Segundo Diniz, a defesa de Macarrão sempre manteve a tese de que não houvera crime: "Vejo com naturalidade todas essas mudanças de versão, mas essa é a linha de defesa do Luiz Henrique desde sempre. Não há manobra ou confusão." Ele, no entanto, assumiria, em resposta, uma calculada postura ofensiva, razão pela qual, partindo ao ataque, processaria Rui Pimenta, de quem exigia indenização de R$ 1 milhão por danos morais: "Luiz Henrique não é homossexual e jamais houve relações sexuais entre eles. Trata-se de um absurdo. Também não há nenhuma possibilidade de ele assumir nada sozinho para preservar a amizade."

Em janeiro de 2012, Bruno passou a frequentar os cultos da Igreja Evangélica Restaurando Vidas. O pastor Anderson Duarte pregava em uma saleta escura, rodeado por outros detentos, quando ele apareceu. Cabisbaixo, caminhando vagarosamente, aproximou-se e perguntou se o pastor era o responsável pelo apoio religioso em seu pavilhão. "Respondi que sim e ele pediu para receber uma oração, pois estava precisando. Foi a mão de Deus que o trouxe para a luz" — diria Anderson.

Bruno já fora sondado por religiosos de outras correntes, mas só daquela vez quis saber como deveria proceder para se batizar. O jogador se autodeclarara evangélico à administração penitenciária, mas o era só de coração, por acompanhar a avó aos cultos num templo do bairro onde cresceu. Discretamente, acercou-se também da pastora Aline Duarte, esposa do pastor, a quem pediria uma oração à sua família. "Meu nome é Bruno Fernandes das Dores de Souza" — falou. Ela anotou, compenetrada, entregando-lhe uma Bíblia, como costuma fazer com todos os presos. "Ahã..." — murmurou, esperando pelos outros nomes. "Não está me reconhecendo?" — ele questionou, surpreso. "Eu, não" — respondeu, sinceramente, a pastora. "Sou o goleiro" — apresentou-se, citando os nomes de suas filhas, de Ingrid, de Dayanne e da avó. "Ora por elas, pastora? A minha família está precisando muito de oração."

Autorizado pela direção do presídio, o batizado de Bruno foi marcado para junho de 2012. Na data marcada, contudo, o fato de que helicópteros de emissoras de televisão sobrevoassem a penitenciária fez com que os responsáveis pela unidade proibissem a entrada dos pastores e suspendessem o ritual. "Nosso trabalho é feito com respeito à palavra de Deus. Somos apenas intermediários para levar uma palavra de conforto a esses presos" — afirmou Aline Duarte, que completaria: "O que aconteceu não foi exatamente como a Secretaria de Defesa Social falou. Esse era um direito dele e lhe foi negado."

Nas semanas seguintes, de volta aos cultos, o goleiro ouviu dos pastores que, em função das exigências da direção do presídio, não poderiam mais batizá-lo. "Bruno ficou muito triste. Ele se sentia pronto para isso. Muitos confessam seus crimes, para começar uma vida nova, mas mesmo sem o batismo a gente percebia que ele estava mudado. Não era mais aquele arrogante do começo" — contou Aline.

Pouco depois, os pastores foram convidados a atender outro pavilhão da penitenciária, se quisessem manter o trabalho de evangelização dentro da Nelson Hungria.

Nas visitas a Macarrão, Jô sempre lhe dizia para que não assumisse o que não tivesse feito. "Esqueça essa história de plano B. Fala a verdade" — sugeria. Longe das filhas, sem vê-las crescer, ele pensava muito no egoísmo do amigo e na forma como, atendendo a um frio plano de defesa, aceitara, sem titubear, jogá-lo ao fogo. Estava magoado. Sentia-se traído por aquele a quem tanto se dedicara. "Do mesmo jeito que Bruno não queria estar lá, ele também não queria" — desabafaria Jô. "A confiança acabou ali. Luiz Henrique já não aguentava mais o Bruno pedindo para ele fazer isso, mas ele se entristeceu mais ainda quando passaram a dizer que ele era veado."

Aquele era, com efeito, o exato ponto de ruptura numa relação até então fraternal — rompimento que se poderia ilustrar com Macarrão de súbito arrancando as fotos do goleiro que mantinha coladas nas paredes da cela. "Ele ficou revoltado. Bruno vivia próximo e sabia como era o Luiz Henrique. Ele nunca poderia ter falado uma coisa dessas porque os dois eram iguais, em relação às mulheres. Para se livrar, ele se tornou uma pessoa muito fria. Aquilo acabou com o meu marido" — refletiria Jô.

O julgamento de Bruno, Macarrão, Bola, Dayanne e Fernanda — marcado para novembro de 2012 — aproximava-se. Fatos ocorridos nos meses anteriores, porém, e que envolviam pessoas mais ou menos ligadas ao goleiro, deixariam a polícia mineira ao menos desconfiada. O assassinato de Sérgio, primo do jogador e um dos principais personagens da trama macabra, e os atentados sofridos por Cleiton Gonçalves, jogador do 100% F.C. e amigo de Bruno, presente no sítio nos dias em que Eliza esteve em cativeiro, levantaram suspeitas de queima de arquivo. No ano anterior, na madrugada de 22 de janeiro de 2011, também a morte de Graziela Beatriz Leal de Souza ensejara dúvidas, pois suspeitava-se de que tivesse sido babá das filhas do goleiro e, ademais, sabia-se que era irmã da jovem Geisla Leal, que recebera Bruninho no dia — 25 de junho de 2010 — em que o menino passou de mão em mão até ser encontrado pelos investigadores.

Embora as autoridades lidassem com esses fatos de modo cuidadoso, evitando qualquer associação precipitada, era inevitável: toda a cidade de Ribeirão das Neves passara a acreditar que os crimes — sobretudo os havidos proximamente — tinham relação com o assassinato de Eliza Samudio.

Sérgio foi executado no dia 22 de agosto de 2012: seis tiros, levados a alguns metros de casa, na rua Aracitaba, no bairro Minaslândia. Acusado por homicídio triplamente qualificado, cárcere privado, sequestro e ocultação de cadáver, ele ficara preso por 399 dias, afinal beneficiado por uma decisão do Tribunal de Justiça de Minas Gerais para que respondesse ao processo em liberdade. A 11 de agosto de 2011, um ano antes de morrer, deixou a cadeia.

"Sérgio era um arquivo vivo e sabia coisa demais" — declarou a juíza Marixa no dia em que o rapaz foi emboscado. Ela até já lhe negara um pedido de soltura, temendo pela vida do jovem. "Sempre fui contra a liberdade do Sérgio e um dos motivos era a segurança dele. Soube da morte pelo noticiário, mas seria leviano fazer qualquer ligação agora." Para a juíza, porém, sua ausência no tribunal não prejudicaria o processo: "Ele era uma das pessoas mais importantes do caso, mas os depoimentos e as alterações significativas que fez em juízo não causam prejuízos."

Depoente decisivo no processo, Sérgio — uma vez autorizado a aguardar o julgamento em liberdade — deveria, segundo o delegado Edson Moreira, ter sido monitorado pelo Estado e contemplado por algum programa de proteção a testemunha: "Houve alguma falha. A investigação se desdobrou principalmente a partir do depoimento dele e por isso alguma coisa deveria ter sido feita para garantir a segurança da testemunha."

Sérgio tinha o costume diário de sair de casa bem cedo para comprar pão. Solto, vivia com os pais nos fundos do terreno da avó e procurava levar uma vida normal, sem se preocupar com o julgamento e com o que o futuro lhe reservaria. Tinha esperança na absolvição.

Na fatídica manhã do dia 22, sairia logo depois de receber uma ligação. Parentes afirmam que era um amigo, que telefonara para lhe oferecer um serviço de pintura num mercadinho a duas ruas da Abadia dos Dourados, onde a família morava. Ele dependia de biscates como aquele e viu ali a oportunidade de conseguir algum dinheiro. Estava namorando, afinal. A jovem era sua vizinha — e ele gostava de levá-la às lanchonetes do bairro. Precisava trabalhar, portanto.

Então, pouco antes das 7h, saiu. Mas não sem se despedir dos pais e passar na avó, dona Estela — para lhe dar um beijo. Ainda muito perto de casa, foi surpreendido por dois homens em uma moto vermelha. Um deles usava capacete rosa. Acuado, recorreu a um poste para se proteger e, mesmo baleado nas costas, correu por três quarteirões pedindo socorro. Tentaria, então, esconder-se num quintal da vizinhança. Encurralado novamente, porém, seria atingido outras cinco vezes: no braço, no peito, na barriga, na mão e no rosto. Não resistiu.

A notícia alcançou logo as casas de dona Estela e da namorada de Sérgio. Quando todos chegaram ao local do crime, o sangue ainda escorria pelo asfalto. Era um ponto de drogas aquele lugar em que fora assassinado, o que só faria aumentar as suspeitas e as ilações.

A primeira delas, claro: o rapaz teria sido morto — queima de arquivo — em função do caso Eliza Samudio. Se, até então, a família negara que Sérgio sofresse pressões e ameaças — ao contrário mesmo do conteúdo da carta que ele fizera chegar, em 2010, à juíza Marixa —, de súbito confessou à polícia que o jovem recebera, via celular, dois meses antes de morrer, uma mensagem estranha e assustadora: "Estou na pista. Você é o próximo."

A seu advogado, Sérgio jamais registrara qualquer preocupação, tampouco revelara alguma ameaça. "Ele só foi bastante pressionado por advogados do outro bloco" — contaria Marco Antônio Siqueira, referindo-se à defesa de Bruno e dos outros réus.

O rapaz não fugia ao estilo namorador do primo famoso. Talvez por esse motivo a família não acreditasse na relação entre o seu assassinato e o de Eliza, embora só se falasse nisso no bairro. As pessoas estavam tão envolvidas com a história da modelo e do goleiro que, tal qual investigadores, opinavam sobre o desfecho do episódio e especulavam a respeito do assassino, de modo que, à época, seria muito influente o boato segundo o qual Zezé teria matado Sérgio, como se o policial aposentado fosse um capanga.

No dia seguinte ao crime, por exemplo, a parede da casa da família apareceu pichada: "Que o Sérgio descanse em paz. Se foi o Bola, a justiça será feita." E se ventilou até que a morte tivesse sido encomendada por Bruno.

Segundo seus advogados, contudo, o jogador, informado de que o primo morrera, teria chorado muito, e até cogitara ir ao enterro, o que seria negado pela Justiça.

Sem solução e cercado de especulações, o crime ecoou na instituição para menores onde Jorge cumpria a medida socioeducativa que lhe fora imposta. Seu advogado, Eliezer de Almeida, disse então que o jovem ficara triste com a notícia, mas não com medo ou sequer receoso. Pelo contrário, estava "ansioso para ser reintegrado à sociedade".

Jorge, no entanto, aceitaria — quando posto em liberdade, em setembro de 2012 — ingressar no programa de proteção a testemunhas oferecido pelo Estado. Com nova identidade, portanto, mudou-se com a mãe e um irmão para o Nordeste.

A notícia de uma denúncia anônima — uma possível nova pista à investigação — circulou no enterro de Sérgio. Ele teria se desentendido, dias antes, com um sujeito, um provável policial militar, durante uma pelada disputada no campinho de Ribeirão das Neves. A discussão resultara numa promessa de vingança, e o *modus operandi* do assassino fazia sentido: disparar seis tiros certeiros pilotando uma moto — coisa de especialista.

Aquela, no entanto, seria apenas mais uma — e logo descartada — entre as cerca de vinte versões para a morte do rapaz. A tão especulada relação do caso com o assassinato de Eliza também seria deixada de lado, enquanto outra linha investigativa ganhava força para, afinal, tornar-se definitiva: a de que se tratara de crime passional.

Apesar de todo o amor declarado pela namorada, chegou à polícia a informação de que o rapaz mexera com a amante de um traficante de Ribeirão das Neves, a quem teria baixado as calças e mostrado o pênis. Pivô da nova trama, a moça seria casada, mãe de quatro filhos, embora mantivesse um romance com o bandido.

Mobilizados por aquele possível caminho, os policiais logo descobririam Alexandre Ângelo de Oliveira e Denilza Cesário da Silva. Ele, o traficante; ela, a isca que levaria Sérgio à morte. Por essa linha de apuração, no dia do assassinato, o jovem não teria saído para tratar de um trabalho, mas para encontrar Denilza, que, por sua vez, já contara ao amante sobre o incômodo assédio que sofria. Naquela manhã, premeditadamente, o casal foi para as imediações da casa do primo de Bruno e o esperou. Ela desceu da moto e caminhou pela rua, atenta à aproximação de Sérgio. Alexandre aguardava mais atrás, com um revólver calibre 38. Apontado como autor dos disparos, ele já tinha passagem pela polícia, por tráfico de drogas.

A despeito da grande desconfiança, até porque ambos se apresentaram à polícia espontaneamente, antes mesmo de expedido qualquer mandado de prisão, aquela versão concluía o inquérito.

Segundo a advogada dos pais de Sérgio, Adriana Eymar, a namorada do rapaz nunca acreditou na motivação passional do crime: "Ela só me disse o seguinte: 'Doutora, a justiça não foi feita. Não é por esse caminho. Ele jamais me trairia.'" A defensora completaria: "A mãe dele admitiu à polícia que Sérgio era mulherengo, mas não acredita que ele tenha chegado ao ponto de mostrar os órgãos genitais, como foi dito pelos acusados, porque não era do caráter dele."

"Obviamente, ninguém acredita nessa versão" — admite o promotor Henry Wagner.

Nem a avó Estela: "São tantas versões que a gente finge que está acreditando."

Coincidência ou não, cinco dias após a morte de Sérgio, a polícia de Minas Gerais tinha já outro enigma a decifrar. Quem estaria por trás da tentativa de assassinato sofrida por Cleiton Gonçalves, jogador do 100%

F.C. e amigo de Bruno? Ou melhor: das tentativas, uma vez que foram dois os atentados, em dias seguidos, 26 e 27 de agosto de 2012, ambos no bairro Liberdade. Seria esse um caso entrelaçado à morte de Eliza Samudio? Queima de arquivo?

Era noite de domingo. Cleiton estava em um bar, acompanhado da namorada. Assistiam a um jogo do Galo quando dois homens, que vinham entrando, atiraram. Ele então correu, tentou fugir, mas, perseguido, acabou atingido no ombro, de raspão. Assustado, porém, não procurou atendimento médico e fez somente um curativo. No dia seguinte, à tarde, quando saía de casa, um carro já o aguardava na esquina. Novamente perseguido, dessa vez teve apenas o carro baleado.

Rapidamente avultaria a preocupação — de advogados e investigadores — de que os atentados não fossem vinculados ao caso de Sérgio ou à morte de Eliza. Afinal, logo após o assassinato da modelo, Cleiton chegara a ser preso, embora não viesse a ser denunciado. Ele, em todo caso, estivera no sítio naquela semana fatídica e participara da trama, ainda que secundariamente.

Quem, então, estaria interessado em pôr fim à vida do rapaz? A explicação veio da própria polícia, que se antecipou a saciar os questionamentos da imprensa.

Em março de 2012, Cleiton fora preso, acusado de ser o mandante da morte de Elvis Silva Camargo. Na ocasião, dois homens armados invadiram uma churrascaria — em um posto de gasolina na BR-040, em Contagem — e levaram a vítima, à força, para a rua. Elvis ainda tentaria fugir, como mostram câmeras de segurança, mas acabaria detido por seis disparos. Segundo a polícia, o assassinato ligava-se à disputa de grupos rivais pelo controle do tráfico de drogas em Ribeirão das Neves.

Cleiton respondia ao processo em liberdade quando houve os ataques — tentativas de vingança, portanto.

Embora a morte de Graziele não tenha ganhado repercussão quando ocorreu, em janeiro de 2011, o crime viria à tona poucos dias antes da data marcada para o primeiro julgamento de Bruno, de modo que ele foi convocado para prestar depoimento a respeito em 6 de novembro.

A moça fora executada, com três tiros, na porta de casa, no bairro Liberdade, em Ribeirão das Neves. Seria mais uma morte cotidiana, de uma cidade com altos índices de criminalidade, não fosse ela de certa forma "ligada" ao goleiro. Também detido na penitenciária Nelson Hungria, foi Cláudio Marcos Maciel quem citou o nome do ex-capitão do Flamengo e o envolveu naquela morte. Apontado como o mandante do crime, ele declarou, no entanto, que o plano — para queima de arquivo — teria partido do jogador.

Os investigadores não podiam descartar informações e então convocaram Bruno e Dayanne a prestar esclarecimentos.

À época, falava-se que a vítima trabalhara como babá das filhas do casal — o que ambos negariam, declarando, inclusive, que sequer conheciam a moça. Na verdade, Graziele era irmã de Geisla Leal, a menina que, por R$ 50, aceitara ficar com Bruninho no dia em que o bebê fora tirado do sítio por Dayanne. A tal "ligação" com Bruno, inexistente, era somente essa, definiria a polícia, que descartou qualquer envolvimento do goleiro ou qualquer relação entre o crime e a morte de Eliza.

Para o delegado Márcio Rocha, Graziele fora confundida com a irmã, que teria supostas dívidas com traficantes. Três homens acabaram presos, acusados de participação no assassinato, e o caso foi encerrado.

A reação firme e bem-sucedida do advogado de Macarrão, Leonardo Diniz, à nova estratégia do defensor de Bruno — aquela pela qual toda a trama criminosa se teria dado à revelia do goleiro — obrigaria Rui Pimenta a alterar, às vésperas do julgamento, toda a linha de sua defesa. Assim, em 16 de novembro, ele divulgou que viajaria para a capital paulista no fim de semana que se iniciava atrás de pistas sobre a modelo.

De súbito, e sem qualquer constrangimento, Pimenta passaria a alardear que detinha informações segundo as quais Eliza Samudio fora vista em São Paulo, dias depois de sua suposta morte, ainda em 2010. De acordo com o advogado, ela teria se hospedado em um hotel em 25 de junho, com chances inclusive de ter sido flagrada pelas imagens do circuito de câmeras do estabelecimento. E mais: a modelo teria deixado o país, com documentos falsos, para viver no Leste Europeu.

Era uma fanfarronice de versões.

De uma hora para outra, o advogado se convertera — incisivamente — àquela velha fé de acordo com a qual, pelo fato de que o corpo jamais fora encontrado, não existia a materialidade do crime.

A hora do julgamento chegara, afinal. Mas não sem uma adesão de última hora. De volta ao batente, Ércio Quaresma reassumiu a defesa de Bola — mas apenas a dele, ao menos oficialmente. Era nítido, porém, que ainda orientava os demais acusados. À época, o promotor Henry Wagner Vasconcelos de Castro confirmou a existência — ou o retorno — do "blocão".

Ele mesmo, que assumira a acusação no caso Eliza em julho de 2012, ouviu de Quaresma que bastava uma "piscada de olho" para que Bruno destituísse seu advogado e o chamasse de volta.

8. OS COADJUVANTES

Em meio ao tumulto de jornalistas e curiosos à porta do Fórum Dr. Pedro Aleixo, em Contagem, um senhor de olhos azuis tentava escutar a conversa de três repórteres credenciados para a cobertura do tão aguardado julgamento do caso Eliza Samudio. Era 19 de novembro de 2012, segunda-feira, e aquele homem, que rondava os caminhões de reportagem desconfiado, tinha o semblante assustado.

Vestido com uma camisa branca abotoada até o topo, arrumada impecavelmente para dentro da calça social escura, ele esticava o pescoço ao ouvir qualquer especulação sobre manobras das defesas e acerca das expectativas de que Macarrão — o fiel escudeiro de Bruno — assumisse o crime e inocentasse o amigo famoso. Parecia também querer falar.

Luiz Henrique Neto é avô de Macarrão. Saíra cedo de Ribeirão das Neves para acompanhar a audiência, mas seu nome não estava cadastrado entre os que poderiam assistir ao julgamento, de modo que esperava o advogado Leonardo Diniz para tentar entrar com ele. Representava a filha Luciene, que, trabalhando, só chegaria mais à noite. Foi quando também conseguiu acesso ao plenário.

"Olhem para um homem de quase setenta anos, com os olhos marejados, e vocês vão saber como eu me sinto" — desabafou. "Somos de família evangélica e sempre estivemos por perto, mas parei de acompanhá-lo quando ele fez catorze anos, época em que menino acha que sabe de tudo." Luiz acreditava na inocência do neto, pois, a cada visita que lhe fazia na cadeia, repetia a mesma pergunta — sobre se era o assassino da modelo — e ouvia a mesma resposta: "Vovô, eu não matei a Eliza."

O dia começara confuso no salão do júri, que receberia, no banco dos réus, Bruno, Macarrão, Dayanne, Fernanda e Bola. Os processos contra Elenilson Vitor e Coxinha haviam sido desmembrados e os dois seriam julgados em data ainda não definida. Às 9h04, enquanto a juíza analisava os pedidos da defesa, os advogados brigavam por lugar no plenário. O julgamento já estava atrasado em mais de meia hora, uma vez que nenhuma das 25 testemunhas chegara.

Era um entra e sai de gente sem fim, um falatório monumental, interrompido somente pelo silêncio constrangedor no momento em que a filha de Bola chegou. Middian Kelly dos Santos, de 27 anos, vestia uma camiseta branca com a foto do pai abraçado a um cachorro da raça rottweiler — grande paixão do ex-policial. A imagem acompanhava uma frase, "Que Deus dê vida aos seus inimigos para que de pé eles possam ver a tua vitória", e gerou mal-estar imediato, sobretudo porque uma das hipóteses para o fim do corpo de Eliza — de acordo, aliás, com o testemunho de Jorge — era a de que teria sido esquartejado e jogado aos cães.

A jovem, porém, não se abalou. Disse que a mãe esteve no presídio no dia anterior e que o pai então se mostrara confiante em mais uma absolvição — doze dias antes, fora declarado inocente das acusações de matar um carcereiro, em 2008.

Depois de vencer a batalha das cadeiras, sentando-se onde queria, Ércio Quaresma passou a reclamar da falta de tomadas em que pudesse ligar o computador. Se a estratégia era a de tumultuar o ambiente, foi bem-sucedida. O advogado chegou a discutir com um escrivão, até que a juíza Marixa intercedesse e determinasse a instalação de um filtro de linha para lhe atender.

Quaresma ainda reclamaria da falta de lugares para a família de seu cliente; questionaria a dispensa dos jurados que haviam atuado no julgamento anterior de Bola; e, ao dar uma corridinha dentro do plenário, machucaria o pé, razão pela qual passaria o dia mancando. "Ela vai viver um dos piores momentos da vida dela. O que ela vai tomar de requerimento, não está na história" — anunciava o advogado, referindo-se à magistrada.

Manuel Zanone, seu colega de defesa, também criticava a decisão sobre os jurados: "Ao não aceitar aqueles que absolveram meu cliente, a juíza acabou por influenciar na escolha do conselho de sentença."

Os sete jurados dispensados estavam entre os 25 que se apresentaram — voluntariamente — para os julgamentos da comarca em novembro. Como haviam sido sorteados para compor, no início daquele mês, o júri de Bola no caso do carcereiro, absolvendo-o afinal, a juíza perguntou-lhes se teriam algum constrangimento em participar daquele novo conselho de sentença. Seis ergueram as mãos. O sétimo acabaria dispensado por problemas de saúde.

A sessão iniciou-se às 11h59 — com três horas de atraso. Às 12h16, Quaresma ameaçou abandonar o plenário, caso a magistrada não atendesse seu pedido de ampliar o tempo das apresentações de defesa, estipulado em vinte minutos. Ele não sossegava: alegou nulidade, bateu boca com o promotor e tentou até desestabilizar a juíza: "A senhora não vai dizer o que esta defesa deve ou não fazer."

Ganhou, enfim, mais dez minutos para falar. Mas não se satisfez. A magistrada ainda concederia alguns instantes para que os advogados de defesa discutissem se ficariam ou não no plenário, embora o principal foco de atenção de Quaresma consistisse em tentar convencer os advogados de Macarrão e Fernanda a deixar o fórum também, o que forçaria a magistrada — como era praxe — a lhes sugerir defensores públicos, senha para que o julgamento fosse adiado, a tanto bastando que os réus rejeitassem a oferta.

Alegando cerceamento de defesa, Quaresma finalmente abandonaria o plenário. Não sem antes orientar seu cliente. Bola, portanto, não aceitaria ser representado por um defensor público.

Obrigada a interromper a sessão para o almoço, a juíza reabriria os trabalhos às 15h23. No banco dos réus, doravante, Dayanne, Bruno, Fernanda e Macarrão. O goleiro entrou sem algemas, com a cara fechada, mas cumprimentou o amigo do peito, que não respondeu. Marixa perguntou-lhe se queria ser julgado naquela data, ao que ele respondeu: "Sim, estou tranquilo."

O calor era desértico na sala. O ar-condicionado não dava vazão. O cenário estava montado da seguinte forma: de frente para a plateia, a juíza, sentada em uma cadeira central, mais alta, e o promotor Henry Wagner, a seu lado direito. O assento para depoimentos ficava bem defronte à mesa da magistrada. As seis mulheres e um homem sorteados para compor o júri ficavam próximos ao promotor, virados para o centro do plenário. No lado oposto, a bancada dos advogados de defesa — uns vinte, contando também assistentes e estagiários — e o banco dos réus, em cuja primeira fileira se encontravam Dayanne e Bruno. Fernanda estava logo atrás. Macarrão tinha voltado ao presídio: passara mal, logo depois do almoço, durante uma intervenção do promotor.

"Uma vez, num júri em Ribeirão das Neves, preferi desmaiar a enfrentar um conselho de sentença só de mulheres. A defesa tentou, mas perdeu de seis a um" — sentenciava o assistente de acusação José Arteiro.

Com a camisa vermelha do sistema prisional, Bruno, de cabeça baixa, rezava baixinho. Por um momento, desviou o olhar e procurou por Ingrid na plateia, uma de suas mulheres naquela trama toda. Mais cedo, ela anunciara à imprensa que havia se casado com o jogador dentro da penitenciária Nelson Hungria. Ao localizá-la entre os presentes, ele deu um sorriso, piscou e voltou a encarar o chão fixamente.

Cleiton da Silva Gonçalves, amigo do goleiro, dublê de motorista e jogador do 100% F.C., seria a primeira das cinco testemunhas de acusação a depor. Sempre debochado, confirmou que fora detido dirigindo o carro de Bruno durante o período em que Eliza esteve no sítio e repetiu todas as informações que já prestara à polícia. Em seguida, o promotor pediu-lhe que apontasse quem era quem em algumas fotografias tiradas em Angra dos Reis, no fim de semana posterior à execução da modelo. Eram Bruno,

Macarrão e Sérgio, que, à beira de um deque e à frente de uma lancha, de sunga e com cordões havaianos no pescoço, abraçavam-se sorridentes. Estavam felizes, dois dias depois do assassinato.

O promotor, então, quis saber por que Cleiton aconselhara Bruno a não matar Eliza — informação que constava de seu primeiro depoimento, ademais lido pela juíza antes do início daquele testemunho. Ele, no entanto, responderia: "Eu não dou conta de lembrar de coisas que falei há mais de dois anos." Admitiu, porém, que Jorge lhe contou a forma como a modelo fora assassinada. "Ele me disse: 'Eliza já era.'"

Henry Wagner perguntou-lhe ainda sobre o encontro no bar, logo depois do jogo do 100%, em Ribeirão das Neves: estaria o goleiro acompanhado de uma loura? "Bruno tinha várias mulheres. E a única loura que conheço é a Fernanda" — falou o rapaz, arrancando risos da plateia, inclusive de Dayanne.

Fernanda, a loura em questão, vestia um terninho preto, com calça extremamente apertada. Tinha várias pulseiras e trazia argolas douradas nas orelhas. Com o cabelo preso em um rabo de cavalo e óculos de armação retangular, cultivava um ar de executiva. Carregava um terço nas mãos até mesmo quando ia ao banheiro, ocasião em que passava pelo plenário de cabeça baixa e testa franzida. Chorava bastante, o que, contudo, não lhe borrava a maquiagem leve.

Passava das 19h quando Rui Pimenta, o defensor de Bruno, começou a inquirir Cleiton. Por várias vezes, tocaria o braço da testemunha — razão pela qual levou uma bronca de Marixa. De cabelos brancos, voz pausada e o habitual jeito mineiro de economizar as palavras, cortando-as ao meio e juntando-as numa frase, o advogado perguntou o que o grupo fizera em Angra naquele fim de semana de junho de 2010. "Andamos de lancha" — respondeu o rapaz. Questionou também sobre se ele gostava de beber e qual tipo de bebida preferia. Cleiton confirmou que bebia diversas vezes ao dia e que gostava de uísque, cerveja e vodca. Bruno então sorriu, olhando para o amigo. "Quando eu bebo, não lembro de muita coisa" — completaria.

Querendo saber se Cleiton já vira o goleiro fazer mal a alguém, Pimenta conceberia um cenário e o submeteria à testemunha: "O Rio de Janeiro tem o maior cemitério do mundo, que é o Oceano Atlântico. Qualquer corpo jogado ao mar é comido por peixes. Você acha que o Bruno, se tivesse que matar alguém, viria matar aqui em Minas Gerais?" A juíza, porém, desconsideraria a pergunta e encerraria a sessão.

O desmembramento do processo, consequência de os advogados de Bola terem abandonado o plenário, não se dera à toa. Compunha uma clara estratégia protelatória da defesa do ex-policial — algo que o próprio Manuel Zanone considerara, mais cedo naquele primeiro dia de julgamento, como uma possibilidade interessante: "Claro que é bom para mim. Meu cliente é apontado como executor e, para isso, precisa de mandante. Se Bruno e Macarrão forem absolvidos, pergunto: quem contratou Bola?"

Em decorrência da deserção calculada de seus representantes, o ex-policial teria dez dias para constituir novos defensores, mas a bancada dele — já se sabia — permaneceria a mesma. Para Henry Wagner, a atitude de Quaresma — mentor do movimento — representava "uma falta de sensibilidade, clara demonstração de desprezo e desrespeito", de modo que solicitou à juíza que o advogado respondesse por desacato à autoridade.

O segundo dia de julgamento, terça, 20 de novembro, iniciou-se com uma questão burocrática: a magistrada determinou que cada um dos três advogados de Bola pagasse multa de R$ 18.660 pela deserção.

Na plateia, Ingrid sentou-se ao lado do procurador de Bruno, Vitinho, aquele que emprestara a BMW ao goleiro — carro que integrara o comboio que levou Eliza, sequestrada, para a morte em Minas.

O relógio marcava 9h45 quando o jogador pediu para falar reservadamente com os advogados Carla Silene, que representava Fernanda, e Francisco Simim, de Dayanne. Disse-lhes, então, que se sentia inseguro com Rui Pimenta, em seguida aventando a chance de Carla defendê-lo — o que ela recusaria, uma vez que não tinha se preparado para conduzir o caso do goleiro.

Sentado na bancada, Pimenta de nada sabia. A conferência já se estendia por cinco minutos quando Carla, dirigindo-se à juíza Marixa, alertou para a necessidade de o ainda advogado de Bruno participar da conversa. Os defensores seguiram do lado de fora por mais dez minutos, ao final dos quais Pimenta reapareceria já sem a toga. O jogador, então, anunciou: "Peço desculpa a todos, mas por estar me sentindo inseguro... Estou destituindo o doutor Rui. Peço um prazo para escolher um outro advogado, excelência." O goleiro não contava, entretanto, com o fato de que Francisco Simim constasse, nos autos, também como seu advogado — ao que aludiria a magistrada: "Mas o senhor está sendo defendido, senhor Bruno", dando, pois, prosseguimento à sessão.

A próxima testemunha até chegaria a ser convocada — mas não sem que o jogador pedisse para falar novamente à juíza, a quem então manifestou o desejo de destituir Simim. Imediatamente, o promotor interveio: sugeriu que o advogado deixasse a causa de Dayanne — que, assim, definiu a magistrada, seria julgada em outra ocasião — e passasse a se dedicar exclusivamente à de Bruno, proposta que Marixa acatou.

Francisco Simim, contudo, pediria para ser liberado do caso, alegando que desconhecia os detalhes da trama que enredava o jogador. Justificava-se frisando que estudara o processo concentrando-se somente em Dayanne. Sem sucesso, porém. Listado entre os defensores de Bruno, ele era — segundo o entendimento da juíza — advogado habilitado a defender o goleiro.

A audiência foi interrompida.

Usando um cordãozinho com a imagem de Nossa Senhora, Dayanne chorava com as mãos no rosto, desesperada. "Eu queria ser julgada naquele dia. Saí chorando porque queria logo resolver minha vida. Mas não tem jeito, é só no tempo de Deus mesmo" — comentaria em março de 2013.

Era uma clara manobra protelatória de Bruno. Seria injusto, porém, negar-lhe motivos para estar inseguro com seu advogado. Afinal, Rui Pimenta só se convertera à tese de que não existia materialidade do crime à véspera do julgamento. Até então, investira numa linha segundo a qual Eliza estava morta, incriminando Macarrão e Bola respectivamente como mandante e executor do assassinato da modelo — que se teria dado à revelia do jogador. Mas não apenas: Pimenta afirmava que o melhor amigo de seu cliente arquitetara o crime por ciúmes, porque era homossexual. Posição que só alteraria — menos por estratégia de defesa do goleiro do que para se resguardar — quando acossado por Leonardo Diniz, advogado de Macarrão, que reagira anunciando que o processaria por calúnia e difamação.

"Ainda não tinha lido todo o processo. Estava focado em entrar com o *habeas corpus* e achei que tinha um relacionamento dúbio da parte de Macarrão. Mas, ao concluir a leitura, mudei de opinião, sim, porque percebi a inexistência do delito e a falta de provas" — assim, dois dias antes do início do julgamento, Rui Pimenta explicou por que mudara a tática de defesa.

Inquestionavelmente infelizes foram os comentários do jovem criminalista Tiago Lenoir, de 28 anos, no Twitter, pouco antes de ser convidado por Francisco Simim para ajudá-lo na defesa do goleiro. Na noite anterior, a de 19 de novembro, encerrado o primeiro dia de julgamento, ele publicara um palpite que lhe renderia muitos questionamentos. Então fora do caso, escreveu que Bruno e Macarrão deveriam confessar o homicídio, mas negar a ocultação de cadáver: "Daí pega seis anos e volta a jogar bola."

Segundo Lenoir, a defesa estava errada em sustentar a inexistência do crime. Como um entendido no assunto, ainda apostaria: "Na prática, a defesa vai continuar falando asneiras e Bruno será condenado a mais de 38 anos. Aposto uma cx [caixa] de cerveja."

Os comentários permaneceriam no ar por pouco mais de doze horas, até que Simim o convidasse para integrar a banca do goleiro. "Twitter é foda. Isso vai rodar o mundo, né!?" — comentou, com um sorriso amarelo, na porta do fórum, entre uma entrevista e outra, já no dia seguinte. "O que ele falou antes disso não vai ter validade. A tese é que não houve crime" — afirmou Simim, no mesmo local. "Se ele disse isso, podemos esperar um grande coma alcoólico" — alfinetou o promotor.

A audiência recomeçaria com a saída de Dayanne, cujo processo, seguindo a sugestão de Henry Wagner, fora desmembrado. No plenário, ao lado de Macarrão, que regressara ao tribunal e aparentava grande tensão, Fernanda chorava muito, com a Bíblia depositada sobre as pernas. Atentos, ouviram João Batista, um policial que acompanhara todos os relatos de Cleiton na delegacia. Depois, foi a vez da delegada Ana Maria Santos, responsável pelo depoimento do menor Jorge, dar seu testemunho.

Ela recontaria as investigações passo a passo: "O moço [Bola] pegou nas mãos de Eliza, pediu a Macarrão para a amarrar e ainda a chutou" — citando frases ditas por Jorge. "É mentira" — murmurou Macarrão, que balançava a cabeça negativamente e que começara a chorar, por três vezes chamando a delegada de mentirosa.

Às 12h26, enquanto Ana Maria ainda fazia seu relato, Francisco Simim sentou-se ao lado de Bruno para uma conversa longa, deixando-lhe a par do que acontecia. Às 13h34, Leonardo Diniz questionou Ana Maria sobre as buscas pelo corpo da modelo e as provas do crime. No banco dos réus, o goleiro tentaria então falar com Macarrão, advertido, no entanto, por um policial militar, que pediu silêncio.

Depois do almoço, a juíza começou a ouvir o preso Jailson Alves de Oliveira, aquele que teria presenciado uma confissão de Bola. Os dois costumavam assistir juntos à televisão em uma das celas da penitenciária Nelson Hungria e, segundo Jailson, o ex-policial lhe teria dito que só descobririam o local da desova do corpo de Eliza "se os peixinhos falassem".

Ele contou à magistrada que sofrera ameaças de Bruno, precisamente a 13 de novembro, nove dias antes do julgamento. Era uma terça-feira e, durante o banho de sol dos presidiários, cruzara com o goleiro no pavilhão. Jailson estava na porta da enfermaria quando o jogador, escoltado por um agente, a caminho do atendimento psiquiátrico, teria lhe falado: "Ô Jailson, o que é seu está guardado. Você não sabe com quem está mexendo." Exaltado, a testemunha então se voltou para o banco dos réus. Tentando se levantar, apontando o dedo em direção ao réu, disse: "Fala agora, Bruno, que você me ameaçou. Não ameaçou?" Ao que o goleiro respondeu friamente: "Não te conheço, parceiro!"

Macarrão também parecia indignado com as afirmações de Jailson, sobretudo quando este fez referência a um suposto envolvimento dele com drogas, acusando-o de ser chefe do tráfico na região onde morava, em Ribeirão das Neves, o que jamais ficaria comprovado. De punhos cerrados, ficara agitado, balançando a cabeça negativamente e sacudindo as pernas.

Protagonista das horas que antecederam aquele segundo dia de julgamento, Tiago Lenoir iniciava, então, na defesa de Bruno, sua atuação no caso — mas não sem se desgrudar do smartphone, que manteria à mão mesmo tendo a palavra no plenário. A gafe cometida via Twitter não lograra separá-lo de seu estimado e moderno aparelho. Advertido pela juíza a respeito — "O senhor precisa mesmo ficar com esse telefone enquanto faz perguntas à testemunha?" —, o que o faria corar as bochechas, explicou que se esquecera do tablet e se justificou: "É que eu preciso fazer umas consultas, excelência."

Havia alguns cartazes espalhados pelo salão do júri pedindo que os telefones permanecessem desligados — razão pela qual, quando seu telefone tocou, o assistente de acusação José Arteiro também levou uma chamada da magistrada: "Peço que o senhor desligue seu aparelho ou retire a bateria." Arteiro, falando como um típico nordestino do interior, com sotaque carregado, responderia: "Não sei mexer nisso, não" — arrancando gargalhadas da plateia.

O celular seria mesmo elemento onipresente no julgamento, pois, ainda naquela tarde, uma testemunha de defesa — que deveria estar incomunicável, em um hotel próximo ao fórum — fora flagrada usando um telefone. Como consequência, cinco aparelhos móveis de outras testemunhas acabariam apreendidos por oficiais de Justiça, e o promotor Henry Wagner pediria a impugnação delas: "Como houve a quebra de incomunicabilidade de algumas testemunhas, essas pessoas poderão ser ouvidas, mas sem gerar efeitos. Além de um componente deste grupo ser flagrado ao telefone, outros cinco celulares foram encontrados com as testemunhas isoladas" — explicou aos jornalistas.

O quadro, ao fim daquela terça, era de instabilidade total na defesa de Bruno. Nos bastidores, comentava-se que poderia tentar destituir outra vez os advogados, na busca, insistente, por desmembrar o processo — o que ele conseguiria, afinal. Mas de um jeito diferente.

Às 9h33 da quarta-feira, 21 de novembro, terceiro dia de julgamento, o goleiro optou por nomear um novo defensor. Indicado por Lenoir, Lúcio Adolfo da Silva já estava presente. "Em respeito à Justiça", o promotor, lendo então a lista de advogados já relacionados pelo goleiro — Francisco Simim e, há algumas poucas horas, Tiago Lenoir —, pediria à juíza que não aceitasse mais aquele: "A defesa, sob a capa da astúcia e da bravata, só manobra" — afirmou Henry Wagner, sem sucesso.

Experiente criminalista, Lúcio Adolfo logo apresentou o argumento de que precisava se inteirar do caso, assim garantindo a Bruno o tão ansiado desmembramento do processo. Como desejava desde o início, o jogador seria julgado em outra data.

Sobravam Macarrão e Fernanda.

Depois do almoço, reabertos os trabalhos no plenário, a defesa de Macarrão resolveria dispensar três testemunhas: duas delegadas e Elenilson Vitor da Silva, o caseiro do sítio de Esmeraldas, acusado de sequestro e cárcere de Bruninho, que também seria julgado em outra ocasião. A advogada de Fernanda igualmente abriria mão de ouvir as pessoas que listara. Somente Sônia Moura, mãe de Eliza, prestaria depoimento, rapidamente, sem muito a acrescentar. Questionada por Arteiro sobre se perdoava Bruno, o que deixaria algumas juradas comovidas, respondeu: "Sinto muito, mas não perdoo."

Em seguida, a defesa de Macarrão convocou Marcos Vinícius Clarindo, um amigo de infância do rapaz. Incisivo, o promotor pretendia reforçar os vínculos entre Bruno e Luiz Henrique. "Macarrão tem carro?" — perguntou. "Ele ganhou um New Beetle de Bruno" — ouviu em resposta. "Luiz Henrique é homossexual?" — arguiu Henry Wagner. "Não!" — reagiu Marcos, aparentemente surpreso com a questão. "Nem ocasionalmente?" — insistiria o promotor. "Aí eu já não sei" — desconversaria a testemunha. De cabeça baixa, olhando de um lado a outro, Macarrão fazia que não.

O dia se arrastava, cansativo. Chegara, porém, a hora dos vídeos, com depoimentos gravados ainda em 2010, por ocasião das investigações. Alguns advogados cochilavam no plenário, mas Macarrão e Fernanda acompanhavam tudo com atenção, interrompidos somente pelo toque do celular de Ércio Quaresma — a música tema do filme *Missão impossível*.

Exibidos durante duas horas, os vídeos mostrariam uma entrevista mentirosa de Bruno, logo após um treino no Ninho do Urubu, quando se declarou triste com o desaparecimento de Eliza e na torcida para que reaparecesse — "Ainda vou rir disso tudo", falou —, e também aquele depoimento informal dado à polícia dentro da aeronave que o levara, preso, para Minas Gerais. Ali, já tentava lançar a culpa sobre seu fiel amigo, dizendo que não confiava mais nele.

Passava de 20h45 quando a juíza determinou a leitura das peças do processo selecionadas pela promotoria, entre as quais o depoimento de uma assistente social que acompanhara as oitivas de Jorge, laudos periciais e resultados de exame. José Arteiro, entediado, aparava as unhas da mão esquerda, sentado ao lado da mãe de Eliza. Uma hora e meia depois, um assistente da magistrada começou a ler as peças escolhidas pela defesa de Fernanda. "Não precisam ficar apavorados, não, porque a defesa da Fernanda já reduziu a quantidade de leitura. Foi um pedido gentil" — brincaria Marixa.

Somente às 23h04 Macarrão passaria a ser ouvido. Era imensa a expectativa sobre o que diria. Falava-se, desde o início do julgamento, sobre a possibilidade de que confessasse — e havia mesmo os que garantissem que um acordo a respeito fora firmado com a promotoria. "A confissão é boa para o Macarrão. Ela não importa para mim. Vim em busca de condenação de todos e vou conseguir" — afirmara Henry Wagner, mais cedo, num dos intervalos da sessão, rechaçando a especulação acerca de um acordo.

"Queria falar para a senhora que não sou esse monstro que as pessoas pensam" — assim Macarrão abria sua exposição à juíza. Aparentava calma, gesticulava pouco e se expressava pausadamente. "Sempre quis falar, mas meus advogados anteriores não me deixavam. Hoje desejo esclarecer toda a verdade sobre os fatos." E prosseguia: "A denúncia, em partes, é verdadeira." Era, pois, a materialização do que todos esperavam. Até aquele momento, de fato, nunca comentara o crime.

Explicou, então, que não fora ele quem convidara Eliza a se hospedar no hotel no Rio de Janeiro, e que, desde que trabalhava para Bruno, fizera três depósitos de R$ 3 mil para a modelo, relativos à pensão de Bruninho. "Eu era como um administrador... Eu pagava as contas e, com o passar do tempo, o grau da confiança foi aumentando." Contou como teria conhecido Eliza, em outubro de 2009, referindo-se ao dia em que ela foi levada à casa do goleiro, afinal obrigada a ingerir comprimidos abortivos — fato que ele, claro, negava, mantendo a versão dada à época.

Segundo Macarrão, ele e o jogador participavam de muitas noitadas em que não faltavam garotas de programa: "Infelizmente, tanto as festas que Eliza ia e as festas que nós frequentávamos eram uma loucura! Muitas mulheres, muitos homens, jogadores de futebol..." — lembrou-se, acrescentando: "No dia da festa na casa do Paulo Victor, Bruno me contou que transou com Eliza em quinze minutos."

Eram 23h30 quando Macarrão relatou à juíza que o goleiro dera a Eliza o telefone de seu "faz-tudo", ele mesmo, com quem trataria dos depósitos: "Era sempre para reclamar do dinheiro. Eu respondia que ia dar um jeito, mesmo nos meses em que o Flamengo não pagava o Bruno."

Marixa quis saber sobre a vida financeira do jogador, precisamente dos gastos com Bruninho. Macarrão, entretanto, não entendeu a pergunta e respondeu apenas sobre despesas supérfluas e descontroladas do amigo: "No final de fevereiro [de 2010], o Flamengo pagou as luvas, R$ 325 mil brutos, e passei a acertar o que Bruno devia. Eram cerca de R$ 400 mil. Eram várias dívidas, como prestações de carro, aluguel de apartamento, escola das filhas. Só em roupas, eu dei um cheque de R$ 107 mil para uma mesma pessoa" — contou. "Só as prestações dos carros eram R$ 5.050 de um e R$ 7.810 de outro todo mês. O Bruno e a Dayanne me xingaram por ter quitado a maior parte das dívidas de uma só vez. Mas aí a confiança foi aumentando porque eu deixei R$ 30 mil para passar o restante do mês" — gabou-se.

Havia duas horas e quarenta minutos de interrogatório quando Macarrão se pôs a tratar dos acontecimentos do dia do crime. Chorando muito, lembrou que o jogador recebera, na fatídica noite de 10 de junho de 2010, um telefonema de alguém que já havia ligado várias vezes. "A aparência do Bruno estava estranha durante essa conversa ao telefone, com um clima diferente. Percebi que tinha algo. Bruno me mandou levar Eliza Samudio a um lugar, em frente à Toca da Raposa, pois teria uma pessoa esperando ela" — relatou. Macarrão recontava os detalhes entre soluços: "Eu disse: 'Bruno, deixa essa menina em paz, pois o Jorjão [um colega de infância de ambos] já esteve preso e eu não quero ser mais um para entrar no sistema porque eu não sou bandido e nem vagabundo.'" As tentativas de dissuadir o amigo teriam continuado — asseverou. À juíza, disse que o goleiro lhe garantira saber o que estava fazendo. "Ô Bruno, você pensa bem no que vai fazer porque a corda sempre arrebenta para o lado mais fraco e tudo que iria acontecer, iria acabar caindo nas minhas costas" — declarou, usando as mãos para encenar a ordem do jogador. Batendo no peito, Bruno teria afirmado: "Eu sou o pica! Deixa comigo. Larga de ser bundão, faz o que estou mandando."

Macarrão estava esgotado. Era visível. Por dois anos e nove meses, guardara o que sabia sobre os cinco dias em que Eliza foi mantida sob o domínio do grupo, preservando o melhor amigo e seguindo, entre trancos e barrancos, as orientações de Ércio Quaresma. Agora, reagindo ao caminho que a própria defesa de Bruno trilhara, abria a trama, ao menos sob um ângulo que lhe fosse mais conveniente, e despejava sobre o goleiro a maior responsabilidade pelo crime. Macarrão não entregaria Bola, todavia. Disse que não vira quem era o homem que esperava pela modelo em um Palio escuro: "Eu saí correndo, quase bati com o carro no poste. Estava apavorado e voltei para o sítio chorando muito."

O relógio pendurado à parede marcava 1h56 quando Macarrão mandou um recado à Sônia Moura, mãe da modelo: "Não sei se ela está aqui [no plenário], mas quero que saiba que, se eu soubesse que

Eliza iria morrer, falaria tudo." Estava desolado, fragilizado — mas ainda desabafaria, referindo-se àquele em quem tanto confiara: "Eu não acabei com a vida dele. O Bruno que acabou com a minha vida. Minha família está sofrendo, minhas filhas estão crescendo... Agora, acabou isso tudo."

Às 2h57, a palavra foi passada ao promotor, que saudou a coragem de Macarrão pelo depoimento e conseguiu resumir, em uma pergunta, o que o fiel escudeiro sentia: "O senhor se sente traído?" — questionou, com tom solidário. "Eu admirava o trabalho da pessoa Bruno. Fiquei dez meses na cadeia com ele e ele pedia perdão pela gravação apresentada no *Fantástico*. Não sei se traído é a palavra, mas sim rejeitado." Henry Wagner então lhe perguntou sobre se teria participado da morte de Eliza por ciúmes. "Essa história foi inventada pelo advogado Rui Pimenta. Eu não sou homossexual. Eu tinha uma amizade e respeito muito grande por ele. Ele não vai falar, mas ele ia fazer essa tatuagem também" — respondeu, lembrando que fora muito humilhado no sistema carcerário e registrando que se arrependia da homenagem que inscrevera às costas.

Em seguida, Macarrão disse que só conhecera Bola na cadeia — imediatamente confrontado, portanto, pelo promotor, que aludiu às bilhetagens do rastreamento dos celulares. Afinal, havia dez chamadas entre eles no dia em que Eliza foi executada, seis das quais dele para o ex-policial. Segundo Macarrão, Bola queria que o filho jogasse futebol e lhe pedira que intermediasse com Bruno uma chance ao garoto — esse, o motivo das ligações.

Quase quatro horas de interrogatório e novamente o promotor apertava o cerco, questionando-lhe sobre a carta escrita por Bruno, aquela que falava de um plano B, documento interceptado por agentes penitenciários. "Eu não tenho conhecimento, mas acredito que esse plano B seria para eu assumir todas as responsabilidades da morte da Eliza" — conjecturaria o réu.

O depoimento se encerrou às 4h14. Para Henry, a confissão fora parcial e calculada, com vistas a uma redução de pena, mas ainda assim importante, pois situava o principal acusado como mandante: "Tirar o Bruno do plenário foi a pior coisa que fizeram."

Fernanda prestava depoimento na tarde de quarta-feira, 22 de novembro, quando um bochicho de jornalistas e advogados tomou o plenário: Bruno teria se suicidado dentro da cela, na penitenciária Nelson Hungria. A especulação ganhava corpo de tal forma — e sem que a Secretaria de Estado de Defesa Social conseguisse confirmar ou não o boato — que, às 16h10, em decorrência do falatório, a juíza Marixa teve de interromper a sessão, chegando mesmo a pedir que os jurados fossem retirados do tribunal.

Seriam longos seis minutos até que Lúcio Adolfo desmentisse a história: "Bruno está bem. Já consegui falar com ele."

Apesar de sob grande pressão, agravada pelo boato recém-dissipado, Fernanda aparentava calma. De terninho, com calça apertada e salto alto muito fino, como nos dias anteriores, mantinha o cabelo preso, os óculos de grau e — sempre — o terço na mão. Respondeu às perguntas da juíza, do promotor e dos advogados com tranquilidade, e só se desconcentrou ante as informações minuciosas obtidas pelo rastreamento de seu celular. Separando as sílabas fortes, com voz incisiva e estridente, Henry Wagner — caminhando, lentamente, em frente aos jurados — concluiria a questão já bem próximo da ré: por que o relatório mostrava ligações entre ela, Macarrão e Jorge, se os três estavam na mesma casa? "Não sei explicar, excelência" — respondeu Fernanda, olhando para Marixa. "Talvez essa lista esteja errada" — continuou.

Ainda que as defesas, de modo geral, estivessem razoavelmente alinhadas, Fernanda acabaria por contradizer Macarrão em nove pontos:

- Ele declarou que encontrara Eliza — por acaso — no dia 4 de junho, no restaurante Rosas, na Barra da Tijuca, onde fora jantar com Jorge. Ela, por sua vez, afirmou que Macarrão lhe contara que conversaria com a modelo, naquela noite, para "negociar problemas de dinheiro".

- Ele disse que em nenhum momento ela tomara conta do filho de Eliza na casa do Recreio, logo após o sequestro. Fernanda, no entanto, admitiu que ficara com a criança e falou que dormira com o bebê a noite toda, de 4 para 5 de junho, já que a modelo reclamava de fortes dores de cabeça e não tinha condições de cuidar do menino.
- Ele afirmou que Jorge ficara gravemente ferido no braço, rasgado pelas unhas de Eliza por ocasião da briga dentro do carro, também em 4 de junho. Ela, contudo, negou ter visto qualquer ferimento no braço do menor.
- Ele falou, em plenário, que a convidara, em 5 de junho, para ir a Minas, de modo a conhecer os amigos do goleiro. Segundo Fernanda, entretanto, a viagem já estava planejada. Naquela tarde, enquanto o Flamengo de Bruno enfrentava o Goiás, ela fora em casa para buscar a mala de roupas.
- Macarrão insistiu em que era comum Bruno e ele viajarem para Belo Horizonte em dois carros. Fernanda disse, porém, que o goleiro pegara um automóvel na concessionária do amigo Vitinho, excepcionalmente, para fazer um test-drive com a BMW X5, que era blindada e desprovida de GPS.
- Já no motel, em Contagem, Bruno, segundo Macarrão, teria ligado para ele — às 7h do dia 6 — pedindo que alugasse mais um quarto, onde ficaria com Fernanda. Versão que difere daquela apresentada pela moça, de acordo com a qual o casal fora direto para o motel, e Bruno em nenhum momento telefonou para o amigo.
- Segundo Macarrão, entre 10h30 e 11h do dia 6, Bruno teria ligado para o telefone de seu quarto. Fernanda, contudo, disse que o goleiro não sabia que o amigo estava no mesmo motel, e que ainda perguntou se ele o estaria seguindo.
- Macarrão contou que o jogo do 100% F.C., em Ribeirão das Neves, ocorrera entre 15h30 e 18h30 daquele dia 6 de junho. Segundo Fernanda, a partida se deu de 13h às 15h.
- Após dormirem no sítio, entre domingo e segunda, respectivamente 6 e 7 de junho, Macarrão falou que só teriam saído de lá por volta das 13h, para devolver a BMW. Fernanda garantiu que tomaram a estrada para regressar ao Rio logo cedo, às 9h30.

Faltava um minuto para as 17h30 quando o advogado Lúcio Adolfo passou a arguí-la. Apesar do desmembramento do processo e de uma nova data para o julgamento de Bruno, o advogado poderia fazer perguntas. Ele entrara no salão do júri falando alto, carregando — na mão direita, que elevava — um tabloide popular enrolado, criticando, com base no que tal jornal publicara, o suposto acordo entre a promotoria e a defesa de Macarrão. "Fernanda, a senhora recebeu alguma proposta de acordo para diminuir a culpa?" — perguntou, advertido então pela magistrada, já que os jurados não podiam ter acesso a qualquer informação. A ré, contudo, respondeu que não, sem conter as lágrimas: "Estou em busca da verdade e eu acredito na Justiça. Só quero provar minha inocência" — finalizaria a moça.

Assim como Macarrão, ela não tentava proteger Bruno, mas só a si mesma. Declarou que mentira por medo "de tudo o que aconteceria", e novamente pediu desculpas à juíza. "Só tive certeza de que Eliza foi executada depois do depoimento do Luiz Henrique. Até então, todas as vezes que tive contato com eles, eles negavam."

Os debates no dia seguinte, quinta-feira, 23 de novembro, começaram com atraso, às 11h30, e não tiveram Fernanda em plenário, pois ela pedira para não assistir à apresentação da promotoria — o que deixava Macarrão sozinho no banco dos réus. "Chega um tempo em que não se diz mais: meu Deus" — assim Henry, lembrando um trecho de "Os ombros suportam o mundo", poema de Carlos Drummond de Andrade, iniciava sua exposição: "Tempo de absoluta depuração."

O promotor teria duas horas e meia para recontar o processo, e recorreria a um poema da portuguesa Florbela Espanca, "Mendiga", para recriar Eliza:

> Na vida nada tenho e nada sou;
> Eu ando a mendigar pelas estradas...
> No silêncio das noites estreladas
> Caminho, sem saber para onde vou!

Tinha o manto do sol... Quem mo roubou?!
Quem pisou minhas rosas desfolhadas?!
Quem foi que sobre as ondas revoltadas
A minha taça de ouro espedaçou?!

Agora vou andando e mendigando,
Sem que um olhar dos mundos infinitos
Veja passar o verme, rastejando...

Ah, quem me dera ser como os chacais
Uivando os brados, rouquejando os gritos
Na solidão dos ermos matagais!...

Henry, então, arrematava: "É necessário, excelências, que precisemos sepultar Eliza Samudio com as condenações." Olhando nos olhos dos jurados, falaria de sonhos e esperanças: "Aos quinze anos, Eliza abandona a convivência familiar diante da pedofilia do pai e cai no mundo." Ponto a ponto, contava a trajetória de vida da modelo até o envolvimento com Bruno e a gravidez. Logo alcançaria o episódio do sequestro, dias antes do assassinato: "Eliza não veio a Minas a passeio. Ela foi agredida, espancada, subjugada, sangrada... Bruno e sua turma a trouxeram para cá porque aqui Eliza não tinha amigos, contatos." E então remetia à Fernanda, duramente: "Aquela dissimulada nos disse aqui que Eliza não tinha nenhuma marca de agressão. Que mulher não repara em uma mulher?" — questionou, dirigindo o indicador para o lugar vazio da loura: "Ela, cheia de cruzes e símbolos religiosos para simular sua personalidade e dignidade moral."

Teatralmente, o promotor andava pelo pequeno espaço em frente às sete cadeiras dos jurados, relembrando o crime, não raro com detalhes, na ordem cronológica. Levava os volumes dos processos àqueles mais dispersos — ou que lhe parecessem confusos. Apoiava-se sobre a mesa para lhes mostrar os pormenores, sublinhando com o dedo no papel as frases que então citaria sem ler, de súbito ficando vermelho ao defender a culpa dos réus, abrindo bem a boca para pronunciar cada palavra de efeito: "Que mãe deixaria o filho, por livre e espontânea vontade, com uma mulher desconhecida, uma loura exuberante?" — indagava, diante das seis mulheres do júri. "Não sei como alguém consegue ter tantas lágrimas hipócritas como aquela mulher" — e outra vez se virou para o assento vazio de Fernanda, acusando-a de controlar tudo na mansão do Recreio: "Ela era a inteligência ali."

Henry garantia que Eliza não fora ao jogo do 100% F.C., diferentemente do que disseram Macarrão e Fernanda em seus depoimentos. E então, para enfatizar seu ponto, voltava-se aos jurados, aludindo a relatos de gente que estivera com Bruno e sua turma tanto no campinho quanto no Bar do Jerry, depois da partida: "Um dos amigos contou que a única mulher que estava lá era uma mulher loura, peituda, gostosa, bunduda e que usava aparelho nos dentes." E completava, subindo o tom: "Eliza não foi passear em Minas, não, minha gente. Fernanda foi."

Às 13h37, ele finalmente pediu a condenação dos réus. "Hoje, excelências, temos um homicídio sem corpo, mas repleto de provas. Tanto ele [Macarrão] como o goleiro já sabiam que aquele filho era de Bruno. E ele disse para Eliza: 'Se eu matar você e sumir com seu corpo, ninguém vai ficar sabendo'" — relembrava Henry Wagner, que aprofundaria o ataque: "Eliza Samudio não teria sido sequestrada e morta se não tivesse a ajuda desse facínora [Macarrão]. Porque Bruno não iria sujar suas mãos."

Depois da pausa para o almoço, a defesa reassumia o plenário. Carla Silene, advogada de Fernanda, e Leonardo Diniz, de Macarrão, dividiriam as duas horas e meia que lhes cabiam. Ele, um homem moreno, de estatura mediana e aparelho fixo nos dentes. Ela, bem maquiada, de batom vermelho, cabelos negros longos, com uma braçadeira preta em que se lia, em branco, a palavra respeito — um protesto contra o promotor, que fizera críticas ferrenhas à Ordem dos Advogados do Brasil (OAB/MG) por não "controlar" Ércio Quaresma e seus companheiros.

Aos prantos, Fernanda voltava ao banco dos réus, onde Macarrão rezava baixinho, de cabeça baixa. Diniz teria uma atuação mais tímida no tribunal, embora claramente se esforçasse para falar alto e se impor, especialmente ao sublinhar a idolatria de seu cliente pelo amigo famoso e seu sonho comum de jogar bola. A tese era a de que Eliza viajara para Minas por livre e espontânea vontade, atrás do dinheiro prometido, e que Macarrão tentara dissuadir o goleiro do plano de matá-la.

"Quero que vossas excelências pensem na relação de um serviçal com um ídolo de futebol. Luiz Henrique tentou argumentar no dia: 'Não faz isso, você vai acabar com sua carreira'" — alegava o defensor, que ainda tentaria desqualificar o testemunho de Jorge, a quem chamou de viciado, e o rastreamento das linhas telefônicas, já que os dados haviam sido encaminhados pelas operadoras ao e-mail particular de um dos delegados envolvidos na investigação.

Carla Silene se apresentaria de modo mais seguro. Usava um microfone fixo preso à cabeça — semelhante àqueles utilizados por operadores de telemarketing, no melhor estilo Madonna — e circulava pelo salão do júri como se dançasse, logo citando o ministro do Supremo Tribunal Federal Joaquim Barbosa: "Esse espetáculo armado no caso Bruno é resultado do déficit de Justiça." E prosseguia, com passos que se alargavam em direção aos jurados, enquanto também aumentava o tom de voz: "É muito fácil chegar aqui e dizer que a minha cliente é dissimulada quando efetivamente não tem provas contra ela." A advogada era mais incisiva que Diniz e investia nos argumentos de que havia um vazio de provas, de que o rastreamento das ligações telefônicas nada significava e, sobretudo, de que sua cliente desconhecia o que se passava com Eliza. Admitia a existência de pessoas próximas envolvidas "nesse violento crime" — mas garantia que Fernanda não estava entre elas. Às vezes, lançava-se a uma abordagem mais debochada: "Nem Glória Perez para construir um roteiro de uma namorada de poucos meses que se associa a uma ex-mulher para tirar a vida de uma ex-amante e deixar o caminho livre para a noiva. Nem Glória Perez."

Carla Silene, então, apresentaria uma carta, anexada ao processo, manuscrita por Bruno, no presídio, antes de Fernanda ser presa. O documento tinha conteúdo erótico e amoroso e, embora mal-escrito, seria lido pela advogada de forma melódica, driblando assim até a falta de sentido de algumas frases escritas pelo goleiro. Na missiva, o jogador chamava Fernanda de "meu amor", prometia-lhe casamento, "quando tudo terminasse", e se referia a Eliza como "vagabunda":

> Fernanda meu amor, hoje acordei tão chatiado [sic] com tudo sabe, querendo sair daqui desse inferno gritando pra todos pra me deixar em paz, principalmente com essa imprensa e poxa toda hora problema Bruno e ainda coloca foto de todos e foto sua. Por isso fico ivocado [sic]

por vocês não tem nada haver [sic] com essa situação, não foram vocês que se relacionam com essa vagabunda dessa menina ai.

Amor preciso de pelo menos de uma carta sua com foto de preferencia [sic] porque preciso saber si [sic] você ainda me quer ou não, porque não sei quanto tempo ainda terei que ficar aqui, porque si [sic] você quiser seguir em frente amor, pode ir, ia me doer muito mas não posso obriga-lá [sic] a ficar me esperando.

Linda que saudades de ficar pertinho de você, de te beijar, de abraçar, de fazer amor hum, dormir com você. Nossa tudo de bom vai. Sei também da barra que você deve estar passando aí fora, mas fique firme amor que isso tudo vai acabar e nós vamos juntos pra igreja dar nosso testemunho.

O anjo Gabriel está bem né? Imagino como deve ter passado, nossa deve estar difícil pra ele né amor, mas fala pra ele que tudo vai voltar como era antes, aliás melhor. Amor as suas cartas não estão chegando, mas manda pelo Quaresma, dai ele me entrega. Si [sic] puder colocar alguma foto nossa melhor ainda. Si [sic] não tiver ai depois você me manda, amor me manda uma daquele jeito hum... rs... rs... rs... brincadeirinha, mas si [sic] quiser mandar. Então amor termino minha simples carta, mas com o coração explodindo por dentro esperando uma carta sua.

OK, beijos abraço, te amo, fui.

Bruno.

Segundo a advogada, a carta provaria a inocência de Fernanda, razão pela qual pedia aos jurados que não a condenassem.

Chegara a hora da tréplica do promotor. Fernanda, então, novamente se retiraria do plenário. Não queria ouvir Henry Wagner, que logo iniciaria o ataque: "Não existe a possibilidade de um processo vir ao Tribunal do Júri sem a certeza em relação à materialidade do acontecimento e indícios razoáveis da autoria" — disse, rebatendo a insinuação de Carla Silene. Ele tampouco pouparia Macarrão e diria que a confissão — ao modo do réu — não fora por bondade e arrependimento, mas porque a defesa entendera que tal estratégia poderia beneficiá-lo. Em seguida, voltaria suas baterias ao advogado de Bruno, Lúcio Adolfo, na tentativa de desmoralizá-lo: "Ontem, um sujeitinho, tamborete de forró, entrou aqui e teve a audácia de perguntar para Fernanda se houve acordo. Logo ele que disse que não conhecia uma frase do processo e pediu adiamento do julgamento de seu cliente."

Aos jurados, sempre muito cortês e educado, apesar das palavras ácidas, o promotor disse que a absolvição da "peguete" seria uma injustiça: "Senhores, cuidado com o canto da sereia [...]. Fernanda chegou sabendo qual seria a sua tarefa."

Avisado do novo apelido, Lúcio Adolfo — um homem baixinho, com franja escorrida na testa, cavanhaque e cabelo repartido ao meio — irrompeu no plenário, interrompendo a explanação de Henry: "Oi, eu sou o tamborete!" — intervenção pela qual levaria uma reprimenda da juíza. Àquela altura, a audiência se transformara em uma sessão de ataques e contra-ataques, com muitas caras e bocas e frases de efeito. Mais adiante, por exemplo, olhando diretamente para Carla Silene, o promotor dispararia: "É impressionante o cinismo desse povo. É um tipo de estelionato contra a sociedade." Henry também afirmaria que o policial civil aposentado José Lauriano de Assis Filho, o Zezé, não fora denunciado junto com os outros réus porque ele não estava então com o caso, mais uma vez dirigindo-se à defensora de Fernanda: "Comigo, doutora, boi deitado não é vaca."

Dedicando-se de novo aos jurados, lembrou que a perícia só estivera na casa de Bola trinta dias depois do crime e que, mesmo assim, conseguira identificar uma mancha de sangue de quase meio metro.

Sentada na primeira fila, Sônia, mãe de Eliza, choraria muito ao ouvir a leitura — na verdade, uma interpretação — do promotor de um trecho do depoimento de Jorge sobre como a modelo fora assassinada. Henry recriou a execução dando-lhe ares diabólicos, separando as sílabas das palavras mais duras para enfatizar a morte trágica da vítima.

Não tardaria, no entanto, a bater mais uma vez nos defensores: "Advocacia é um sacerdócio, mas alguns desses sacerdotes fazem o culto profano da mentira." Preparava a mesa, então, para aquela que seria sua cartada final. Com o álbum do bebê Bruninho nas mãos, aproximou-se de pelo menos quatro jurados. O material estava praticamente destruído; desfazia-se em cinzas. Era o que restava de uma prova fundamental — e que, ademais, emocionava as mulheres do conselho de sentença. O álbum, afinal, fora incinerado — no sítio de Bruno — junto com a mala vermelha de Eliza, atrás do campo de futebol, em uma área de cimento ao lado da casa. Ainda que muito queimado, era possível perceber, entre as imagens estragadas, partes do rostinho do menino, suas roupinhas, o pé. Habilmente, o promotor comparava aquelas fotos às imagens listadas pela perícia no computador de Eliza.

Depois do intervalo, Leonardo Diniz tentaria ser mais agressivo. Questionou a materialidade do crime e cobrou a certidão de óbito. "Não precisa ir muito longe para ver quanta bobagem tem no depoimento de Jorge. Ele falou que viu Eliza com a cabeça toda quebrada. Uma pessoa com o crânio quebrado não teria condições de pegar estrada, teria que ir para o hospital" — argumentara. O advogado, porém, pecaria ao criticar o álbum de Bruninho como prova do processo, pois o que restara das fotos havia mobilizado e sensibilizado jurados e plateia. Segundo Diniz, no entanto, como não houvera isolamento no sítio do goleiro, o material podia ter sido "plantado" ali.

Carla Silene voltaria à cena às 20h30, zombando de Henry Wagner: "O doutor promotor leu aqui para vocês sobre o sangue encontrado no sítio de Bruno... Só que ele se esqueceu de continuar lendo os laudos e não contou que o que foi encontrado era sangue menstrual" — polemizaria a advogada. Ela ainda pediria à juíza que fizesse "constar na ata" um pedido de quebra de decoro contra o promotor, que teria sido desrespeitoso com sua cliente. Aos jurados, disse: "Vocês viram a Dayanne no banco dos réus, a Ingrid na plateia e Fernanda ali" — apontando, então, para a loura, antes de continuar: "Em nenhum momento elas faltaram com respeito umas com as outras. Diferentemente dele, que veio aqui e faltou com respeito com uma mulher, falando que é uma 'peguete.'"

Com rispidez, pontuou que Fernanda, ainda que fosse atriz de filme pornô, maria-chuteira ou mesmo "peguete", merecia respeito — e concluiu: "Quem precisa de holofotes é quem não tem luz própria, senhor promotor."

Somente às 21h07 os jurados deixaram o salão do júri para responder aos quinze quesitos sobre materialidade e autoria. Menos de duas horas depois, informados de que a magistrada escrevia então a sentença, alguns advogados já voltavam ao plenário quando Cidney Karpinsky — assistente de acusação, representante do pai de Eliza — vazou o resultado, incapaz de controlar a língua: Fernanda e Macarrão estavam condenados.

Marixa só entraria na sala, porém, às 23h57. Num pronunciamento duro, confirmou o teor do que fora revelado por Karpinsky, ambos de fato condenados: ele, por homicídio triplamente qualificado, sequestro e cárcere privado de Eliza e de Bruninho; ela, por sequestro e cárcere de mãe e filho. Os jurados entenderam, no entanto, que o fiel amigo de Bruno não sabia mesmo o que fora feito com o corpo da modelo, de modo que o absolveram da acusação de ocultação de cadáver — o que complicava a situação de Bola. A respeito de Fernanda, a juíza reconheceu que ela colaborara para a morte de Eliza — mas sem o saber.

"Foi uma demonstração de absoluta impiedade" — afirmou a magistrada, para completar: "Eliza teve sua vida ceifada de forma brutal, deixando uma criança de apenas quatro meses privada do carinho e dos cuidados de sua mãe." De acordo com Marixa, Macarrão não conseguira acabar com a vida que se iniciava, referindo-se ao bebê e lembrando o primeiro sequestro da modelo e a tentativa de aborto, no Rio, ainda em 2009 — razão pela qual se teria partido para a execução, segundo a juíza, "meticulosamente articulada".

A pena base de vinte anos para o crime de homicídio foi, em decorrência da confissão, reduzida para doze — anúncio comemorado pelos familiares e representantes de Macarrão como gol em final de campeonato. Ele também seria condenado a três anos, em regime aberto, pelo sequestro. Em minutos, seus advogados já calculavam o benefício de progressão de regime: dois quintos da pena de doze anos — porque se tratava de um crime hediondo — representavam quatro anos e oito meses de reclusão. Como já cumprira, até então, dois anos e quatro meses, teria pela frente mais dois anos e quatro meses antes de seguir para o regime semiaberto, em que poderia sair para trabalhar, voltando apenas para dormir na cadeia.

Fernanda, por sua vez, seria condenada a três anos em regime aberto, com direito a recorrer em liberdade.

Henry ficou satisfeito. Sabia que Macarrão confessara por método e que, portanto, a verdade não fora integralmente revelada. A respeito do resultado e já projetando o futuro, disse: "Não há vitória porque uma pessoa morreu, mas é uma reparação dos pingos nos is. Este júri foi para confirmar que Eliza Samudio estava morta. O próximo é para saber quem a matou."

9. O MANDANTE

Bruno conseguira o tão desejado desmembramento do processo. Receberia mal, porém, a confissão de Macarrão. Aquilo o abateu, como se achasse que o acirramento de sua defesa — que tentara incriminar seu melhor amigo para livrá-lo de qualquer responsabilidade sobre a morte de Eliza — pudesse não ter resposta à altura. Ficou amargurado, ao mesmo tempo mais concentrado no julgamento, marcado para março de 2013. Diante dos fatos e do que se passara, havia pouco, no tribunal, a defesa até tentaria convencê-lo a confessar, o que poderia lhe valer uma redução de pena — mas ele estava irredutível. Concentrado, mas irredutível. Jamais confessaria — afirmava.

Seu contrato com o Flamengo terminou em dezembro de 2012. Na penitenciária, trabalhava então na lavanderia, de segunda a sexta, subtraindo um dia de sua futura pena a cada três de serviço. Parara de jogar bola, e passara a só receber visitas de Ingrid, pois a saúde progressivamente debilitada de dona Estela a impedia de vê-lo.

Bruno mantinha bom comportamento na prisão — o que também compunha a estratégia de sua defesa, incansável nas tentativas de livrá-lo da cadeia enquanto o processo corria. Às vésperas do novo julgamento, por exemplo, o advogado Lúcio Adolfo recorreria para que cumprisse prisão domiciliar. Valia-se do argumento de que o Boa Esporte Clube, time de Varginha, então na segunda divisão do Campeonato Mineiro, estaria interessado em contratá-lo.

Tiago Lenoir, com quem Lúcio Adolfo partilhava a defesa do goleiro, estivera com Rone Moraes da Costa, diretor do clube, cuja proposta caía como luva e servia para embasar o pedido de um *habeas corpus* diferenciado, incluído na pauta do Tribunal de Justiça de Minas Gerais apenas seis dias antes de Bruno voltar ao plenário. Daquela vez, não postulavam a liberdade do cliente, mas uma alteração no regime, de modo a que pudesse jogar e sustentar os filhos — Bruninho inclusive.

O pedido, contudo, seria indeferido.

Quatro de março de 2013. No Tribunal do Júri do Fórum de Contagem, era grande a expectativa acerca de qual seria a nova manobra dos advogados de Bruno para tumultuar o julgamento.

Durante todo o processo fora assim: recursos e mais recursos — até mesmo em Brasília — para retardar o andamento do processo. Os defensores do goleiro haviam contestado — e ainda contestavam — a postura de algumas autoridades policiais, as provas e o tempo das prisões, a denúncia do Ministério Público e a pronúncia da magistrada. Contestavam ainda a indicação do Fórum de Contagem para abrigar o caso e a certidão de óbito de Eliza, expedida mesmo sem corpo e anexada ao processo após a condenação de Macarrão.

Em plenário, aquele tipo de movimento protelatório havia funcionado em novembro, ao menos aparentemente, embora a confissão de Macarrão tivesse transferido a Bruno, ademais o isolando, a responsabilidade sobre a morte de Eliza, deixando a defesa do jogador com poucas cartas na manga.

Na parede dos fundos da sala, o relógio branco marcava 11h47 quando, escoltado por três policiais militares, Bruno, cabisbaixo, entrou no plenário. Havia exatos 973 dias desde que cruzara — cumprindo a ordem de prisão, mas de cabeça em pé, nariz empinado e ar blasé — o portão do prédio da Divisão de Capturas da Polinter, no bairro do Andaraí, Zona Norte do Rio de Janeiro. Quase mil dias depois, chegara o momento mais decisivo na vida do ex-melhor goleiro do Brasil — e ele se apresentava seguindo à risca o manual de modéstia e humildade traçado por seus advogados. Ali, não era mais o tipo marrento, certo da própria onipotência, "o cara", "o pica", que fora preso em 2010, mas, sim, o menino pobre e acanhado de Ribeirão das Neves.

Fazia quatro meses desde que aparecera em público pela última vez, por ocasião do julgamento que, afinal, condenou apenas Macarrão e Fernanda. Numa sala tomada por cerca de cem pessoas, entre jornalistas, estudantes de Direito, parentes e advogados, a aparição de Bruno assustou os presentes: dezenove quilos mais magro, vestindo a camisa vermelha do uniforme da Subsecretaria de Administração Prisional no tamanho GG, em vez do usual M, e arrastando no chão seus chinelos rubro-negros, mostrava-se, enfim, arrasado pelo tempo de cárcere.

Sem olhar para a plateia, onde estava a esposa Ingrid, sentou-se, com a Bíblia ao colo, no banco dos réus, aguardando que a juíza autorizasse a entrada de fotógrafos e cinegrafistas, que teriam cinco minutos para produzir imagens.

Ao se lembrar da cena, o promotor Henry Wagner ironizaria: "Há quem jure que a Bíblia estava de cabeça para baixo."

Bruno sentou-se ao lado de Dayanne, também a ser julgada. De frente para os 25 jurados — entre os quais, dezessete mulheres — sorteados para a seleção que ocorreria em instantes, o ex-casal pouco se falou.

Um a um, advogados e promotoria aceitavam ou vetavam os possíveis membros do conselho de sentença — até que sobrassem os sete necessários, dois homens e cinco mulheres, todos habitantes de Contagem, a maioria jovem, alguns humildes, nenhum deles com curso superior. A maciça presença feminina mais uma vez assombrava.

Ao exercer suas opções de corte, aliás, o Ministério Público — logo se verificaria — dera uma cartada precisa, pois, no instante em que a magistrada liberou as dezoito pessoas vetadas à composição do júri, uma delas, um homem magro, alto, cabelo moicano, dirigiu-se a Bruno e o cumprimentou rapidamente. "Fui falar ali que sou fã dele" — declararia o rapaz à saída do plenário.

Além de Lúcio Adolfo, Bruno tinha, em sua bancada, outros dois advogados com procuração para defendê-lo: Francisco Simim, que representava Dayanne e que se afastara do goleiro, e Tiago Lenoir, que, apesar de afoito, revelar-se-ia um bom estrategista.

Ele e Lúcio Adolfo haviam optado por outro — em certo sentido, surpreendente — caminho neste novo julgamento: em vez de trabalhar para prolongá-lo, como no anterior, tentariam acelerá-lo. "Quero ir para os debates, o resto não interessa" — bradava Lúcio. A defesa sabia que — àquela altura, depois de dois anos e nove meses lendo e ouvindo informações escabrosas sobre o caso — a palavra adicional de qualquer testemunha só faria com que os jurados tivessem ainda mais convicção da culpa do réu.

O objetivo dos advogados era partir para as explanações orais e tentar, ao longo das cinco horas e meia a que teriam direito, plantar uma dúvida na cabeça de ao menos quatro jurados. A estratégia ficaria escancarada logo naquele primeiro dia, quando liberaram as testemunhas. Afinal, a única que de fato lhes serviria se queimara na semana anterior: Jorge, o primo de Bruno.

Dois meses depois de deixar o Programa de Proteção à Testemunha Ameaçada, ligado à Secretaria de Ação Social de Minas Gerais, o rapaz fora posto pelos representantes do goleiro diante das câmeras do *Fantástico*, aparecendo em rede nacional no programa exibido em 24 de fevereiro — oito dias, portanto, antes do início do julgamento. Nos planos da defesa, era a chance de o rapaz — que, na época da investigação, fornecera informações decisivas para a elucidação do assassinato — apresentar uma nova versão, que jogasse tudo na conta de Macarrão. Nos mais de cem minutos de gravação, apesar de inseguro, Jorge de fato afirmou que Bruno de nada sabia. Ao final da entrevista, porém, um bate-papo descontraído faria com que repensasse o que dissera. Então, pediu à apresentadora Renata Ceribelli e ao produtor mineiro Evandro Siqueira que gravassem mais algumas frases. Queria ser mais incisivo e falar um pouco mais sobre até que ponto o primo tinha conhecimento do que ocorrera a Eliza: "Não tinha como não desconfiar, estava debaixo do nariz dele."

Estava dado o tiro no pé.

A Lúcio Adolfo só restaria desmerecer a entrevista, atribuindo-lhe pouca credibilidade, uma vez que Jorge já dera pelo menos quatro versões para o crime. Levá-lo ao plenário seria, pois, arriscar em demasia — tanto mais porque o promotor sempre manifestara o desejo de interrogá-lo. O Ministério Público até conseguiria intimá-lo a tempo. Ninguém, contudo, faria questão de ouvi-lo, uma vez que, para tanto, até que o mandassem buscar e o trouxessem sob escolta, o julgamento teria de ser adiado.

Assim como fizera quando do primeiro julgamento, em novembro, novamente a delegada Ana Maria Santos — que chefiava a Delegacia de Homicídios de Contagem na ocasião do crime e que ouvira Jorge logo que apreendido — recontaria, com detalhes, todo o depoimento do rapaz. Bruno já deixara a Bíblia de lado e então segurava apenas um lenço branco, ouvindo, cabisbaixo, a delegada esclarecer as dúvidas da juíza e reconstruir, passo a passo, o que escutara do jovem.

Lúcio Adolfo andava para lá e para cá, enquanto o promotor Henry Wagner, parado atrás da juíza, acompanhava os registros feitos pelo escrivão. A narração de Ana Maria permitia aos jurados seguir uma linha de raciocínio clara, com começo, meio e fim. E foi aí que T., uma das mulheres do conselho de sentença de Bruno e Dayanne, até então em dúvida, convenceu-se de que a modelo estava morta, embora não estivesse segura de que fora assassinada em decorrência de um plano orquestrado pelo goleiro e por Macarrão. Referindo-se ao relato da delegada, diria aos autores deste livro, depois das condenações: "Ela falou tudo com uma riqueza de detalhes. Lembrou do depoimento do menor e do resultado dos laudos... Mas não acho que Eliza viajou para Minas forçada. Para mim, ela estava interessada no dinheiro do apartamento."

Inquieto, Lenoir sentou-se entre o goleiro e Dayanne. Adolfo se aproximou. Enquanto Ana Maria discorria sobre a apreensão da Range Rover verde, onde fora encontrado sangue da modelo, Bruno parecia explicar alguns detalhes a seus defensores. Gesticulando com o indicador direito voltado à própria perna, era como se apontasse situações ou definisse responsabilidades — ladeado também pelos advogados Fernando Magalhães, representante de Bola, Francisco Simim, da ex-mulher, e Frederico

Orzil, do caseiro Elenilson Vitor. Juntos, quem os visse logo pensaria que construíam, ou remodelavam, a tese da defesa bem ali. Dayanne, por sua vez, também integrada ao grupo e claramente relaxada, prendia o riso, deixando a plateia curiosa.

Ana Maria, alheia às articulações da defesa, citava os envolvidos e a participação de cada um, conforme ouvira de Jorge. Descreveu a morte de Eliza e esclareceu, por exemplo, que, segundo escutara do rapaz, o homem que matara a modelo não era um senhor negro, como havia dito antes, mas um "coroa patolinha de cabelos grisalhos, com falha na dentição" — o que arrancaria risos de Lúcio Adolfo. Enérgico, imediatamente o promotor lhe pediria respeito, ao que o advogado, em tom debochado, rebateria, mandando Henry Wagner, a quem chamou de moleque, baixar o tom: "Senão, o bicho vai pegar!"

Na mureta que demarcava o salão do júri, separando a área da plateia do plenário propriamente dito, Ércio Quaresma — que tivera indeferido seu pedido para interrogar as testemunhas — instruía Lúcio Adolfo, que, obediente, anotava tudo o que ouvia. A interferência de Quaresma, porém, era tão escandalosa que a juíza seria obrigada a lhe chamar a atenção: "Doutor, volte para o seu lugar. O senhor está andando para lá e para cá, se comunicando com a defesa. O senhor não pode fazer perguntas."

Enquanto as questões do promotor à delegada exploravam cronológica e didaticamente o passo a passo da macabra história, sempre em busca de facilitar o entendimento do conselho de sentença, as de Adolfo ignorariam os detalhes do crime e se voltariam, insistentemente, ao fito de desqualificar as investigações. Ele quis confirmar, por exemplo, que Ana Maria se formara na mesma turma da juíza Marixa. Sem titubear, ela responderia que sim, e — avançando — lembraria que fizera pós-graduação com Lenoir, também advogado do goleiro.

Adolfo então perguntaria sobre o envolvimento do policial aposentado José Lauriano de Assis Filho, o Zezé, ainda investigado, na morte de Eliza. A delegada explicou-lhe que, quando o inquérito foi concluído, em 2010, não havia elementos suficientes para sustentar o indiciamento do suspeito. O advogado, contudo, mostrava-se disperso, pouco atento às respostas, mais preocupado em atender a Quaresma, que gesticulava do outro lado da mureta e que chegaria a estalar os dedos para lhe chamar a atenção.

Não havias meios, portanto, de Adolfo estar inteiramente concentrado em meio à influência descarada de Quaresma. Sua distração ficaria evidente em seguida, quando quis saber se Ana Maria sentira sinceridade no depoimento de Jorge — isso logo depois de ela haver dito que o rapaz chegara a lhe apertar o braço, aflito, ao contar detalhes da execução da modelo. Quando, porém, ela ressalvou que investigados mentem, ele virou-lhe as costas para bradar: "Essa é minha tese!"

Atento ao que a defesa sustentava, o promotor ouvia tudo enquanto folheava alguns dos 66 volumes do processo, todos marcados com papeizinhos coloridos. Balançava a cabeça quando em desacordo com o que escutava, acelerando então sua pesquisa — assim como se tivesse passado a procurar um documento específico destinado a desmentir o advogado, sorrindo sempre que o localizava. Era fácil para ele, que conhecia os pormenores do caso e que estudara a fundo cada contradição.

Lúcio Adolfo, por sua vez, tivera apenas quatro meses para destrinchar mais de 15 mil páginas de processo — uma limitação evidente.

Mais tarde naquele dia, encerrada a sessão, Ércio Quaresma sentou-se no banco de trás de um carro de reportagem, com uma lata de Coca-Cola na mão, e, em conversa com jornalistas, não economizaria ao exibir não só a permanência, mas a vitalidade e mesmo a capacidade de se transformar do velho "blocão" — do qual, não escondia, era o líder: "Trocamos figurinha, Lúcio e eu, e há uma linha de que Bruno vai confessar para conseguir redução de pena também. A ideia é genial porque vem à derradeira hora. Se Lúcio arrancar as três qualificadoras, ele leva homicídio simples com dez anos mais o sequestro, seguindo o que foi com o Macarrão. Basta Bruno dizer que pressentiu, mas que não fez nada para evitar, o que já serve como confissão."

Na sessão do dia seguinte, terça-feira, 5 de março, seria lido, em plenário, o depoimento de uma assistente social, Renata Garcia, que participara — em 14 de julho de 2010 — da audiência em que o então menor

Jorge prestou um depoimento revelador ao juiz Elias Charbil, da Vara da Infância e Juventude. Ela fora ouvida no fim de 2012, no município mato-grossense de Tangará da Serra, a mais de mil quilômetros de Contagem — localidade quase tão distante quanto o olhar de Bruno naquele momento, alternativa ao pescoço quase enterrado ao chão.

Em seguida, teria vez a leitura de um laudo assinado por um perito mineiro, o médico-legista João Batista Rodrigues Júnior, graduado em estudos de criminalidade e segurança pública pela UFMG, chefe da Divisão de Perícias Médico-Legais do Instituto Médico Legal de Belo Horizonte: a análise sobre se a descrição do assassinato feita por Jorge seria compatível com as reações físicas de alguém que está morrendo por asfixia ou esganadura. Bruno ouvia sem esboçar reação. Era possível ver apenas a musculatura de sua face se mexer, a cada ranger de dentes. A narrativa dura e detalhista despertaria a sonolenta mãe de Eliza. A imagem do momento em que o sangue teria começado a escorrer pelos olhos da modelo — o pescoço apertado por Bola — fez Sônia desabar em lágrimas, enquanto o goleiro levantava a cabeça e se ajeitava na cadeira, antes de bufar impaciente.

A indecisa jurada T., tão atenta quanto cansada, anotava os detalhes que lhe pareciam importantes e listava os argumentos da acusação e da defesa. Buscava subsídios para tomar uma decisão, mas, a rigor, não queria estar ali. Fora intimada semanas antes sem que tivesse feito qualquer inscrição para participar das decisões do Tribunal do Júri da comarca. O documento que a convocava lhe chegara pelos Correios e já anunciava que seu nome estaria entre aqueles que poderiam compor o conselho de sentença do caso Eliza Samudio. Assustada, procurou até um advogado: queria encontrar algo que pudesse justificar sua liberação. Sem sucesso.

T. tinha plena consciência do compromisso que lhe fora imposto — razão de seu ceticismo e de sua desconfiança: "Você tem que ser o mais justa possível. É uma responsabilidade muito grande decidir a vida de alguém e isso pesa demais." Quando a promotoria exibiu quase duas horas de vídeos com entrevistas e reportagens sobre o caso, ela ficou especialmente impressionada com o depoimento da modelo ao jornal carioca *Extra*: "O relato dela foi muito forte. Mas por que ela teria vindo, então, depois de tudo o que já tinha acontecido? Ela mesma conversou na internet com alguns amigos, falando que, se viesse para Minas, seria uma passagem sem volta..."

Bruno, por outro lado, não esboçaria qualquer reação diante daquelas proféticas imagens, em que Eliza declarava que, se fosse morta, seu corpo seria jogado em qualquer buraco e jamais encontrado. Tampouco mostraria qualquer abalo ao ver a entrevista mentirosa — dada à beira do campo do Ninho do Urubu, dias depois de o desaparecimento vir à tona — em que se dizia triste pelo sumiço da modelo, ademais registrando que não tinha notícias dela havia dois, três meses.

O goleiro parecia entediado e disperso — e isso mesmo quando se queria mostrar triste e humilde. Olhava para os lados, baixava a cabeça por alguns instantes, e então se voltava novamente ao telão. Viu as cenas de sua prisão e ouviu a versão — dada em depoimento informal a policiais, durante o voo do Rio de Janeiro para Belo Horizonte, no dia seguinte — em que colocava, pela primeira vez, a culpa em Macarrão. Só não se aguentou quando surpreendido por imagens que jamais vira: as da reconstituição dos últimos momentos de Eliza no sítio, feita com a ajuda de seu primo Sérgio.

Já preso, o rapaz — que seria assassinado em agosto de 2012 — detalhava cada instante dos cinco dias em que a modelo foi mantida, em cárcere privado, no Condomínio Turmalinas. Bruno chorou copiosamente. Encenando com as mãos, Sérgio disse que ela morreu enforcada, o que fez Sônia passar mal e sair amparada por sua advogada.

Sentada mais à frente, Dayanne acompanhava com seriedade os vídeos da acusação. Cenas do ex-marido, sorridente, com a camisa número 1 do Flamengo e a braçadeira de capitão, em jogos ou treinos. Depois, uma entrevista de Macarrão à Comissão de Direitos Humanos da Assembleia Legislativa de Minas Gerais, em que declarou: "O meu maior sofrimento é ver meu irmão sofrendo do outro lado e não fazer mais o que sempre sonhou em fazer na vida."

Bruno, a esta altura, chorava ainda mais, de soluçar. Lúcio Adolfo não esperava por essa fragilidade de seu cliente, de modo que tentaria confortá-lo com tapinhas nas costas e algumas palavras ao pé do ouvido, em seguida buscando-lhe alguns pedaços de papel toalha, para que enxugasse o rosto, o que impediria o goleiro de ver o recado do Ministério Público ao final da exibição do vídeo; na verdade, um reforço sobre o que seria sua missão: proteger a sociedade e promover a democracia.

Dayanne começou a falar no fim daquela terça. Era orientada pelo já citado Francisco Simim, que evitava se envolver em polêmicas e que atuava, sempre discretamente, em dupla com o filho Wallace, desenvolvendo então uma linha de defesa baseada na alegação de que ela, uma boa mãe, cuidara de Bruninho sem saber das confusões do ex-marido.

A moça aparentava tranquilidade, a ponto de solicitar à juíza que fosse mais direta nas perguntas. Com voz grave e segura, repetiu — a propósito de ter ficado com Bruninho na ausência da mãe — que apenas atendeu a um pedido de Bruno para que cuidasse do bebê enquanto Eliza ia a São Paulo buscar algumas roupas, reafirmando, assim, que desconhecia o que estava em curso. A jurada T., no entanto, desconfiava daquilo: "Não tem como uma pessoa não saber de nada! Como vai pegar para cuidar um bebê que não é seu sem fazer nenhum questionamento? De certa forma, acredito eu, ela sabia."

Embora se mostrasse firme em ressaltar que o goleiro de nada sabia sobre o crime, Dayanne se tornara presa fácil para Henry Wagner, sobretudo diante do rastreamento das antenas de celular e do histórico de telefonemas entre os cúmplices. Ainda que sem novidades se cotejado com os depoimentos que prestara durante a investigação, o interrogatório da ex-mulher expôs Bruno.

Lúcio Adolfo, que defendera o maior traficante do país, Luiz Fernando da Costa, o Fernandinho Beira-Mar, percebeu o momento de extrema dificuldade. O advogado sempre soube que não poderia desprezar o exemplo de Macarrão, cuja confissão parcial bastara para lhe garantir uma generosa redução de pena. Chegara, pois, a hora de conversar — a sério — com seu cliente a respeito. Era-lhe claro que Bruno precisaria oferecer algo a mais se pretendesse voltar à penitenciária Nelson Hungria com uma punição abrandada.

Quaresma, por sua vez, esperava que seguissem sua orientação. E aguardava a sua vez de confrontar os réus, já que somente estava proibido de inquirir as testemunhas.

No terceiro dia de julgamento, quarta-feira, Bruno repetiria seu ritual corporal. De antemão, avisou que só responderia às perguntas da magistrada, o que causou grande mal-estar e muitos comentários na plateia. "Tá com medo, tabaréu?" — provocaria José Arteiro, sem suscitar, entretanto, qualquer reação do jogador. De cabeça baixa, ele encerrava todas as suas respostas com a palavra "excelência", referindo-se à juíza. Usou uma penca de "por favor" e "obrigado", e, em tom calmo, lançou uma frase que, de início, parecia encaminhar uma confissão, ainda que restrita: "Como mandante, eu nego. Mas, de certa forma, me sinto culpado." Eram 14h18. Nunca, até aquele momento, esboçara falar algo parecido. A postura arrogante de negar incondicionalmente o crime, adotada desde que as primeiras suspeitas recaíram sobre ele, tombara por terra.

Naquele instante, admitia que Eliza estava morta. Iria, no entanto, adaptando a história a seu modo. Tentou convencer a juíza e o júri de que ajudava a modelo financeiramente, na medida do possível. Paralelamente, contudo, pretendeu desqualificá-la, afirmando que tivera dúvida sobre se era mesmo o pai de Bruninho. Alegou falta de tempo para comparecer a um laboratório quando questionado a respeito de por que não fizera o exame de DNA. No entanto, corroborou praticamente toda a versão do primo Jorge — que revelara a trama em detalhes e cujos pontos mais relevantes ganhavam nova dimensão, com ainda mais força, no relato de Bruno.

Esboçando um choro e alguns soluços, disse que estranhou quando Macarrão e Jorge, em 10 de junho, reapareceram sozinhos, apenas com a criança no colo, sem a mãe. "Perguntei: 'Cadê a Eliza? Pelo amor de Deus, o que vocês fizeram com ela?' E nesse momento o Macarrão disse: 'Resolvi o problema que tanto te atormentava'" — relatou o goleiro.

Bruno, porém, confessou ter ateado fogo à mala rosa da modelo naquele mesmo dia, depois de Jorge e Macarrão a terem levado à morte: "Acredito que a mala foi queimada no sítio. Pelo menor, pelo Luiz Henrique e por mim. Eu também estava presente no final." Embora relutasse, acabara de ensejar ao promotor, naquela frase, um trunfo precioso, que só seria explorado no dia seguinte: o álbum de fotografias do bebê parcialmente carbonizado, encontrado por um repórter da *Folha de S. Paulo* durante as buscas no sítio de Esmeraldas.

A juíza, em seguida, quis saber qual foi a reação de Bruno quando informado de que a ex-amante fora assassinada. Ele disse que ficou desesperado, com medo de tudo o que acontecera, e que chorou muito: "No fundo, no fundo, eu sabia que tinha acontecido." A magistrada, então, endureceu: "E quanto tempo durou seu desespero?" — perguntou. Decerto ela lembrava que o jogador viajara para o Rio de Janeiro, com o time do 100% F.C., na madrugada de 10 para 11 de junho, onde participou do aniversário do jogador Vágner Love e, depois, seguiu com os amigos para uma casa alugada em Angra dos Reis, para passar o fim de semana em festa, a exemplo das fotos anexadas ao processo, à época postadas na rede social Orkut. A resposta do goleiro faria com que Dayanne balançasse a cabeça negativamente e cobrisse o rosto com as mãos. "Foi mais ou menos uma hora e meia de desespero" — disse.

Aquela versão fantasiosa, concebida por Bruno bem à sua maneira, viraria pó diante de uma pergunta simples e direta da juíza — questão que o pegou no contrapé: "Qual era o plano B?" Marixa Rodrigues então leu a carta, do goleiro para seu fiel escudeiro, interceptada dentro do presídio e revelada pela revista *Veja* em julho de 2012. Um dos trechos registrava: "Você um dia disse que, se eu precisasse, você ficaria aqui." Aquele documento — escrito por Bruno, de próprio punho, e carimbado com sua assinatura, a mesma que estampava o uniforme número 1 do Flamengo a seu tempo — não deixava dúvidas a respeito da intenção de convencer Macarrão a assumir toda a culpa. A resposta do jogador seria a própria ruína: "Então, Excelência... Plano B... É... Como vou explicar para a senhora..." Tenso e desconcertado, ele precisava tirar, naquele instante, todas as cortinas de fumaça que restavam sobre sua participação ou, no mínimo, conivência no crime: "Eu esperava que o Luiz assumisse o que ele fez. Queria que ele assumisse" — esquivar-se-ia.

Não convenceu. A missiva trazia mais detalhes. Era a revelação límpida de uma tentativa de golpear a verdade, de montar uma farsa para aliviar o rico e famoso, a galinha dos ovos de ouro, para que a vida seguisse adiante e as famílias de ambos continuassem mantidas pelo atleta. O documento também era muito claro ao situar o grau de cumplicidade na relação entre ambos até aquele momento. Afinal, para além de simplesmente sugerir o "plano B", Bruno pediu perdão — duas vezes — ao amigo do peito. Seria, pois, questionado a propósito: "Pedi perdão porque estava pedindo para ele ficar naquele lugar horrível" — respondeu.

Suas palavras saíam entre gaguejos e já não pareciam inspirar credibilidade nos jurados. T., por exemplo, percebeu o teatro da defesa, ao longo de todo o depoimento. "Em alguns momentos, achei que ele falava a verdade. Em outros, não. Não achei que o choro era totalmente falso, mas vi que o advogado queria deixá-lo de cabeça baixa" — comentaria, referindo-se ao fato de que, embora Bruno frequentemente ajustasse o microfone à sua altura, em busca de maior conforto, Lúcio Adolfo sempre o ajeitava para baixo, de forma que seu cliente permanecesse, obrigatoriamente, cabisbaixo. A jurada prosseguia em sua reflexão sobre o goleiro: "Ele sempre deu atenção à família e para as filhas e, como levou o bebê para a casa da avó, não imagino que o menino corresse algum risco. Não sei se ele tinha intenção de matá-la. Mas, na minha opinião, aconteceu alguma coisa aqui no sítio que fugiu do controle e essa decisão foi conjunta." Para T., Bruno e seus amigos acreditavam na impunidade e, para tanto, fiavam-se na certeza de que o corpo de Eliza jamais seria encontrado.

Àquela altura, o vaivém dos advogados de defesa mostrava que as coisas não corriam tão bem quanto fora planejado. O "blocão" — que, a despeito do equilíbrio precário e das várias rupturas ao longo do processo, sempre se manteve coeso, ao menos em linhas mais gerais — parecia rompido. Lúcio Adolfo e Ércio Quaresma — este, seguro de que ainda dominava o caso — já não se olhavam, tampouco trocavam cochichos sobre o andamento da sessão. É que Adolfo — depois de alguns minutos de conversa quase secreta com a juíza e com o promotor na noite anterior, aos pés da mesa da magistrada no plenário — convencera o goleiro a falar sobre Bola.

Às 16h47, Bruno abriria um flanco inédito: "Depois dos fatos, o Macarrão falou que havia contratado o Marcos Aparecido, o Neném, para matar a Eliza." Tiago Lenoir, pego de surpresa, espantou-se. Não havia participado da concepção daquela nova estratégia, costurada por Lúcio — razão pela qual, defronte aos jurados, parecia não acreditar que o goleiro, enfim, entregava o matador.

Daquele modo, no entanto, por meio de uma confissão parcial, o jogador fazia o mínimo necessário para começar a diminuir sua pena. Entregar Bola, uma espécie de exterminador de Minas Gerais, compunha esse novo plano de defesa. Tática que não excluíra apenas o jovem Lenoir, mas também Quaresma, que reagiria: "Eu vou foder com o Lúcio" — bradou, virando-se para a imprensa que acompanhava o julgamento no plenário. "Houve o acordo com a cabeça do meu cliente a prêmio" — reclamaria, para logo continuar: "Ele [Lúcio] é cascavel que nem eu, mas foi desleal. Deixei de inquirir a Dayanne porque, senão, destroçava ela."

O homem que criara a rede de mentiras para proteger Bruno enfim se voltava contra ele. "Prestem atenção às minhas perguntas" — pediu Quaresma aos jornalistas, do lado de fora do plenário, enquanto o goleiro era confrontado por 35 questões do promotor, que, como o próprio Henry Wagner previra, negar-se-ia a responder.

Advogado e amigo de Bola havia mais de duas décadas, Quaresma sucedeu o promotor e enfileirou sessenta perguntas, das quais o jogador só ouviu as duas primeiras, pois, alegando dores nas pernas, seria retirado da sala. O defensor, então, passou a falar com a cadeira, que chamava de "senhor", apontando para o lugar vazio. Ao final, ironicamente, daria um golpe no que restava da credibilidade de Bruno: aproximou-se do assento onde o réu deveria estar, de frente para a magistrada, e estendeu-lhe a mão — para cumprimentar o vento.

Depois da encenação de Quaresma, o goleiro voltou a seu lugar e aceitou responder às perguntas do júri. Seriam, surpreendentemente, 25 questões, todas fundamentadas em dúvidas pertinentes — que não eram apenas dos sete membros do conselho de sentença, mas de todos que acompanhavam aquele julgamento. Os jurados foram diretos, duros, e exploraram contradições que deixariam Bruno na berlinda. Perguntaram, por exemplo, por que não denunciara Macarrão, e quiseram saber onde fora, segundo seu próprio critério, "permissivo ou omisso" — palavras que ele usara para uma autocrítica em relação ao episódio que resultaria na morte da modelo. Questionaram também por que um homem em sua posição, com posses, não contratara um serviço de coleta de sangue que fosse ao hotel onde se concentrava, já que lhe faltava tempo para ir a um laboratório? Indagaram sobre as entrevistas mentirosas e perguntaram por que não atendera aos telefonemas de Dayanne assim que fora presa. "Já que não havia diálogo entre você e Eliza, por que permitiu que ela ficasse no sítio?" — inquiriu um dos jurados. Gaguejando mais uma vez, o jogador se enrolaria. "Não percebeu que os hematomas poderiam terminar em morte?" — dizia outro questionamento lido pela juíza. "Eliza relata que Bruno a agredia, inclusive com arma na cabeça. Procede?" — indagava outra pessoa. A resposta faria com que Dayanne, mais uma vez, levasse as mãos ao rosto: "Arma na cabeça não, excelência. Com arma na cabeça, não."

Após quase seis horas de interrogatório, e ainda que com avanços, o terceiro dia de julgamento terminaria sem que Bruno se admitisse como o mandante do crime.

"Vou pedir pena máxima" — declarou Henry Wagner ao fim da sessão. "Delatou de forma descolorada, mas não confessou. Ele insiste em dizer que só soube do crime depois que o Macarrão e o menor voltaram para o sítio sem a Eliza. Bruno está no bico do urubu" — disse. Para o promotor, a defesa dera dois tiros no pé: "Bruno não está sendo julgado por uma corte de Justiça, em que o silêncio não pode prejudicá-lo, mas por sete cidadãos leigos, que têm a concepção do 'quem cala, consente'. Além do mais, houve um desrespeito com a defesa de Bola quando ele se retirou. Um varapau, ex-atleta, robusto, estava com tanto medo que não poderia acompanhar aquelas indagações? Havia senhoras na sala e todas permaneceram".

Lúcio Adolfo e Tiago Lenoir, embora já não falassem a mesma língua, ficariam desesperados ante as afirmações pouco piedosas do promotor. Haviam percebido que a estratégia de uma confissão parcial — em que Bruno não admitia ter ciência de que Eliza era levada à morte — não emplacara. Precisavam reformular a tática. Foi quando houve, no canto do plenário, um encontro de ambos com Henry Wagner, conversa cujo resultado — que nenhum dos envolvidos aceitava chamar de acordo — ficaria nítido na abertura dos trabalhos do quarto dia de julgamento, quinta-feira, 7 de março, ocasião em que tanto o goleiro como sua ex-mulher pediram para prestar novos esclarecimentos sobre o caso.

Consultado depois daquele bate-papo informal e decisivo, Simim também concordaria com que sua cliente voltasse a falar; quem sabe, até, para tentar a absolvição dela. O algo a mais, a moeda de troca.

Dayanne mais uma vez demonstraria segurança, mesmo para reconhecer que, na noite em que Bruninho seria encontrado pela polícia, fora pressionada por Zezé a continuar o sequestro do bebê. A posição dela no julgamento, àquela altura, parecia tranquila, encaminhando-se para a absolvição ou, na pior das hipóteses, para uma pena leve.

Bruno, contudo, não teria as mesmas desenvoltura e facilidade, ainda que interrogado por seu próprio advogado. "O senhor sabia que a Eliza iria morrer quando foi levada do sítio?" — perguntou-lhe Lúcio Adolfo. "Sabia e imaginava que ia morrer. Pelas brigas constantes e pelo dinheiro que entreguei ao Macarrão" — o jogador respondeu. Foi o máximo que alcançou dizer, desmentindo a última versão apresentada à juíza, no dia anterior, de que entregara R$ 30 mil, em notas de R$ 50 e de R$ 100, nas mãos de Eliza. Pediu, então, para nada mais responder e voltou ao banco dos réus.

Ao se abrirem os debates, o Ministério Público — confirmando a impressão geral — pediria a absolvição de Dayanne. Assim, a defesa dela, na figura de Francisco Simim, entrava confortável naquela nova etapa dos trabalhos, investindo, então, num discurso que apelava ao sentimento e ressaltava o fato de que sua cliente colaborara com a verdade ao trazer novas informações sobre Zezé.

O promotor, no entanto, não pouparia Bruno, de modo que, logo em seguida, entraria de sola, aos gritos: "É mais fácil tirar um dente sem anestesia da boca dessa desgraça do que uma verdade" — complementando: "O futebol perdeu um goleiro razoável. Mas a dramaturgia brasileira ganhou um grande ator" — cravou Henry Wagner.

O jogador, contudo, mantinha-se com a cabeça baixa — sem qualquer esboço de sentimento ante as provocações. Tentava mostrar alguma humildade, a última arma que lhe restara, embora seu comportamento no plenário muitas vezes se confundisse com descaso, desdém. A pretensão por se passar de vítima do promotor, de todo modo, não vingava. A jurada T., por exemplo, apreciava a firmeza de Henry e avaliava muito positivamente sua atuação: "Ele foi sincero. Estava convencido de que o crime tinha acontecido."

A situação da defesa de Bruno era, pois, muito complicada. Havia uma sensação de que a coisa se encaminhava para uma dura condenação do goleiro. Lúcio Adolfo era bom orador. Irritado, porém, preferiria usar a hora e meia a que tinha direito não para tentar convencer, num movimento derradeiro, os jurados, mas para atacar o promotor — o que fez quase o tempo inteiro, mesmo ao apontar as supostas falhas do processo. Reforçaria também a adversidade de sua missão ali, tendo de lutar pela absolvição de um réu já publicamente condenado "pela mídia" — o que ele considerava uma condição absurda.

Segurava um terço de madeira e tinha alguns volumes do processo abertos sobre a mesa quando passou a insistir na tecla de que as provas eram dúbias e insuficientes. Desqualificaria, por exemplo, o depoimento de Jorge — assim, todavia, contradizendo o próprio cliente, que usara as informações reveladas pelo primo para sustentar sua confissão parcial.

O que Lúcio Adolfo fez, durante quase toda sua explanação, foi alimentar uma rixa e insuflar o plenário. Com indiretas e alfinetadas, acusaria Henry Wagner de ter feito um acordo com a defesa de Macarrão, e não pouparia a honra de Eliza, tampouco de sua mãe, a quem se referiu como uma pessoa muito preocupada com o dinheiro para o bebê, apesar de não ter tido contato com a filha por toda a juventude dela. Foi com esse tom beligerante — que lhe enfraquecia os argumentos — que listou algumas brechas do caso: criticou o sumiço de trezentas páginas do processo; questionou a atribuição da comarca onde as investigações foram realizadas, uma vez que Bruninho fora encontrado em Ribeirão das Neves e não em Contagem; bateu na competência da juíza em autorizar a emissão da certidão de óbito de Eliza, ridicularizando o fato de o documento indicar local e causa da morte mesmo com o corpo jamais encontrado; e discorreu a respeito de uma investigação complementar sigilosa sobre o envolvimento de dois policiais no assassinato da modelo — elemento que ele mesmo trouxera à imprensa dias antes do julgamento, revelando um documento sigiloso.

Fato é que o envolvimento de um terceiro policial civil era investigado pela polícia, a pedido do Ministério Público. O suspeito, o agente Gilson Costa, fora colega de Bola no extinto Grupamento de Respostas Especiais (GRE). Os dois mantiveram, segundo a promotoria, "inúmeros contatos telefônicos" durante o período em que a modelo esteve em Minas Gerais — inclusive no dia em que foi assassinada.

O relatório sigiloso, assinado por Henry Wagner e entregue à juíza Marixa, também citava as "reiteradas informações" de que Bola teria estado em Santos, no litoral paulista, de tocaia para Eliza, dois meses antes do desaparecimento da modelo. Armado, teria sido até detido por porte ilegal de arma naquela cidade, apesar de não haver registro formal da prisão do ex-policial. As informações dariam conta ainda de que um advogado atuante em Minas Gerais, a pedido de Macarrão, teria providenciado o suborno de agentes paulistas.

Para complementar as investigações, Henry pediu, assim, a quebra dos sigilos telefônicos e bancários de três policiais — Bola, Zezé e Gilson — entre abril e julho de 2010. O inquérito anterior não incluíra sequer a quebra dos sigilos bancários de Bruno e Macarrão, o que o promotor também solicitaria desta vez.

A desconfiança do Ministério Público seria confirmada pelo assistente de acusação do caso, José Arteiro. "Já existiam suspeitas sobre a presença de Bola e dois policiais em Santos para executar Eliza. Os três teriam sido presos e um advogado mineiro intermediou o pagamento de propina para libertação deles" — disse ao *Estado de Minas*, no dia 26 de fevereiro de 2013. "Tão logo Bruno seja condenado, acredito que os outros dois policiais serão denunciados" — completou.

Diante daquele cenário oculto, Lúcio Adolfo então questionava em plenário, referindo-se ao goleiro: "Como condená-lo se as investigações ainda nem acabaram!?" — assim dando, pois, campo a tudo o que exatamente queria com o vazamento daquelas informações.

Apesar de Zezé não ter sido denunciado a tempo, já se sabia que o rastreamento das ligações dos suspeitos indicara um suposto envolvimento do policial aposentado, uma vez que falara 53 vezes, via telefone celular, com Macarrão, Bola e Jorge nos dias em que Eliza fora mantida no sítio. Apenas entre Zezé e Macarrão, foram listadas 37 ligações em cinco dias. Ele ainda conversara dezoito vezes com o caseiro do sítio de Esmeraldas, Elenilson Vitor, entre 5 e 10 de junho de 2010.

"O promotor se ateve ao inquérito e trouxe informações sobre envolvimento de tráfico, além de uma hora no escurinho do cinema, sem pipoca ou guaraná, com reportagens de TV" — declarou o advogado. "Como toda a sociedade acredita, podem dizer que ele participou do crime, mas entendam que seu envolvimento foi involuntário. Podem também dizer que ele não quis participar da morte e dar a chance de a juíza reduzir a pena no crime de menor importância" — argumentou Adolfo, distribuindo então fitas pretas, com o que aludia à "Justiça Cega".

Ele pediria aos jurados que não se deixassem tratar como joguetes e que enfrentassem a imprensa. "A maior redução de pena que vi na vida foi a de Macarrão, chamado de facínora pelo promotor. E mesmo assim a juíza tirou oito anos dele" — continuaria, simulando com a mão o gesto habitual de roubo. "Não achei ruim, não. Só quero a mesma coisa se isso acontecer." E repousou o terço sobre o Código Penal.

Em seguida, vieram a réplica de Henry Wagner e a tréplica, bem repetitiva, de Lúcio Adolfo, interrompida por José Arteiro quando o advogado de Bruno afirmou que Luiz Carlos não era pai biológico de Eliza, sugerindo uma traição de Sônia, que estava na plateia, imediatamente de cara amarrada. "Vai tomar *cui-dado* comigo!" — debochava o assistente da acusação, que representava a mãe da modelo e que dera, naquela sua intervenção, ênfase à primeira sílaba da palavra "cuidado". A magistrada não aguentou. Parecia não acreditar no que ouvira. E riu, disfarçando com a mão na boca.

Às 20h28 daquela quinta, Marixa escreveu um bilhete para o promotor, pela lateral da mesa. Henry Wagner olhou para ela e piscou, sorrindo, e balançou a cabeça afirmativamente.

Dois anos e nove meses depois do crime, e de tantas e tantas mentiras acumuladas, não havia quem mais pudesse crer em Bruno e sustentar que não participara daquela "trama diabólica", como a definiria a juíza já na madrugada de sexta-feira, 8 de março — coincidentemente, Dia Internacional da Mulher —, ao ler sua sentença. Por cerca de duas horas e meia, os jurados haviam deliberado — numa sala secreta, no segundo andar do fórum — e votado. Chegara a hora do veredito, afinal.

No plenário, o clima era de ansiedade e apreensão. Por questões de segurança, quem estava ali não poderia mais sair. E ninguém mais estava autorizado a entrar. A ideia também era guardar segredo sobre o que fora decidido, até que a magistrada anunciasse o resultado. Mas como? Alguns advogados haviam acompanhado a contagem dos votos e seriam os primeiros a revelá-lo. Bruno estava condenado, logo se soube, mas a questão já se transformara e seus defensores então calculavam quando o ainda réu ganharia o benefício da progressão do regime. "Ele também já tem um ano a menos por remição de pena, já que trabalhou. Mas o resultado prejudica o Bola, porque fica consignado que Bruno mandou alguém matar" — comentou Tiago Lenoir, enquanto Cidney Karpinsky, outra vez ele, o assistente de acusação, que representava os interesses do pai de Eliza, colava de um papel minúsculo, escondido no bolso, o placar da votação, revelando a condenação aos repórteres mais insistentes.

O jogador entrou no plenário já sabendo que fora condenado. Ao lado de Dayanne, cutucou a ex-mulher e lhe desejou "boa sorte" — ao que ela respondeu com um sorriso amarelo, quase que por obrigação. A pedido da defesa, a juíza autorizara que Bruno e Lúcio Adolfo conversassem um pouco antes do anúncio da pena. A magistrada também permitiu que Ingrid estivesse ao lado do marido, numa sala anexa.

Ele tinha a cabeça erguida e olhava fixamente para Marixa, de quem ouviu a leitura de um texto muito duro, em que a juíza manifestava o entendimento de que a "trama diabólica" fora "meticulosamente arquitetada", não sem lembrar que aquela, afinal bem-sucedida, não havia sido a primeira investida do réu contra a vida de Eliza. Para ela, Bruno agira sempre de maneira dissimulada, frisando, no entanto, que o desenrolar daquele homicídio se dera "com detalhes sórdidos e demonstração de absoluta impiedade". E prosseguia: "O réu Bruno Fernandes acreditou que, consumindo com o corpo, a impunidade seria certa. [...] Demonstrou ser pessoa fria, violenta e dissimulada. Sua personalidade é desvirtuada e foge dos padrões mínimos de normalidade. O réu tem incutido na sua personalidade uma total subversão dos valores" — trecho que provocaria a reação de Lúcio Adolfo, ainda que reservada a seu cliente e quem mais estivesse por perto: "Ela agora é psicóloga."

A magistrada considerava graves as consequências do assassinato, já que Bruninho ficara órfão aos quatro meses de vida. Mãe de uma criança de pouco mais de um ano, Marixa também salientou que o sequestro separara o bebê de sua genitora, e ressaltou que, com Eliza já morta, o menino passara "pelas mãos de diversas pessoas igualmente estranhas". A juíza lamentaria "a incógnita deixada pelos executores, certamente pela sua eficiência" — para então concluir: "A supressão de um corpo humano é a derradeira violência que se faz com a matéria, num ato de desprezo e vilipêndio."

Por 4 a 0, os jurados comprovaram a materialidade do crime, ou seja: consideraram que a modelo fora de fato assassinada. Por 4 a 2, reconheceram Bruno como o mandante. O goleiro também respondia por sequestro e cárcere de Bruninho, seu filho, e a votação, ainda que apertada, 4 a 3, igualmente o tornaria culpado.

A punição, entretanto, não tangenciou os trinta anos, como esperava o promotor — que logo anunciaria sua intenção de recorrer. Ficou em 22 anos e seis meses. A magistrada reconhecia o agravante de Bruno ter agido como o mandante, o que já fora denunciado por Macarrão, mas considerou a pena base do homicídio de vinte anos — assim como para o ex-melhor amigo do jogador. Valorou, também, a confissão, ainda que parcial, do goleiro, o que lhe conferiu ainda uma redução de três anos.

Ao analisar a culpa de Dayanne, o júri também se mostraria dividido. Ela, porém, foi absolvida por 4 a 3. "Os jurados entenderam que houve o crime de sequestro e cárcere privado do bebê Bruninho, mas consideraram que ela foi obrigada a participar daquilo. Exatamente como eu pedi" — explicaria Henry Wagner.

Livre, Dayanne comemoraria juntando as mãos num agradecimento silencioso. Em seguida, sem olhar para trás, deixou o plenário de braço dado com o filho de Francisco Simim, Wallace, a quem dispensava um sorriso largo e um olhar de cumplicidade.

De volta ao presídio, enfim condenado, Bruno receberia Ingrid no final de semana posterior ao julgamento — no domingo, 10 de março. Pontualmente às 8h30, ela atravessou os portões trancafiados da unidade prisional. Queria dizer ao marido que estava orgulhosa. Por sua vez, ele lhe diria que tirara um peso das costas.

As olheiras, no entanto, haviam voltado — decorrência das noites insones. A esperança de sair ileso daquela história já o abandonara, claro, mas, até que a juíza concluísse a leitura da sentença, cultivara alguma esperança de que sua fama, de que sua força de figura pública, pudesse convencer os jurados. Acreditava que o discurso de amigo traído — de alguém que fora passado para trás — tivesse a capacidade de conquistar o júri. Iludido pela esperança de que o grande ídolo que fora um dia pesasse a favor de sua absolvição, chegara mesmo a pedir à avó que preparasse frango com quiabo para o almoço daquele domingo — e, no entanto, ali ele estava, preso.

Em 1º de abril de 2013, menos de um mês depois da condenação, Bruno perderia as estribeiras ao ouvir provocações de dois detentos com os quais trabalhava na lavanderia do presídio. O goleiro separava alguns uniformes quando escutou uma piadinha sobre a morte de Eliza. Naquela altura, já não mais precisava sustentar o papel de bom moço para conseguir um *habeas corpus* ou impressionar os jurados — e não se segurou... "Eu vou matar você! Cuidado comigo!" — disse, avançando enquanto subia o tom: "Tenho contatos lá fora. Você tem que ficar esperto e cuidar da sua família." Era uma ameaça — e nem um pouco velada. Sobraria até para uma agente que tentara acalmar os ânimos e apartar a briga: "Não se mete que eu mando matar você também!"

Essas frases ameaçadoras seriam incorporadas ao processo administrativo instaurado pela Suapi. Bruno seria posto de castigo, sem banho de sol, proibido de trabalhar e de receber visitas, isolado em sua cela, trancado até que a Comissão Disciplinar Interna se reunisse, em 26 de abril, para avaliar o ocorrido. Composta por diretores, psicólogos, assistentes sociais e um assistente técnico-jurídico da unidade prisional, tal comissão decidiria puni-lo — estendendo as restrições — por mais trinta dias.

No dia 19 de maio, o último domingo do castigo, Bruno tomou dois medicamentos sem prescrição médica, Clonazepam e Diazepam, usados como tranquilizantes e antidepressivos. Zonzo e fraco, desmaiou na cela, batendo com a cabeça na grade — o que provocaria um corte na testa. Em função do incidente, a Suapi abriria outro procedimento para apurar como aqueles produtos chegaram ao detento.

Encerrado o período de castigo, e uma vez que não seria prudente deixá-lo voltar à lavanderia, foi autorizado a trabalhar na fábrica de vassouras ecológicas da Nelson Hungria. Para cada três dias de serviço, um voltaria a contar para a remição da pena. Bruno também retornou às salas de aula, para concluir o ensino médio. E nunca deixou de sonhar com uma volta aos gramados, ao futebol profissional. "Por que não? Enquanto tiver sangue correndo nas minhas veias, eu vou tentar. Eu respiro futebol. Gosto de sentir aquele calor, aquela emoção. Tenho saudades de quando gritavam o meu nome" — diria para a TV Record, em agosto de 2013.

Com Ingrid, em junho daquele ano, assistiu — numa pequena TV de catorze polegadas — ao jogo entre Brasil e Uruguai pela Copa das Confederações. Suspirou ao ver a seleção entrar em campo, no Mineirão. E comentou, cabisbaixo: "Poderia ser eu ali, amor."

Bruno fizera as contas e declarou à mesma reportagem da TV Record: "Tenho atuado em peladas na cadeia. Mantenho a forma como atacante. Volto ao futebol com 31 anos. A minha carreira não acabou."

Na manhã de 28 de fevereiro de 2014, no presídio, Bruno, avaliado e liberado pelo psiquiatra Paulo Roberto Repsold, coordenador de Saúde Mental do Estado, assinaria um contrato de cinco anos com o Montes Claros Futebol Clube, time que disputa a segunda divisão do Campeonato Mineiro. Naquela tarde, o goleiro foi inscrito na Federação Mineira de Futebol, com salário fixado inicialmente em R$ 1.430,00 mensais e multa rescisória de R$ 2,86 milhões.

O advogado Francisco Simim, que continuava a representá-lo, solicitou à Justiça a transferência de Bruno para o Presídio Regional de Montes Claros. Apontando superlotação na cadeia, contudo, a Vara de Execuções Penais de Montes Claros negaria o pedido em 14 de março de 2014.

Segundo o Tribunal de Justiça de Minas Gerais, somente em 2018 o goleiro alcançará o regime semiaberto, quando poderá deixar o cárcere para trabalhar. A defesa de Bruno alega, porém, que a Lei de Execuções Penais permite a saída para o trabalho mesmo a detentos em regime fechado, desde que com escolta. A legislação prevê, entretanto, que, neste caso, a saída se dê apenas para atividade em obras públicas.

10. O CARRASCO

Dias antes do julgamento do homem acusado de enforcar Eliza Samudio até a morte, a revista *Veja* publicou uma foto apreendida na casa de Bola durante as investigações sobre o desaparecimento da modelo. A imagem mostra **Marildo Dias de Moura e Paulo César Fernandes** marcados cada um com uma cruz vermelha na testa. Os jovens eram suspeitos de praticar assaltos na região onde o ex-policial morava. Foram torturados, estrangulados e tiveram seus corpos destroçados por cães — destino que lhes foi imposto, segundo o Ministério Público, por Bola e outros policiais. Era uma morte semelhante àquela decretada para Eliza. O que restara dos cadáveres, as chamas consumiram.

De acordo com a denúncia do Ministério Público, o crime teria ocorrido em 2008, no centro de treinamento do Grupamento de Resposta Especial (GRE), tropa de elite da Polícia Civil mineira, que funcionava dentro de um sítio de Bola. O ex-policial responde por essas mortes, em processo que ainda tramita na Justiça, e no qual seu colega, já citado, Gilson Costa — companheiro de GRE, que passaria a ser investigado por envolvimento no assassinato de Eliza — é corréu.

Ao jornal *Estado de Minas*, em fevereiro de 2013, a advogada de Gilson, Rita Virgínia das Graças Andrade, disse que o processo da comarca de Esmeraldas ainda estava na fase de depoimentos, mas garantiu que seu cliente era inocente, porque estaria em Patos de Minas, no Alto

Paranaíba, na época daquele crime. Segundo a advogada, Gilson e Bola só mantiveram relacionamento profissional e não seriam amigos. Ela afirmou ainda que seu cliente sequer se encontrava em Belo Horizonte quando Eliza foi trazida a Minas.

Quando, aliás, o desaparecimento da modelo veio à tona, os investigadores chegaram a fazer buscas no centro de treinamento da GRE. Curiosamente, a entrada foi franqueada pelo próprio Gilson Costa, que se antecipara e oferecera a cortesia ao delegado Edson Moreira. Era uma área grande, de terra batida e muita mata, onde foram encontrados vestígios de roupas rasgadas e alguns ossos. Bola gostava de usar o uniforme cinza rajado, os coturnos e a touca ninja, além dos equipamentos de proteção pessoal, como colete à prova de balas e joelheiras. Ali, exímio atirador que era, portava armas pesadas, fazia dezenas de disparos por minuto e dava tiros certeiros nos alvos posicionados à longa distância. Também era ali que costumava adestrar seus cães da raça rottweiler.

Funcionaria naquele lugar uma espécie de grupo de extermínio, conforme denunciou, em 2008, o inspetor da Polícia Civil Júlio César Monteiro de Castro, que comandava o GRE. O sítio, por isso, recebera o nome de "casa da morte".

Aquele que seria o mais longo julgamento de todo o caso teve início formal em 22 de abril de 2013. Informalmente, porém, começara quatro dias antes. Era tarde de quinta-feira, 18 de abril, quando o chefe da segurança do prédio do Ministério Público — que fica atrás do fórum de Contagem — entrou no gabinete da promotoria com uma notícia assustadora para Henry Wagner. Um homem armado tentara matar um promotor na entrada da garagem do edifício, percebendo a tempo que se tratava do alvo errado. Henry não teve dúvida: ele seria o alvo.

O Corolla preto do Ministério Público se aproximava do portão quando foi alcançado por uma moto com dois sujeitos, um dos quais, arma em punho, saltou e se encostou ao vidro do motorista, alertado pelo parceiro, porém, segundos antes de disparar, de que aquela era a vítima errada. Assustado, o pistoleiro recuou, subindo na moto, que arrancou.

Henry então reuniria policiais militares, dando partida a uma varredura nos arredores do Ministério Público. Sem sucesso. Aquela ocorrência seria, de fato, intimidadora. E ele sabia disso: "Eu poderia ter dado publicidade àquele episódio. Mas eu certamente perderia o júri. Qual cidadão, de uma cidade como Contagem, teria coragem de condenar um psicopata frio que tenta contra a vida de um promotor às vésperas do julgamento?" — comentaria Henry aos presentes em sua sala naquele momento.

O caso fora registrado, mas jamais divulgado. Para um promotor acostumado a condenar assassinos, aquela seria apenas mais uma ameaça.

No banco dos réus, já na manhã de segunda-feira, Bola não parecia o homem assustador e cruel, "que mata rindo e vai ao enterro chorar" — como normalmente era descrito. A começar pela voz, incompatível com o que se espera de um matador inclemente: fina, mansa e acuada, muitas vezes falhando ao final das frases.

Ademais, quando questionado, responderia de modo confuso, não raro abobado. Dizia-se cansado. E parecia sob efeito de medicamentos. Tudo a compor a estratégia da defesa, uma tática — das mais batidas — para desconstruir a postura arrogante, de peito estufado, que a promotoria queria lhe atribuir.

"Eu sou inocente, doutora" — ele declarava à juíza sempre, independentemente do que lhe fora perguntado, invariavelmente fora de contexto. Era um sujeito humilde, assim se apresentava, à moda Ércio Quaresma, de todo, pois, discrepante de como Jailson Alves de Oliveira — detento que convivera com o ex-policial na cadeia e que participara do primeiro julgamento do caso, em novembro de 2012 — o definiria em plenário: "O diabo deve orar no inferno para o Bola não morrer e tomar o lugar dele."

Os advogados de defesa pesavam a mão na tese de que ele era inocente, de modo que chegariam mesmo a alegar a inexistência do crime, ao que aliavam uma deliberada ação por exaurir — em longos interrogatórios, muitos de até cinco horas — as testemunhas, talvez sem considerar o cansaço que impunham também aos jurados. Tentariam também,

Quaresma à frente, adiar o julgamento mais uma vez, valendo-se, por exemplo, de que a delegada Alessandra Wilke, arrolada como testemunha, não pudera comparecer ao tribunal.

Outra testemunha solicitada pela defesa de Bola, o jornalista José Cleves, tampouco estava presente. Outrora repórter policial do *Estado de Minas*, jornal em que costumava publicar denúncias de corrupção, em 2000 fora indiciado, pelo delegado Edson Moreira, pelo homicídio da esposa — que ele, no entanto, garantia ter decorrido de uma tentativa de assalto. Julgado e absolvido, os advogados consideravam fundamental ouvi-lo, uma forma de demonstrar como o delegado manipulava provas e comprometia seus desafetos. Concordando com o pleito, a magistrada determinaria então que Cleves fosse levado ao salão do júri por força policial, ainda que estivesse em Belo Horizonte (a lei não exige a presença daqueles que estão em outra comarca) — o que atrasou bastante o início da sessão.

Quaresma queria que o júri fosse remarcado também em função de um recurso especial que o Ministério Público impetrara e que ainda tramitava no Superior Tribunal de Justiça (STJ), em Brasília. Um pedido para que mais uma qualificadora fosse somada ao crime de homicídio qualificado: a da paga, que diz respeito à pistolagem. Nesse caso, Bola seria julgado com o agravante de que recebera para assassinar Eliza — o que, na verdade, nunca se comprovou.

Para Quaresma, que buscava brechas incessantemente, seria preciso aguardar a manifestação do STJ a respeito, evitando assim o risco de se realizar outro júri, motivado apenas por uma qualificadora. O promotor, no entanto, contra-argumentaria à juíza, explicando que o recurso não possuía efeito suspensivo: caso Bola fosse absolvido, o pedido perderia a validade. Do contrário, numa eventual condenação, não haveria necessidade de outro julgamento. Ao rechaçar o adiamento, a magistrada também levaria em conta o fato de o réu estar preso desde 2010 — o que impunha urgência.

A promotoria mostrou a que veio desde o sorteio dos jurados, atenta a que o conselho de sentença fosse composto por mais homens, quatro, do que mulheres, três — uma forma de minimizar possíveis intimidações. Julgava-se ali, afinal, um ex-policial afamado como assassino frio e vingativo.

Na mesma linha, Henry Wagner também solicitara à juíza que as fotos dos treinamentos do Grupamento de Resposta Especial, em que Bola aparecia sempre armado, não fossem mostradas aos jurados. Ele achava que as imagens poderiam intimidá-los — no que teria a concordância da magistrada.

A defesa listara mais de quarenta questões preliminares em que se considerava prejudicada. Chegara o momento em que as partes deviam ressaltar itens importantes, marcos para o caso de virem a recorrer, no futuro, contra o que fosse decidido no julgamento. Para implicar com o promotor, Quaresma passou a ditar as frases aos escrivães da Justiça, inclusive os pontos e as vírgulas, tal qual Henry Wagner fazia.

Manobrando sem parar, ele conquistaria quinze minutos a mais para fazer constar em ata suas reclamações — o que o promotor considerou muita briga para o tempo equivalente à preparação de cinco saquinhos de macarrão instantâneo. De fato, Quaresma só conseguiria registrar cinco itens de sua lista, entre os quais o que se referia à expedição da certidão de óbito de Eliza, questionando a comarca e a atribuição da juíza, como já fizera Lúcio Adolfo, alegando desta vez que o crime ocorrera em Vespasiano — e não em Contagem. "O menor Jorge respondeu por ato análogo ao homicídio e o juiz da Vara da Infância não determinou a expedição da certidão de óbito. Haverá despacho ressuscitador?" — perguntava, com ar debochado. "A juíza mandou carta precatória intimando o Jorge, mas é sabido que ele não tem obrigação de vir porque está em outra comarca. É um indivíduo com absurdo relevo para o caso. Não deveria ter sido ouvido lá?" — questionava.

Citou ainda o inquérito complementar, que corria em sigilo, para investigar outros suspeitos, "podendo lançar inocentes na fogueira". E, utilizando um exemplo, tentou explorar a informação de que uma jurada do conselho de sentença que condenara Fernanda e Macarrão, no final de 2012, havia passado mal durante o julgamento: "Na semana pretérita, quando se julgava o crime do Carandiru, um jurado passou mal e a sessão foi suspensa durante o período de atendimento. Inacreditavelmente, não aporta nos autos deste processo que a jurada Elisângela Rosilene de Oliveira Costa foi atendida no dia 23 de novembro, entre 7h e 12h, em razão de mal que lhe afligiu durante julgamento" — disse Quaresma, insinuando inidoneidade. "Este deliberadamente homiziou, com H, tal situação" — continuou, orientando o escrevente. Por fim, prometeu que, "apesar de tudo", não abandonaria o julgamento, como fizera em novembro: "Vou prosseguir inconformado."

Uma vez com a palavra, o promotor viria com tudo. A marcação era cerrada. Henry Wagner tinha consciência de que disputava um jogo muito duro. O pior de todos. Afinal, para além das tentativas protelatórias da defesa, sempre à cata de uma fresta para o tumulto, havia os elementos objetivos: a inexistência de corpo e o fato de que Bola jamais confessara — nunca admitiria — o assassinato.

À juíza, Henry alegou que a questão acerca da certidão de óbito não merecia acolhida, pois o documento fora emitido em decorrência da condenação de Macarrão e tudo o que ele contou. "Naquela oportunidade, meritíssima, o con-se-lho de sen-ten-ça reconheceu o crime e contra isso não surgiu investida da defesa daquele réu" — afirmou o promotor, separando as sílabas. Quaresma ouvia tudo de costas, de braços cruzados. Henry Wagner ainda informaria que a jurada que se sentiu mal na manhã do último dia do julgamento de novembro não desmaiara ou tivera qualquer colapso, atendida, no entanto, imediatamente — o que fez com que a sessão só se iniciasse à tarde. Segundo o promotor, quatro oficiais de Justiça certificaram o caso nos autos, depois do ocorrido, mantendo-a longe da imprensa e garantindo, assim, a incomunicabilidade.

O bate-boca, porém, apenas se esboçava — porque aquele seria, afinal, o tom do julgamento, cheio de artimanhas, gritos, xingamentos e alfinetadas. Ponto a ponto, Henry respondia às acusações e reclamações de Quaresma. "A Promotoria de Justiça não é covarde nem leviana, diferentemente da virulenta defesa que, sem qualquer delimitação ética, é capaz de proceder como bem entender" — atacava o representante do Ministério Público, que avançava, dirigindo-se à magistrada e referindo-se novamente ao julgamento de novembro: "Aliás, a senhora determinou que constasse nos autos cartas endereçadas a vossa excelência por constrangido cidadão desta comarca que, apesar de não ter se identificado como jurado, não excluiu a possibilidade de que o fosse, no sentido de que deveras percebeu emprego de artifícios intimidatórios pela defesa naquele julgamento." O promotor recordava então a prática de Quaresma, em plenário, naquela ocasião, quando repetiu insistentemente a informação de que Bola era atirador profissional, muito habilidoso, incapaz de errar um tiro, ao que, para além de mostrar fotos do réu armado, acresceu seguidas referências a seu filho, também presente, para quem apontava ao afirmar que o jovem, dotado das mesmas qualidades, também fora treinado pelo pai. Aquilo, para Henry, era pura intimidação.

O segundo dia de julgamento, 23 de abril de 2013, começaria com o depoimento de Jailson. Com fama de alcaguete, do tipo que tem língua afiada, chegou ao salão do júri vestido com colete à prova de balas, uma proteção contra as ameaças que recebia com frequência. Conhecido delator, era dos que contava tudo o que sabia em troca de favores do sistema, uma transferência oportuna ou um trabalho melhor na cadeia, embora falasse que nada ganhava entregando os outros.

À juíza, ele manteve o que relatara em novembro, quando lembrou, em plenário, a confissão ouvida de Bola no presídio. Reforçou também a tese de que Eliza não morrera na casa do réu, em Vespasiano, mas, sim, no centro de treinamento do GRE. Ali, disse Jailson, o corpo da modelo teria sido queimado entre pneus. Segundo o preso, um inspetor da polícia teria ajudado Bola a dar fim à moça.

Em suas perguntas, o promotor tentava evidenciar ao conselho de sentença que os dois, Bola e Jailson, tinham bastante contato na prisão — uma maneira de reforçar o peso daquele depoimento. Em busca de ressaltar tal proximidade, Henry estimularia a testemunha a citar alguns marcos daquela relação. Jailson, por exemplo, contou que Bola chorara ao saber que seus cães haviam sido sacrificados por causa da leishmaniose.

Lembrou-se dos primeiros dois números da matrícula do ex-policial (34) e também do ano em que o réu fora expulso da corporação. Foi quando o promotor lhe pediu que lesse o documento de exoneração — que comprovava todas as informações que prestara. Um golpe de mestre, uma cartada surpresa, que caíra como uma luva.

As recordações do depoente ainda trariam ao julgamento em curso comentários sobre outro crime: "Ele [Bola] também me disse que a maior bobeira da vida dele foi ter deixado a foto com a cruz em casa... Aquela que apareciam os dois rapazes que ele matou, com a cruz na testa" — disse, em referência à imagem de Marildo Dias de Moura e Paulo César Fernandes apreendida, na casa do réu, durante as investigações sobre o assassinato de Eliza.

Pouco depois, Jailson abordaria a ocasião em que conversou, por meio do celular de um agente, com a esposa do ex-policial. Ele era o portador de uma questão de Bola, que desejava saber se a "surpresa" chegara. A defesa garantia que a tal surpresa era a filha do casal, que morava em Santo André, município paulista, e pouco os visitava. A testemunha, no entanto, afirmava que se referiam ao traficante Antonio Bonfim Lopes, o Ném, chefe do tráfico na favela carioca da Rocinha — que seria contratado para executar a juíza Marixa, como já denunciara em abril de 2011.

Se o Ministério Público se mobilizava para sublinhar a relação de proximidade entre Bola e Jailson, a defesa, por sua vez, trabalhava por desqualificar a testemunha. Debochado, Quaresma pediria ao depoente que listasse todas as suas condenações, intercalando-as com as várias vezes em que denunciara alguém ou alguma situação: planos de motim ou fuga, e até mesmo armações para matar agentes ou presos dentro da cadeia, entre outras delações. "É Ph.D. na vida enlameada" — disse. A intenção era expor a ficha corrida do detento e convencer os jurados de que ele se beneficiava com aquelas denúncias.

Jailson, contudo, não se intimidaria, mantendo a cabeça em pé e o olhar firme. Embora Quaresma lhe fizesse as mesmas perguntas de formas diferentes, não cairia em contradição. Perguntado sobre se considerava

Bola um sujeito mau e violento, respondeu: "Sim, ele dava aula de como esconder um corpo. Disse que tinha que abrir um buraco fundo e jogar cal virgem, que consome o corpo."

Ércio Quaresma começaria o terceiro dia de julgamento mais preocupado com o que os jornalistas divulgavam do que com as dificuldades que enfrentava no plenário. Logo cedo, ao passar pela sala de imprensa, diria: "Vamos levar esse julgamento até domingo e anunciar a sentença ao vivo no *Fantástico*! Bola será absolvido em rede nacional."

Para além de Quaresma, a defesa contava também com Fernando Magalhães, mais comedido, embora igualmente otimista: "A verdade é que, mesmo com o descrito na certidão de óbito e da vasta cabeleira de Eliza, não há sequer uma prova de que ela foi morta na casa de Marcos Aparecido." Decerto, os advogados recorreriam à entrevista que Jorge dera ao *Fantástico*, da Rede Globo, às vésperas do julgamento de Bruno. Perguntado então sobre Bola, o rapaz — que há pouco deixara o programa de proteção a testemunhas — responderia: "Bola? Que Bola?"

Ainda quando apreendido, o à época menor Jorge — numa audiência de instrução — já pedira, aos prantos, perdão ao réu. Naquela ocasião, disse que se confundira e que inventara toda aquela história, envolvendo o nome de Bola, porque se encontrava sob efeito de drogas. Para Henry Wagner, contudo, nada além de explícita manifestação de medo, uma vez que o próprio Jorge já reconhecera às autoridades que se sentia ameaçado pelo ex-policial. Justamente por isso, aliás, pretendia usar três depoimentos do rapaz ainda não explorados nos debates. O primo de Bruno citara o nome de Bola treze vezes a uma assistente judiciária no Rio, nove a um promotor de Justiça do Rio e outras onze a um promotor de Minas Gerais.

Àquela altura, a defesa de Bola preocupava-se em contar a história de José Cleves, insinuando que o delegado Edson Moreira indiciara o jornalista sem provas — da mesma forma como com Bola, por ser um desafeto.

Para que os jurados acompanhassem esse raciocínio, Quaresma se lançou a perguntar tudo sobre a morte da esposa de Cleves e o desdobramento das investigações. A juíza se absteria de propor questionamentos, pois achava que a testemunha não poderia colaborar com o julgamento em questão. Henry Wagner, porém, não satisfeito em estudar tudo a respeito do assassinato de Eliza Samudio, tinha também se informado, e em detalhes, sobre o caso do jornalista. Conhecia as provas, as falhas, os conflitos do processo — de forma que concluiria suas perguntas a Cleves com uma tão simples quanto esclarecedora: "Se o delegado estava armando, por que ele mandaria para o exame de balística uma arma cujo resultado do confronto com o projétil daria negativo?" A resposta do jornalista seria arrasadora para a linha da defesa: "O grupo teria plantado a arma, mas o delegado não sabia da armação e tinha mesmo que mandar fazer o teste."

O próprio Edson Moreira começaria a prestar depoimento naquela tarde — uma etapa do julgamento que se estenderia por horas e horas, para exaurir o delegado ao máximo. O interesse da defesa era desgastá-lo mesmo. A implicância era visível. Tanto que Quaresma solicitou à magistrada que o mantivesse à disposição, isolado num hotel, até o anúncio da sentença. Seria o único a passar por aquilo — mas com a desculpa, claro, de que ainda poderia contribuir, caso houvesse necessidade.

Moreira falou por um dia e meio. Quaresma já dissera que teria perguntas para mais de 36 horas de interrogatório e, para irritá-lo, também solicitara à juíza que o delegado fosse ouvido na qualidade de testemunha — e não como autoridade policial. Com isso, garantiria que se comprometesse a só falar a verdade, sob pena de ser processado.

"Preciso de sua inteligência" — pediu o advogado. "Obrigado pela deferência, doutor" — respondeu o delegado. A cortesia, entretanto, pararia aí. Era o início de um depoimento cheio de ataques nem sempre sutis. Os conflitos pessoais estavam evidentes.

Bola, enquanto isso, anotava possíveis questionamentos em mais de três folhas — frente verso. De óculos, papel sobre a coxa, registrava cada ponto que sua defesa deveria abordar. Levantava vez ou outra a cabeça, e então mirava um olhar fulminante contra o delegado, repetindo o que já fizera com Jailson.

Quaresma queria saber se Moreira — como "timoneiro-mor da Nau Capitânia do Departamento de Homicídios e Proteção à Pessoa (DHPP)" — já havia conduzido outros inquéritos, assinado relatórios e participado pessoalmente de investigações. O delegado afirmou que sim e citou casos de repercussão em Minas Gerais, como o do "Maníaco de Contagem", um estuprador em série, que atacara e matara cinco mulheres, e o do "Bando da Degola", sobre uma quadrilha que extorquira e assassinara brutalmente dois empresários de Belo Horizonte. O advogado então o questionou sobre por que — se o sítio do goleiro era em Esmeraldas — o inquérito fora instaurado em outra comarca. "Havia dúvidas sobre a limitação do território, mas já havia a prisão de Dayanne em flagrante, em Contagem. Não estava preocupado com isso. Eu queria apurar os fatos" — respondeu.

Quaresma passaria, pois, a investir sobre o resultado das perícias, explorando algumas contradições do depoimento e perguntando enfaticamente sobre se as reiteradas declarações do promotor de Justiça — de que Eliza fora esquartejada na propriedade de Bola — procediam. "Ninguém foi cortado" — afirmou Moreira, lembrando que não se encontrara vestígio de sangue na casa do réu. O advogado ainda quis saber sobre se o acusado teria de fato lançado partes do cadáver da modelo aos cães. "Não" — limitou-se a dizer o delegado, para concluir: "Fez-se o menor acreditar que isso havia acontecido."

Em grandes apuros até ali, a defesa enfim ganhara alguns pontos.

A troca de farpas continuaria no quarto dia de julgamento, 25 de abril de 2013, pois o depoimento de Edson Moreira prosseguia. Fernando Magalhães, por exemplo, havia entrado no plenário afirmando que o delegado fizera de Bola um bode expiatório para uma vingança pessoal. "Ele vai ter que explicar por que escolheu o Marcos Aparecido e deixou outros suspeitos de fora do processo." Referia-se a Zezé e Gilson Costa.

Moreira seria exaustivamente questionado mais uma vez, não raro diante de perguntas que colocavam a própria defesa como personagem. "Ficou comprovado que os advogados plantaram alguma prova?" — indagaria Quaresma, referindo-se ao travesseiro sujo de sangue que, na primeira perícia, não estava no quarto em que Eliza dormiu no sítio, mas que, na segunda visita, surgira sobre a cama. O material, enviado para exame, indicaria tratar-se de sangue feminino, menstrual, mas não da modelo. "O senhor sabe quem fez essa treta?" — prosseguia o defensor. "Se eu soubesse, teria indiciado" — disse o delegado.

Com um gravador na mão, Quaresma perguntou se Moreira sabia que objeto era aquele. "Um telefone?" — especulou a testemunha. "Não, senhor. É um gravador. Lembra de um encontro numa pizzaria do [bairro] Prado, em abril de 2010, em que o delegado Wagner Pinto também estava e até bebeu suco de laranja porque é evangélico?" — questionou o advogado, que, porquanto Moreira não se lembrasse, emendaria: "Ah, não lembra! Mas eu gravei aquela conversa e ela virá à tona em hora oportuna." E continuou: "O senhor pode me dizer se naquela época recebeu alguma informação de que o executor [Bola] aqui presente teria ido a Santos para matar Eliza e que um advogado — no caso, eu — teria ido soltá-lo de uma cana lá?" Ao que o delegado responderia: "Fiquei sabendo agora" — servindo não mais que de escada para o raciocínio de Quaresma: "E por que não foi pedida à época a quebra dos sigilos bancários de Bruno, Macarrão e Marcos Aparecido?" Moreira explicou que procurara o então promotor de Justiça da comarca de Contagem, Gustavo Fantini: "Ao término das investigações, bastante conturbadas, por sinal, eu estive numa reunião com ele e pedi suplementação das investigações para investigar o Zezé. Ele me disse que faríamos em tempo oportuno, assim como as quebras de sigilo."

Aproveitando essa brecha do inquérito, o advogado pressionaria um pouco mais: "Como é que o senhor sabe que houve um contato entre Macarrão e Bola em fevereiro de 2010, se não havia as quebras de sigilo daquele período?" — questionou, sentando-se atrás do delegado, de forma que este não pudesse vê-lo sem se virar de costas. "Meritíssima, ele está provocando a testemunha!" — reclamou Moreira. "Mas por quê?" — alfinetou Quaresma, sorrateiro, ao que se seguiria mais bate-boca. A juíza pediu respeito. O advogado, contudo, não parou: "Político fala o que quer e não tem compromisso com a verdade!" O delegado, então vereador, mais uma vez dirigiu-se à magistrada: "Excelência, ele está me intimidando. Vou ao banheiro" — e se levantou. "Ele mija que é uma beleza" — retrucaria o defensor.

O cansaço tomava conta do plenário. Os jurados não escondiam a exaustão. Útil ou não, aquele era um dos propósitos da defesa, o de desgastar o plenário, de modo que Quaresma seguia adiante. Lembrou, então, o depoimento de Dayanne e sugeriu que ela fora beneficiada em decorrência do que contara à polícia. Quis saber, pois, se algum acusado — para além da ex de Bruno — merecera o privilégio de passar horas com a família na delegacia.

A defesa concentrava-se em desacreditar as investigações. Não à toa, Quaresma voltar-se-ia à questão — absolutamente descabida — sobre se se tratara de um crime pago. Ele sabia que nada àquele respeito ficara provado. Mas sabia também que Bola não fora pronunciado com aquela qualificadora, o que até motivara um recurso do Ministério Público em prol de que tal fosse incluída. A juíza, percebendo a manobra em favor da confusão, atalharia: "O senhor está repetindo as perguntas, doutor..." Ao que o advogado reagiu: "Não estou, não. Não repeti nenhuma pergunta até agora porque estou acompanhando tudo no G1." Quaresma tinha a página de notícias aberta no computador. "Está mais preocupado com o que diz a imprensa ou com a defesa de seu cliente?" — questionou a magistrada, com rispidez. Cortando o princípio de discussão, Edson Moreira interveio: "Possivelmente deve ter tido pagamento. A morte foi por pistolagem, doutor."

Em seguida, Quaresma enfileiraria treze perguntas. Todas indeferidas pela juíza. Até que questionou o delegado sobre se o réu seria um homem cruel, impiedoso e sanguinário. "Sim. E pelo jeito que ele me olha, fico até meio assim para o futuro... Ele é hábil e dissimulador. O senhor não leu? Deveria ter visto no relatório." O advogado insistiria: "O estrangulamento faz parte do *modus operandi* do meu serial killer?" — perguntou. "Sim, em se tratando do evento morte, para não ter grito, para matar em silêncio" — declararia Moreira. "E por que um réu tão impiedoso deixou a criança como rastro?" — replicou a defesa. "Faltou cascalho. Não estava no pacote" — explicou o delegado. "O Bola é queixo duro ou queixo mole?" — perguntou Quaresma. "Duríssimo..." — disse a testemunha. "E por que o cabra tão brabo assim ia contar toda essa história para o x-9 da cadeia?" — quis saber o defensor. "A solidão da cadeia faz qualquer um confessar coisas de que até Deus duvida... Vou ao banheiro" — falou o delegado. "De novo? É mais um mijão" — provocou Quaresma, em alusão ao fato de que Jorge, durante as investigações, ao chegar com a polícia à casa de Bola, indicando o local onde Eliza fora estrangulada até a morte, urinou nas calças.

Ao caminhar até o banheiro, Moreira reparou que Bola o acompanhava com os olhos, sem piscar. Só mexia a cabeça, quase em câmera lenta. O delegado teria de passar por ele. Bola estava com as pernas esticadas e sem algemas — e sussurrou: "Você é meu."

Quando Moreira voltou, Quaresma deixou clara sua intenção: "Mantive seu colega comigo por seis horas. O senhor está nas minhas mãos." Referia-se ao delegado Júlio Wilke, durante a audiência de instrução e julgamento. O promotor, então, se zangou. Sabia bem o que o advogado pretendia. "Isso denota o propósito vingativo e inconformado pelos trabalhos que deixaram insatisfeitos a defesa e seus clientes à época" — argumentou Henry Wagner à juíza. "Observamos momentos de desrespeito ao parlamentar, ao delegado aposentado, a um cidadão que atende a Justiça, equiparando-o a um rapazinho que se urinou ao chegar à casa do acusado, dizendo que ele é mais um mijão" — prosseguiu. "Peço que casse a palavra deste defensor. Se necessário for, não vamos participar dessa inquirição desrespeitosa e vamos nos retirar" — concluiu o representante do Ministério Público. "A porta da rua é serventia da casa. Pode ir embora" — gritou Quaresma, virando-se de costas e jogando a mão para trás, como quem nem está ligando.

Em função do bate-boca que se seguiu, a juíza interromperia a sessão por uma hora. Ao voltar, porém, acataria o pedido do Ministério Público. Quaresma, até o fim daquele dia, não poderia mais fazer perguntas, de modo que coube a Fernando Magalhães terminar o teatro — com mais meia hora de questões pouco relevantes.

Bola só falaria no quinto dia de julgamento, sexta-feira. Não se lhe esperava uma confissão. Era um sujeito duro, casca-grossa, embora cumprisse a determinação de seus advogados e se apresentasse fragilizado. Durante a etapa de perguntas da juíza, por exemplo, repetiria sete vezes o mantra "estou debilitado, estou muito cansado", e pediria um remédio de pressão. **Quase não tinha voz.**

A Marixa, contou que só conhecera Bruno e Macarrão na prisão e que falara com o fiel amigo do goleiro apenas duas vezes por telefone — sem saber-lhe o nome. Mantinha, assim, aquela versão de que o contato se devera ao fato de seu filho querer ser jogador de futebol.

Sobre Moreira, relatou que os dois não se entendiam desde quando viveram em São Paulo, assim dando campo a uma das abordagens da defesa: a de que o delegado o perseguiria por motivos pessoais. "Na polícia tem anjos bons, como o Dr. Júlio Wilke, e anjos maus, como Edson Moreira. Ele, uma vez, me mandou um preso para eu colocar no pau de arara, mas eu não fazia isso. Estou preso há três anos, sou inocente e estou pagando por crimes que não cometi" — declararia o réu.

A magistrada então lhe perguntou sobre se queria responder as perguntas, informando-lhe que o silêncio não o prejudicaria. Bola disse que a Justiça era cega e que queria esclarecer toda a situação. Quaresma o interrompeu neste instante. Parecia um diálogo armado: "Você quer um momento para rememorar a conversa que tivemos antes de você entrar? Para não acontecer outra vez, quando eu saí do plenário?" — questionou o advogado. "Doutor, estou perdido..." — falou-lhe o cliente. "Você se lembra o que conversamos ou está esquecido, Paulista?" — indagou o defensor. "Eu sou inocente" — afirmou Bola, voltando-se à juíza: "Como estou sendo acusado de atrocidades que jamais cometeria, prefiro manter o silêncio. Não estou no meu bom estado emocional para responder."

Ali, naquela conversa estranha, Quaresma investia novamente na fraqueza, na humanidade do ex-policial. Para tentar dar alma e coração àquele que era acusado de executar Eliza Samudio e de lhe sumir com o corpo, mostrou as fotos de pequenos filhotes de rottweiler. Chorando, Bola reagiu: "São meus filhotes, meus animais." O advogado exibiu ainda imagens da casa do réu, onde morara com a esposa, dois filhos, um genro e a netinha. "Moreira diz que você é um matador e você só conseguiu comprar uma casa na vida?" — perguntou Quaresma. "Eu consegui com o suor do meu trabalho e uma ajuda do meu pai e herança do meu sogro" — respondeu Bola, em seguida falando do casamento de trinta anos com a mulher evangélica, que trabalhava como doméstica na casa de um procurador do Estado, da filha jogadora de handball e do filho, que fazia bicos como segurança porque não conseguia mais trabalho desde que o pai fora acusado. Disse que jamais matara alguém, muito menos dentro de sua casa. Havia o claro propósito de apresentá-lo como esteio da família, que, desde sua prisão, viveria em dificuldades, a depender da ajuda de amigos.

O defensor questionaria também sobre os estragos que os investigadores fizeram na casa dele, durante as buscas ao corpo da modelo — telhas destruídas, buracos nas paredes, encanamento de esgoto quebrado —, e sobre se alguém os consertara.

Especificamente sobre o caso em análise, a primeira pergunta de Quaresma trataria de uma ligação que o réu lhe fizera, em 26 de junho de 2010 — um dia depois de Bruninho ter sido encontrado e Dayanne, presa em flagrante. "Você não me ligou para me dar feliz aniversário, que tinha sido no dia 23, e para me contar que estava montando uma empresa de paintball para diversão e treinamento de policiais?" — indagou o advogado. O réu fez que sim com a cabeça. A verdade é que Quaresma também queria ter garantias para ele próprio.

Àquela altura, Bola tinha dez advogados presentes para defendê-lo, mas declarou que fora proibido de conversar com qualquer defensor quando de sua prisão. "Gostaria de esclarecer aos jurados que isso é uma perseguição contra minha pessoa do parlamentar Edson Moreira pelas coisas que eu já declinei" — afirmou. Segundo o ex-policial, Moreira lhe teria dito que precisava pelo menos da perna de Eliza, uma vez que sua carreira estaria em jogo. Bola contou que, na última vez em que esteve no DHPP, Moreira exigira que ele intermediasse junto ao goleiro a entrega de R$ 2 milhões — para não acusá-los. "Eu chorava compulsivamente e ele passou com o Bruno. 'Olha aí o seu segurança', o delegado falou. E o Bruno me olhou como se nunca tivesse me visto, até porque nunca me viu mesmo" — relatou. Querendo chorar, terminou: "Se não tivesse Deus na minha vida, eu não estaria mais aqui."

Os debates começariam depois do almoço do sexto — e último — dia de julgamento, um sábado. Sobre a mesa do Ministério Público, uma pequena imagem de São Miguel Arcanjo, cuja oração se inicia com "Protegei-me nesse combate". Henry Wagner recebera a pequena lembrança do protetor da fé e da família de uma jurada, num caso da comarca de Montes Claros. Ele sabia que não seria fácil — Quaresma era bom na retórica —, mas estava convencido da forma pela qual aquele crime fora articulado e tinha provas suficientes para levar Bola à condenação.

Na plateia então cheia, o clima era de tensão. Acercava-se o capítulo final da trama macabra sobre a morte de Eliza Samudio. Ao lado da pilha de processos que escondia o promotor quase pela metade, havia ainda 24 canetas de marca-texto, a maioria de cor amarela. Seriam fundamentais, tanto quanto o santo, para clarear pontos que mereciam relevo na explanação. Para completar: uma barra de chocolate ao leite, dois comprimidos para dor de cabeça e spray de própolis e mel para a garganta. Henry sabia como empostar sua voz. "Este é o retrato de uma trama urdida para a eliminação de Eliza, a mando de Bruno, por não suportar a resistência dela de conferir ao filho dela e dele os direitos inerentes à filiação" — iniciou. "Era uma crônica da morte anunciada. E por isso Eliza se ocultou na casa de amigas, em razão dessas ameaças. Bruno já falava que ninguém iria atrás dela e que jogaria o corpo em qualquer lugar. Era o homem mais enrolado do mundo: só tinha tempo para os bacanais e não poderia dar amostras de DNA para um exame." Não parava ali: "Desde fevereiro já se sabia quem ia matar Eliza. E isso está no relato de Zezé, e não na bilhetagem telefônica tão questionada pelo defensor. Ele diz: 'Solicitei ao Macarrão que ajudasse o filho do Paulista. Passei o telefone do Macarrão para o Paulista.' Mas não havia combinação de peneirada coisíssima nenhuma!" — advertia o promotor. "Não era Bola que ligava para o Macarrão. Pelo contrário, era Macarrão que ligava o tempo todo! Bola fez apenas uma ligação para ele!" — destacaria Henry Wagner, em alto tom.

Esse elemento era forte. E cada detalhe trazido à tona pelo promotor envolvia o ex-policial ainda mais no desfecho daquela trama: "Poxa, mas não era o Bola que precisava da peneirada para o filho? Não era ele quem pressionava o Zezé para conseguir o número do telefone do Macarrão?"

— questionava. "Bruno não podia, ele mesmo, colocar a mão na massa. Pediu ao Macarrão que cuidasse disso. Bola era o homem certo, conhecido por Zezé, para fazer este serviço."

Com o rastreamento telefônico dos acusados nas mãos, Henry se aproximou dos jurados, ante os quais se abaixou gentilmente, mostrando os números de Bola e Macarrão. Pediu-lhes, então, que memorizassem ou anotassem aqueles telefones, pois — garantia — guardá-los seria importante ao melhor acompanhamento de toda a rede de tentáculos que a polícia conseguira desvendar com as ligações. No dia 4 de junho de 2010, o derradeiro telefonema que Eliza receberia, ainda no Rio, partira do rádio Nextel de Macarrão, às 21h07: "Para que ela descesse do flat, naturalmente sem saber que seria sequestrada" — lembrou o promotor. Depois, o celular da modelo — desaparecido para sempre — permaneceria desligado por todo o tempo em que esteve no sítio de Bruno. Três minutos depois daquela ligação, Macarrão discou para um número da região metropolitana de Belo Horizonte.

Interrompendo, por ora, a sequência telefônica, Henry Wagner lembrou aos jurados que Eliza foi mantida em Esmeraldas, presa na casa, "enquanto a turma participava de uma confraternização etílica". Ele disse: "Macarrão se ausenta por 36 horas e deixa Bruno no comando do crime. Ele marca uma peladinha regada à cerveja e saboreada com churrasco" — e ressaltou: "Eliza não veio a passeio, minha gente! Veio com a cabeça estourada, subjugada, em situação de cativeiro."

Para desbaratinar as investigações, reforçava a acusação, a modelo — um dia antes de morrer — foi estimulada a telefonar para duas amigas: conversas rápidas, monitoradas pelos primos do goleiro, Jorge e Sérgio. A moça se disse bem, registrando que tudo se resolveria logo. "Mas, naquela noite do dia 9 de junho, às 21h56, Macarrão liga para o Bola de novo" — emendaria o promotor. O réu acompanhava os debates de cabeça erguida. Daria até um sorriso de canto de boca, balançando lentamente a cabeça para frente, com um ar intimidador.

Henry sustentaria as acusações por uma hora e meia. Sabia como prender a atenção dos jurados. Buscava referências populares, como já fizera antes, quando citou a canção sertaneja "Fiorino", cantada por Gabriel Gava, para falar sobre o nariz empinado de Bruno: "O goleiro achou que de Land Rover era mole, era fácil, era lindo!" Referia-se, então, à personagem da atriz Totia Meireles na novela *Salve Jorge*, de Glória Perez, que integrava uma quadrilha de tráfico internacional de pessoas e tinha por hábito usar nomes diferentes para escapar da polícia: "Este é Bola ou Paulista ou Neném. É como Adalgisa, também conhecida como Marta, ou Vanda. É um canalha sórdido de muitas alcunhas!"

Voltando-se ao conselho de sentença, colocou dois volumes abertos sobre a mesa de um dos jurados e — pasme — leu de cabeça para baixo parte do depoimento de Sérgio, indicando com o dedo, para facilitar-lhe o trabalho, a leitura do jurado. E disse: "Doutor Ércio, como o senhor não os defendia no dia 8 de junho, eles cometeram um erro gravíssimo, às 12h." Falava da tentativa de lavar a picape, suja com o sangue de Eliza, com óleo diesel. "Quando o veículo foi vistoriado, já havia nítida tentativa de limpeza" — e apontou para outro jurado a frase do laudo da perícia. Sem se intimidar, caminhou até a frente de Bola: "Estamos diante de um psicopata... Um assassino covarde, experimentado na arte de matar. Nada mais natural que nada fosse encontrado na casa dele."

O promotor retomaria, então, o fio do rastreamento dos telefonemas, citando quatro conversas entre Macarrão e Bola em 10 de junho — o dia em que a modelo foi assassinada. O amigo de Bruno discou para o ex-policial às 15h06, às 19h31, às 20h31 e às 20h52. "As estações de rádio base estão na Pampulha e se deslocam para Vespasiano, na rua paralela à casa do Bola" — afirmou Henry Wagner, referindo-se às antenas das operadoras de telefonia que captaram e registraram essas ligações ao longo do trajeto. O ex-policial indicava o caminho, de acordo com o processo.

"Às 22h06 ocorre o primeiro e único contato de Bola para Macarrão, ele já em Vespasiano. Este é o horário que Jorge aponta como hora da morte" — registrou o promotor, que prosseguiria: "Bola combinou que ia de moto e eles se encontraram na Pampulha. Macarrão o seguiu até a residência dele. Bola entrou primeiro e Macarrão estacionou depois. Todos saíram do carro e foram até o local da execução, ao lado da garagem."

Henry Wagner não se furtaria a relembrar aos jurados como Eliza fora assassinada, lendo os detalhes cruéis e sombrios da execução presenciada por Jorge. A certidão de óbito, aliás, decretara que a modelo fora morta por "emprego de violência aplicada na forma de asfixia mecânica (esganadura)". Prosseguia: "Uma hora depois, ele passa com um saco preto nas costas e arremessa a mão de Eliza aos cães. Foi isso que Jorge viu." O promotor ressaltou que Bola e Macarrão voltariam a se falar no dia seguinte, provavelmente para confirmar que o serviço fora feito e acertar o pagamento. Para finalizar, revelaria uma prova ainda não explorada: "No dia 25 de junho, dia em que a polícia vai ao sítio, Bola manda uma mensagem para o celular do Macarrão, dizendo para eles abandonarem o lugar. Percebendo que a casa caía, Bola liga para o amigo advogado [Quaresma], no dia 26, às 9h55. Não é por acaso que esse advogado se constituiu advogado de Bola e de todos os outros. É muito mais. A defesa se constituiu como um bloco para a negativa do fato, tudo coordenado por Ércio Quaresma" — atacaria, concluindo sua intervenção.

O advogado entrava em campo — para a réplica — com raiva nos olhos. "Vou provar quem é canalha" — diria logo de partida, para então fazer um discurso sobre seu vício em crack, pedindo aos jurados que não fossem carrascos da verdade: "Não é por causa do argumento do noiado, mas por falta de provas. Se fui grosseiro, me desculpe, mas não vendo minha alma a acordos." Em seguida, lançou-se outra vez a criticar a imprensa, chamando os jornalistas de canalhas, "que escondem a verdade da sociedade", e dizendo que o promotor fora picado pela mesma mosca azul que quase lhe encerrou a carreira tempos antes: a mídia. Referia-se a Henry Wagner como alguém que fizera acordo, que não honrava as calças e que pedira a absolvição de Dayanne "para condenar a todo custo" os demais.

Apelaria para o inquérito complementar, afirmando que os jurados deviam se abster, uma vez que não estariam habilitados a julgar na escuridão. Não poupou críticas também ao delegado Edson Moreira: "Com sua memória seletiva, além da incontinência urinária, curiosamente não lembra de nada. Veio aqui falar de alhos e bugalhos e carvalho, para não falar caralho. Ele deixou Zezé e Gilson de fora dessa capivara talvez por alguma relação" — insinuou, suado de tanto esforço para crescer na briga. "E meu serial killer, meu matador profissional, meu sniper vai contar tudo logo para o x-9?" — debocharia, referindo-se novamente ao preso Jailson.

Quaresma explorava o conflito entre as afirmações do promotor e do delegado sobre Eliza ter sido esquartejada ou não. Chamava os jurados pelo nome e lhes afirmava que permaneceriam com a voz dele no "pavilhão auricular" caso condenassem Bola. "Vão condenar o réu porque o Quaresma é um ser detestável, desprezível e arrogante, que foi mal-educado com um servidor?" — questionava, para concluir: "Ou acreditam em varinha, vassoura e mágica? Quem esconde dos jurados que pediu a condenação de Dayanne por homicídio é canalha!"

Fernando Magalhães, o outro advogado de Bola, sucedeu Quaresma. Mais novo e menos agressivo, mobilizava claramente o interesse dos jurados, que passaram a ouvir a defesa com maior atenção. "Temos um assassino em série que não recebeu um vintém?" — questionou. "Marcos demonstrou aqui alguma inteligência, alguma esperteza para cometer esse crime? A UFMG quebrou toda a casa dele e não havia nenhum resquício, nada de prova" — argumentou, para completar: "Condenem se tiverem prova!"

Na tréplica, o promotor se sairia ainda melhor. Leu trechos do depoimento de Jorge, em que o menor afirmava sentir-se ameaçado pelo ex-policial, e reforçou a sensação do rapaz momentos antes do crime: "Fomos para a casa do Bola" — lia aos gritos, ajeitando os óculos no rosto: "Achei que ia ser só um susto. Vi quando Macarrão amarrou Eliza na cadeira." Henry Wagner recorreu ainda ao depoimento do delegado Júlio Wilke, que acompanhara as buscas na casa de Vespasiano. Jorge — lembrava a autoridade policial — disse que haviam passado, na estrada, por uma grande construção em obras. Era a Cidade Administrativa, um conjunto de três prédios desenhados por Oscar Niemeyer, hoje sede do governo do estado. Ainda de acordo com o depoimento do delegado, ele percebeu que o menor ficara em pânico ao se aproximar da casa, chegando a urinar nas calças ainda dentro da viatura. A respeito do interior da propriedade, segundo Wilke, todos os cômodos batiam com o que fora indicado e descrito por Jorge.

Com a certidão de óbito da modelo em punho, o promotor voltou-se a Quaresma: "Vagabundo, covarde e canalha!" Bufava. Estava vermelho, com suor na testa, apesar do cabelo impecável, seguro pelo gel. "Ele diz que uma jurada usou drogas e foi presa, mas ela é líder comunitária e bateu de frente com um policial militar que não merecia a farda, ao compor o conselho de segurança do bairro, e o PM plantou as drogas no estabelecimento dela" — explicou, para avançar, extrapolando e atacando o defensor pessoalmente: "Não suje com suas mazelas quem você não conhece. Quem não é homem de fé é você, seu crápula!" Declarou, então, que Quaresma tinha ódio da absolvição de Dayanne e lembrou ao júri que ele a obrigara a escrever uma carta com mentiras. "Quer se converter em herói que não é! Porque eu nunca vi um drogado ser herói! A condenação desse imundo é a glorificação da patifaria desse advogado" — prosseguiu. Só se ouvia a voz dele, num silêncio constrangedor. Ninguém sequer respirava. Todos os olhos no plenário estavam arregalados, todos direcionados a Henry. Bola tinha a cabeça baixa.

"Se o senhor esteve na lama, na pocilga, continua afogado até as narinas" — provocaria, iniciando a leitura de depoimentos de advogados também ameaçados por Ércio Quaresma para que deixassem o caso. "E tem mais! Eu não fiz acordo, doutor. Eu estou aqui como pedinte, não como pedante! Quem decide são os senhores e a juíza aplica a pena" — disse o promotor. Bola encolhia-se na cadeira. Não tinha mais a aparência abobada, e talvez tentasse apenas disfarçar o constrangimento — e a raiva — em ouvir aquilo tudo. Respirava fundo.

"Eu sou homem para ouvir, doutor, não sou canalha! Não sou da sua laia. O Bruno disse aqui que Marcos Aparecido, o Neném, foi contratado por Macarrão para matar Eliza" — encerrava.

Então, seu auxiliar, Fábio Nazareth, pediu licença para mostrar aos jurados que a folha de presença da faculdade, apresentada pela defesa, era uma cópia digitalizada — juntada aos autos somente no dia 12 de novembro de 2012: dois anos e quatro meses depois de o ex-policial ser preso. "Eles não arrolaram sequer um colega de classe para dizer que Bola estava presente na aula daquele dia."

Foi o gancho para Quaresma, novamente com a palavra, criticar o rastreamento das ligações telefônicas dos acusados. Apesar dos ataques duros do promotor e dos depoimentos que deixavam a situação de Bola cada vez mais difícil, o advogado continuava na briga e não desanimava.

260

"O doutor Fábio nos ensinou: documento tem que ter autenticação. Ora, mas as antenas não têm autenticação. Não há original nos autos porque o delegado recebeu o rastreamento por e-mail" — lembrava, estimulando assim uma desconfiança. "A história não se encaixa" — continuava, em seguida perguntando: "Trouxe do Rio para matar aqui? Ele é burro, é verdade, mas ainda ia atravessar duas cidades para matar dentro de casa?"

Voltava-se aos jurados. "A senhora vai ter coragem de condená-lo, sabendo que o processo ainda não acabou?" — perguntou, postando-se a um palmo do nariz de uma das moças da primeira fila. "Não deixe esse homem voltar para a cadeia!" — gritou na cara de um jurado. A juíza reclamou. Pediu que mantivesse uma distância respeitosa. Faltavam quatro minutos para acabar o tempo da defesa e Quaresma corria. Apresentou, então, as fotos da perícia na casa do empresário paulista Marcos Kitano Matsunaga, esquartejado pela mulher, para mostrar que ali, sim, havia vestígios de um crime.

Por fim, pegou um fantoche vestido com a toga preta dos jurados. Disse: "Não há sequer uma prova técnica, a não ser o depoimento de um menor que admite que estava sob efeito de drogas. Não sejam um instrumento de manobra desta criatura que trabalha com a farsa e minora a situação de um para dar ao outro. Naquela casa, ninguém morreu. Não há crime que tenha sido cometido ali." Com a voz embargada, Quaresma dedicou seu trabalho à esposa e disse a Bola: "Meu irmão, vou continuar seu amigo."

Quando a juíza desceu — com a sentença — a rampa do tribunal, às 22h40, Henry Wagner dava gargalhadas ao lado de Edson Moreira e do renomado promotor Francisco Santiago, o Chico Preto, campeão de júris no país, mais de 1.600 àquele momento. Francisco Simim, advogado de Dayanne e de Bruno, também integrava a rodinha. Todos ali já sabiam o resultado. Os jurados demoraram apenas vinte minutos para decidir o destino do homem acusado de estrangular Eliza Samudio até a morte.

A magistrada Marixa Fabiane começou a leitura da sentença faltando 12 minutos para as 23h daquele sábado de abril. Bola pediu para ficar sem algemas e Quaresma permaneceu ao lado dele.

Os jurados reconheceram a materialidade do fato e a autoria, negando o quesito absolutório. Também reconheceram que o réu matara a modelo por asfixia, dificultando a defesa da vítima. "A culpabilidade é grave. A censurabilidade à conduta do acusado é acentuada. Marcos Aparecido dos Santos foi aluno de escola preparatória para ingresso na carreira militar no estado de São Paulo e, ainda que por pouco tempo, figurou nos quadros do funcionalismo público deste estado como policial civil. Tinha plena consciência da gravidade de seu ato, mas agiu amparado na certeza da impunidade, típica conduta de quem despreza a atuação estatal" — considerou a juíza, ressaltando que Eliza fora morta barbaramente, com requintes de crueldade, e referindo-se a Bola como uma pessoa agressiva e impiedosa. "A jovem foi trazida para este estado com o único objetivo de ser entregue ao seu executor, pessoa especialmente selecionada para tal desiderato. [...] O réu executou e ocultou o corpo de Eliza Samudio porque foi contratado para isso, certamente mediante paga. [...] Ele praticou o crime perfeito, pois a ocultação se perpetua até os dias de hoje e poderá se perpetuar para sempre. [...] A violência perpetrada contra Eliza Samudio desde o seu sequestro até sua execução e supressão de seus restos mortais deixou a sociedade perplexa, seja pela perversidade nos meios empregados, seja porque figurava entre os corréus o mandante do delito, conhecido goleiro à época."

Às 22h54, Marixa leu a pena e bateu o martelo: por quatro votos, os jurados entenderam que houve o crime e, pelo mesmo número, apontaram Bola como o assassino. Para a ocultação do cadáver, o placar fora de 4 a 1, assim como no que se referia ao recurso de defesa. Novamente por quatro votos, considerou-se que a modelo fora morta por asfixia. "Bola vai ficar trancafiado" — festejava Edson Moreira.

Condenado a 22 anos de prisão em regime fechado, Bola chorou.

EPÍLOGO

Os autores deste livro se tornaram amigos correndo atrás da notícia. Em 2009, quando Eliza Samudio denunciou Bruno por agressão, todos faziam reportagens policiais para jornais do Rio de Janeiro. Paulo Carvalho trabalhava no *Extra*; Leslie Leitão e Paula Sarapu, em *O Dia*. Eram, pois, concorrentes.

Foi Paulo quem trouxe o caso à tona. Num grande furo de reportagem, gravou o vídeo em que Eliza — que tentava provar, na Justiça, a paternidade do filho — acusa o então goleiro do Flamengo de tê-la agredido, sequestrado e obrigado a ingerir medicamentos abortivos. Praticamente uma profecia que, no tribunal, tornar-se-ia uma das provas mais importantes da acusação.

Paulo era confidente da modelo. Trocavam e-mails, conversavam por telefone. Eliza lhe contava tudo, mesmo no período em que passou escondida na casa de amigas em São Paulo. Perderam o contato quando ela voltou ao Rio, dias antes de ser sequestrada num hotel da Barra da Tijuca.

Leslie foi o último a mergulhar no enredo. Mais precisamente às 11h20 de 25 de junho de 2010, manhã do dia em que Brasil e Portugal se enfrentariam pela primeira fase da Copa do Mundo da África do Sul. A informação era certeira: Eliza fora levada para um sítio do goleiro, em Minas Gerais, e estava morta. Mas como confirmar? Entre um telefonema e outro, descobriu que duas amigas da modelo haviam prestado depoimento na Divisão de Homicídios do Rio de Janeiro, reiterando a falta de contato e a ausência de notícias. O telefone de Eliza estava desligado havia dias. Em 26 de junho, *O Dia* publicava na primeira página: "Polícias de Rio e Minas investigam sumiço de amante de Bruno."

A notícia cairia como uma bomba. Naquela madrugada, enquanto o jornal rodava na gráfica de Benfica, o casal de delegados Alessandra e Júlio Wilke já agia. Eles coordenavam a investigação e prenderiam, logo de cara, alguns dos principais envolvidos na trama, que ora consistia em esconder Bruninho, o filho de Eliza, de apenas quatro meses. Àquela altura, Dayanne Rodrigues, ex-mulher de Bruno, mãe de suas duas filhas, já fora presa, em flagrante, acusada de subtração de incapaz.

Na tarde do dia 26, foi para Leslie que a delegada decretou: "Eliza está morta e Bruno é o principal suspeito." Não havia mais como a imprensa ignorar: o capitão do Flamengo, considerado o melhor goleiro do país, era o alvo da polícia. Leslie então viajou a Contagem, para onde o centro das investigações se deslocara, e de lá revelou, em primeira mão, a maior parte das descobertas da polícia, que ajudavam a montar o macabro quebra-cabeça.

Do Rio, Paula — que já entrevistara a modelo e que conhecia bem o caso — fazia dobradinha com Leslie e completava o trabalho. Aproximou-se da noiva do goleiro, a dentista Ingrid Calheiros, e ganhou a confiança do segurança que o acompanhara por quatro anos, Marcelo Silva, o Marcelão. Foi a primeira repórter a conversar com a avó de Bruno, dona Estela, que o criou desde os três dias de vida, e publicou, com exclusividade, a primeira entrevista de Dayanne, logo que saiu da prisão. Também foi a primeira a falar com os pais de Luiz Henrique Romão, o fiel escudeiro Macarrão. Levantava, assim, informações sobre a vida íntima do capitão rubro-negro, os bastidores daquela notícia e a forma como Macarrão passara a controlar a vida de Bruno, afastando, um por um, todos que o cercavam. Quando os dois foram presos, em 10 de julho de 2009, Paula e Leslie publicaram as fotos de suas fichas criminais, tornando conhecida a famosa tatuagem de Macarrão.

Anos mais tarde, em julho de 2012, a revista *Veja*, onde Leslie já trabalhava, publicou outra das mais importantes provas usadas pelo Ministério Público: uma carta de Bruno para o amigo inseparável, interceptada na cadeia, parara nas mãos do repórter. Seu conteúdo era bombástico e revelava a existência do "plano B". O goleiro se desculpava e pedia a Macarrão que assumisse a culpa pelo crime.

A ideia de escrever o livro amadurecia. Estava-se diante de um dos crimes de maior repercussão da história do país. E foi assim que Leslie convenceu Paula. A repórter, que se mudara para Belo Horizonte, continuava a cobrir os desdobramentos do processo e as manobras dos advogados pelo jornal *Estado de Minas* — o que seria um trunfo, uma vez que a história dos julgamentos do caso valeria, por si só, um livro à parte.

O início do projeto teve como marco, portanto, novembro de 2012, no Tribunal do Júri de Contagem. Reunida para a cobertura das sessões que condenariam Macarrão a quinze anos de prisão, a dupla decidiu escrever este *Indefensável*, para o qual convidou Paulo, o repórter mais próximo de Eliza, o único que poderia dar detalhes dos meses de angústia experimentados pela modelo. Ele aceitou na hora. Esta reportagem é o resultado de tamanho trabalho de apuração conjunta.

Este livro foi composto na tipologia Minion Pro
Regular, em corpo 11,5/15, e impresso em
papel off-white no Sistema Cameron da
Divisão Gráfica da Distribuidora Record.